전면개정 제37회 공인중개사 시험대비 동영상강의 www.pmg.co.kr

브랜드만족 1위 박문각

2026

유재헌 필수서

1차 | 민법·민사특별법

합격결정!

박문각 공인중개사

박문각

CONTENTS

이 책의 차례

PART 01 민법총칙

제1장 서 설	····	6
제2장 법률행위의 목적	····	9
제3장 의사표시	····	17
제4장 대 리	····	31
제5장 무효와 취소	····	46
제6장 조건과 기한	····	54

PART 02 물권법

제1장 물권법 총론	····	60
제2장 점유권	····	77
제3장 소유권	····	86
제4장 용익물권	····	106
제5장 담보물권	····	124

제1장 계약법 총칙	···· 140
제2장 매 매	···· 159
제3장 교 환	···· 170
제4장 임대차	···· 171

PART 03

계약법

제1장 주택임대차보호법	···· 184
제2장 상가건물 임대차보호법	···· 195
제3장 가등기담보 등에 관한 법률	···· 202
제4장 부동산 실권리자명의 등기에 관한 법률	···· 207
제5장 집합건물의 소유 및 관리에 관한 법률	···· 214

PART 04

민사특별법

PART

01

민법총칙

Chapter 01 서 설

테마 01 권리의 변동과 법률행위

1 권리변동의 의의와 권리변동의 모습

1. 권리의 변동의 의의

(1) 법률관계는 일정한 원인(법률요건)이 있으면 그에 따른 일정한 결과(법률효과)가 발생하는 논리적 구조로 이루어져 있으며, 법률효과로써 발생하는 것이 '권리변동'이다.

(2) 이러한 권리변동이란 '권리의 발생·변경·소멸'을 말하며 이를 권리의 주체입장에서 본다면 '권리의 취득·변경·상실(득실변경)'로 표현할 수 있다.

2. 권리변동의 모습

(1) **권리의 발생**(취득)

① **원시취득**
    신축건물의 소유권취득, 시효취득, 선의취득, 무주물선점, 첨부(부합·혼화·가공) 등
② **승계취득**
    ㉠ 이전적 승계: 전 권리자의 권리가 동일성을 유지하면서 새로운 권리자에게 그대로 이전되는 경우를 말한다.
        ⓐ 특정승계: 개개의 취득원인에 의해 개개의 권리가 취득되는 경우(매매, 교환 등)
        ⓑ 포괄승계: 하나의 취득원인에 의해 다수의 권리가 일괄적으로 취득되는 경우(상속, 포괄유증, 회사합병 등)
    ㉡ 설정적 승계: 전 권리자는 권리를 그대로 보유하면서 새로운 권리자가 전 권리자의 권리의 내용 중 '일부'를 취득하는 것을 말한다.(지상권, 전세권, 저당권 설정 등)

(2) **권리의 변경**
    물건인도청구권이 손해배상청구권으로 변경되는 경우 등

(3) **권리의 소멸**(상실)

2 법률행위의 종류

1. 의사표시의 수에 따른 분류

(1) **단독행위**

① **의 의**

행위자 한 사람의 한 개의 의사표시로 성립하는 법률행위로서 일방적 의사표시에 의해 그 표의자가 의욕한 대로 법률효과가 발생한다.

② **단독행위의 종류**

㉠ 상대방 있는 단독행위 : 동의, 상계, 추인, 취소, 철회, 채무의 면제, 해제, 해지, 시효이익의 포기, 공유지분의 포기 등

㉡ 상대방 없는 단독행위 : 유언, 재단법인의 설립행위, 소유권의 포기, 상속의 포기,

(2) **계 약**

서로 대립하는 두 개의 의사표시(청약과 승낙)의 합치에 의하여 성립하는 법률행위이다. 합의해제, 합의해지, 증여 등은 계약이다.

2. 이행의 문제 유무에 따른 분류

(1) **의무부담행위**(채권행위)

① 언제나 이행의 문제를 남기며, 채권행위(매매, 교환, 임대차 등)가 이에 해당한다.

② 처분권이 없는 무권리자도 의무부담행위는 할 수 있으므로 타인의 물건을 매매(임대차) 한 경우에 그 매매(임대차)계약도 유효하다.

(2) **처분행위**(물권행위·준물권행위)

① 물권행위(소유권이전행위, 제한물권 설정행위)와 준물권행위(채권양도, 채무면제 등) 가 있다.

② 처분행위는 처분권 있는 자만이 할 수 있고, 처분권 없는 자의 처분행위는 무효이다.

3 법률행위의 성립요건과 효력요건

1. 법률행위의 성립요건과 효력요건

성립요건	유효(효력발생)요건
당사자	권리능력, 의사능력(의사무능력자의 행위는 무효), 행위능력을 갖출 것(제한능력자의 행위는 취소사유)
목적(내용)	확정, 가능, 적법, 사회적 타당성이 있을 것
의사표시	의사와 표시가 일치하여야 하고, 의사표시에 하자가 없을 것
〈특별성립요건〉 ① 요물계약에서 물건의 인도 (금전의 지급) ② 유언에서의 일정한 방식	〈특별유효요건〉 ① 대리행위에서의 대리권의 존재 ② 조건부·기한부 법률행위에서 조건의 성취·기한의 도래 ③ 토지거래허가구역 내의 토지거래계약에 관한 관할관청의 허가 등 ☼ 농지취득자격증명은 농지취득의 원인이 되는 법률행위의 효력을 발생시키는 요건은 아니다.

☼ **제한능력자**
행위능력이 제한받는 자를 제한능력자라고 한다. 미성년자(19세 미만), 피성년후견인(정신적 제약으로 사무처리능력이 지속적으로 결여된 자), 피한정후견인(정신적 제약으로 사무처리능력이 부족한 자)이 이에 해당한다.

2. 성립요건과 효력요건의 관계

① 먼저 성립요건을 검토한 후에 법률행위가 성립한 경우에 한하여 효력요건을 검토한다.
② 따라서 법률행위가 불성립(부존재)한 경우에는 무효 또는 취소가 문제될 여지가 없다.

기출 OX

1. 무권대리 행위의 추인은 상대방 있는 단독행위이다. (   ) 제32회
2. 공유지분의 포기는 상대방 있는 단독행위이다. (   ) 제32회
3. 상계의 의사표시는 상대방 있는 단독행위이다. (   ) 제32회
4. 재단법인의 설립행위는 상대방 있는 단독행위이다. (   ) 제32회
5. 착오로 인한 계약의 취소는 상대방 없는 단독행위이다. (   ) 제33회
6. 미성년자의 법률행위에 대한 법정대리인의 동의는 상대방 없는 단독행위이다. (   ) 제33회
7. 손자에 대한 부동산의 유증은 상대방 없는 단독행위이다. (   ) 제33회
8. 이행불능으로 인한 계약의 해제는 상대방 없는 단독행위이다. (   ) 제33회
9. 농지거래계약에서 농지취득자격증명은 법률행위의 효력발생요건이다. (   ) 제24회

◆ 정답
1. ○ 2. ○ 3. ○ 4. × 5. × 6. × 7. ○ 8. × 9. ×

Chapter 02 법률행위의 목적

> **미리보기 개 관**
>
> 1. 법률행위의 목적은 법률행위의 내용을 말하며, 법률행위의 목적은 확정할 수 있어야 하고, 실현가능하여야 하며, 적법하고, 사회적 타당성이 있어야 법률행위는 유효하게 된다.
> 2. 법률행위의 목적은 법률행위시에 확정될 필요는 없고, 이행기까지 확정될 수 있으면 된다.
> 3. 법률행위의 목적은 법률행위 당시에 그 실현이 가능한 것이어야 하며, 법률행위 성립당시에 그 목적이 실현할 수 없는 것이면 무효이다.
>   (1) 원시적 불능 : 법률행위 전에 이미 불능(매매계약 전에 목적물이 멸실된 경우) → 무효
>   (2) 후발적 불능 : 법률행위 후에 불능(매매계약 이후에 목적물이 멸실된 경우) → 유효
> 4. 법률행위의 목적이 적법하여야 한다는 것은 법규정 중에 강행규정(강행법규)에 위반하지 않아야 한다는 것을 의미하는데, 여기에서는 효력규정과 단속규정의 구별이 중요하다.
> 5. 법률행위의 목적이 사회적 타당성이 있어야 한다는 것은 법률행위가 개개의 강행규정에는 위반하지 않더라도 선량한 풍속 기타 사회질서에 위반하지 않아야 한다는 의미이다. 법률행위의 목적에서 가장 중요한 부분으로 제103조(반사회질서의 법률행위), 부동산 이중매매, 제104조(불공정한 법률행위)가 핵심내용이다.

테마 02 효력규정과 단속규정

1. 효력규정

(1) 의 의

효력규정이란 '규정에 위반하면 행정상의 제재는 물론 사법상의 효력도 무효가 되는 규정'을 말한다. 일반적으로 강행규정이란 이러한 효력규정을 의미한다.

(2) 효력규정의 예

① **부동산 중개보수에 관한 구 부동산중개업법 및 같은 법 시행규칙**: 구 부동산중개업법 등 관련 법령에서 정한 한도를 초과하는 부동산 중개보수 약정은 그 한도를 초과하는 범위 내에서 무효이다.

② **중개사무소 개설등록에 관한 구 부동산중개업법 관련 규정**: 공인중개사 자격이 없는 자가 중개사무소 개설등록을 하지 아니한 채 부동산중개업을 하면서 체결한 중개보수 지급약정은 무효이다. 다만, 공인중개사 자격이 없는 자가 우연한 기회에 단 1회 타인 간의 거래행위를 중개고 그에 따른 중개보수 지급약정이 강행법규에 위배되어 무효라고 할 것은 아니다.
③ 허가구역 내의 토지에 관하여 관청의 허가를 받을 것을 요구하는 부동산거래신고 등에 관한 법률 제11조
④ 사립학교의 기본재산처분행위 등에 주무관청의 허가를 요구한 사립학교법 제28조.
⑤ 부동산명의신탁을 금지하는 부동산 실권리자명의등기에 관한 법률 제4조

(3) 강행규정(효력규정) 위반의 효과

① 강행규정(효력규정) 위반의 법률행위는 무효이다. 따라서 당사자 간에는 이행 전이면 이행할 필요가 없으나, 만일 이행을 하였다면 강행규정 위반으로 무효인 법률행위가 제103조에 위반되지 않는 한 반환청구를 할 수 있다.
② 강행규정(효력규정) 위반으로 인한 무효는 절대적 무효이므로 선의의 제3자에게 대항할 수 있다(제3자는 선의라도 권리를 취득하지 못한다).
③ 강행법규를 위반한 자가 스스로 강행규정에 위반된 계약의 성립을 부정하거나 무효를 주장하는 것이 신의칙에 위반된다고 볼 수는 없다(허용된다).

2. 단속규정

(1) 의 의

단속규정이란 '일정한 행정목적을 달성하기 위하여 국가가 일정한 행위를 금지·제한하는 법규'를 말하며, 단속규정에 위반하는 경우 위반자는 일정한 처벌을 받으나 사법상의 효력은 유효이다.

(2) 단속규정의 예

① 각종 행정법규(식품위생법상 무허가음식점의 영업행위 등)
② **미등기전매행위에 대하여 형사처벌을 규정한 부동산등기특별조치법의 규정**: 이를 위반한 중간생략등기 합의에 관한 사법상 효력까지 무효는 아니다.
③ 개업공인중개사 등이 중개의뢰인과 직접 거래를 하는 행위를 금지하는 공인중개사법 제33조 제6호의 규정
④ (구)주택법 제39조 제1항의 전매금지규정

기출 OX

1. 주택법의 전매행위제한을 위반하여 한 전매약정은 무효이다. (　) 제28회
2. 「부동산등기특별조치법」상 중간생략등기를 금지하는 규정은 단속규정이다. (　) 제32회
3. 「공인중개사법」상 개업공인중개사가 중개의뢰인과 직접 거래를 하는 행위를 금지하는 규정은 효력규정이다. (　) 제32회
4. 개업공인중개사가 임대인으로서 직접 중개의뢰인과 체결한 주택임대차계약은 무효이다. (　) 제33회
5. 공인중개사 자격이 없는 자가 우연히 1회성으로 행한 중개행위에 대한 적정한 수준의 수수료 약정은 무효이다. (　) 제33회

● 정답
1. × 2. ○ 3. × 4. × 5. ×

테마 03 반사회질서의 법률행위(제103조)

제103조 【반사회질서의 법률행위】 선량한 풍속 기타 사회질서에 위반한 사항을 내용으로 하는 법률행위는 무효로 한다.

1. 반사회질서의 법률행위에 해당하는 경우

① 처의 동의 있는 부첩계약, 부첩관계의 종료를 해제조건으로 하는 증여계약
② 처의 사망 또는 이혼시에 혼인하기로 하는 혼인예약
③ 형사사건에서 변호사의 성공보수약정(민사사건에서의 변호사의 성공보수약정은 반사회적 법률행위 아님)
④ 변호사 아닌 자가 승소를 조건으로 그 대가로 소송당사자로부터 소송물의 일부를 양도받기로 하는 약정
⑤ 증인이 소송에서 사실대로 증언하여 줄 것을 조건으로 통상적인 수준을 넘어서 어떠한 급부를 제공받기로 한 약정
⑥ 참고인이 수사기관에 허위의 진술을 하는 대가로 일정한 급부를 받기로 한 약정
⑦ 범죄행위를 하지 않을 조건으로 금전을 지급하기로 하는 약정
⑧ 당초부터 보험사고를 가장하여 보험금을 취득할 목적으로 보험계약을 체결하는 경우 또는 보험계약자가 다수의 보험계약을 통하여 보험금을 부정취득할 목적으로 보험계약을 체결한 경우

⑨ 공무원의 직무에 관한 사항에 관하여 특별한 청탁을 하고 그에 대한 보수로 돈을 지급할 것을 내용으로 한 약정
⑩ 과도한 위약벌의 약정, 허용되는 한도를 초과하는 현저한 고율의 이자약정
⑪ 평생 혼인하지 않겠다는 계약, 어떠한 일이 있어도 이혼하지 않겠다는 각서
⑫ 행정기관에 진정서를 제출하여 상대방을 궁지에 빠뜨린 다음 이를 취하하는 조건으로 거액의 급부를 받기로 한 약정
⑬ 도박자금을 대여하는 행위, 도박채무를 변제하는 계약
⑭ 매도인의 배임행위에 매수인이 적극가담하여 맺어진 부동산의 이중매매, 증여계약, 저당권설정행위 등
⑮ 동기의 불법은 그 동기가 표시되거나 상대방에게 알려진 경우에는 반사회질서행위가 된다.

2. 반사회질서의 법률행위에 해당하지 않는 경우

① 부첩관계를 해소(단절)하면서 첩의 생활비나 자녀의 양육비를 지급하는 계약
② 남편이 부정행위를 용서받는 대가로 부동산을 처에게 양도하되, 부부관계가 유지되는 동안에는 처가 임의로 처분할 수 없다는 약정
③ 투기의 목적으로 피분양권(세입자입주권)을 세입자들로부터 15매나 매수한 경우
④ 양도소득세를 회피하기 위하여 계약서에 실제 금액보다 낮은 금액을 기재한 경우
⑤ 반사회적 행위에 의하여 조성된 비자금을 은닉하기 위하여 임치하는 행위
⑥ 강제집행을 면할 목적으로 부동산에 허위의 근저당권설정등기를 경료하는 행위
⑦ 단지 법률행위 성립과정에 불법적 방법(강박)이 사용된 데에 불과한 경우
⑧ 도박채무의 변제를 위하여 채무자로부터 부동산의 처분을 위임받은 행위와 채권자가 그 부동산을 선의의 제3자에게 매도하는 행위
⑨ 해외파견 된 근무자가 귀국일로부터 일정기간 회사에 근무하여야 한다는 회사의 내규
⑩ 전통사찰의 주지직을 거액의 금품을 대가로 양도·양수하기로 하는 약정을 알고도 이를 묵인한 상태에서 한 종교단체의 주지임명행위
⑪ 명의신탁약정
⑫ 무허가건물의 임대행위
⑬ '법률행위 당시'를 기준으로 판단하므로 매매계약 후 매매의 목적물이 범죄행위로 취득한 것을 알게 되었다 하더라도 그 매매계약은 반사회질서행위가 아니다.

3. 반사회질서의 법률행위의 효과

① 당사자 사이에서는 이행 전이면 이행할 필요가 없으나 이미 이행된 경우에는 불법원인급여가 되어 그 반환을 청구할 수 없고 소유권에 기한 반환청구권도 행사할 수 없다.
② 절대적 무효이므로 선의의 제3자에게도 대항할 수 있다.
③ 반사회질서의 무효는 이를 주장할 이익이 있는 자는 누구든지 무효를 주장할 수 있다.

기출 OX

1. 법정에서 허위 진술하는 대가로 금원을 교부하기로 한 약정은 반사회적 법률행위에 해당한다. (   ) 제26회, 제36회
2. 소송에서의 증언을 조건으로 통상 용인되는 수준을 넘는 대가를 받기로 한 약정은 반사회적 법률행위에 해당한다. (   ) 제31회
3. 범죄행위로 조성된 '비자금'을 소극적으로 은닉하기 위하여 임치하는 행위는 반사회적 법률행위에 해당한다. (   ) 제34회, 제35회
4. 이미 매도된 부동산임을 알면서도 매도인의 배임행위에 적극 가담하여 이루어진 저당권설정행위는 반사회적 법률행위에 해당한다. (   ) 제27회
5. 양도소득세를 회피할 목적으로 실제 거래대금보다 낮은 금액으로 계약서를 작성하여 매매계약을 체결한 행위는 반사회적 법률행위에 해당한다. (   ) 제27회, 제35회
6. 처음부터 보험사고를 가장하여 보험금을 취할 목적으로 체결한 보험계약, 다수의 보험계약을 통해 보험금을 부정취득할 목적으로 체결한 보험계약은 반사회적 법률행위에 해당한다. (   ) 제26회, 제30회, 제33회, 제35회
7. 변호사가 민사소송의 승소 대가로 성공보수를 받기로 한 약정은 반사회적 법률행위에 해당한다. (   ) 제26회, 제33회
8. 2023년 체결된 형사사건에 관한 변호사와 의뢰인의 성공보수약정은 반사회적 법률행위에 해당한다. (   ) 제34회
9. 성립 과정에서 강박이라는 불법적 방법이 사용된 데 불과한 법률행위는 반사회적 법률행위에 해당한다. (   ) 제27회, 제36회
10. 강제집행을 면하기 위해 부동산에 허위의 근저당권설정등기를 경료하더라도, 이는 반사회적 법률행위에 해당한다. (   ) 제27회, 제31회, 제35회
11. 상대방에게 표시되거나 알려진 법률행위의 동기가 반사회적인 경우, 그 법률행위는 무효이다. (   ) 제31회, 제36회

◆ 정답
1. ○ 2. ○ 3. × 4. ○ 5. × 6. ○ 7. × 8. ○ 9. × 10. × 11. ○

테마 04 부동산이중매매

1. 의 의

甲은 乙에게 X부동산을 매도하고 중도금을 수령한 후 다시 丙과 X부동산에 대한 매매계약을 체결하고 丙 명의로 소유권이전등기를 마친 경우를 말한다.

2. 원칙적 유효

① 부동산의 이중매매는 丙의 선의·악의 불문하고 원칙적으로 유효하다.
② 이 경우 丙은 소유권을 취득하고, 甲의 乙에 대한 소유권이전의무는 채무불이행(이행불능)이 되어 乙은 매매계약을 해제하고 손해배상을 청구할 수 있다.

3. 무효인 경우

① 제2매수인(丙)이 매도인(甲)의 배임행위에 적극 가담(매도를 권유, 요청)하여 이루어진 제2의 매매행위는 정의관념에 반(사회질서 위반)하므로 무효가 된다.
② 乙은 甲에 대하여 소유권이전을 청구할 수 있으므로 乙은 甲을 대위하여 丙의 등기말소를 청구할 수 있고, 丙에 대하여 불법행위로 인한 손해배상청구도 할 수 있다.
③ 甲과 丙의 매매계약은 반사회질서행위로 불법원인급여가 되어 甲은 丙에게 말소등기청구를 할 수 없고, 丙은 甲에게 매매대금반환청구를 할 수 없다.
④ 乙은 丙에 대해 등기말소 또는 진정명의회복을 원인으로 소유권이전등기를 청구할 수 없고, 채권자취소권을 행사하여 甲과 丙의 매매계약을 취소할 수도 없다.
⑤ 甲과 丙의 매매계약은 절대적 무효이므로 당해 부동산을 제2매수인 丙으로부터 전득한 제3자는 선의라도 권리를 취득하지 못한다(제2매수인으로부터 그 부동산을 매수하여 등기한 선의의 제3자는 제2매매계약의 유효를 주장할 수 없다).

> **기출 OX**
>
> 1. 제2매수인이 이중매매사실을 알았다는 사정만으로 제2매매계약을 반사회적 법률행위에 해당한다고 볼 수 없다. ( ) 제32회
> 2. 특별한 사정이 없는 한, 먼저 등기한 매수인이 목적 부동산의 소유권을 취득한다.
> ( ) 제26회, 제32회
> 3. 반사회적 법률행위에 해당하는 이중매매의 경우, 제1매수인은 제2매수인에 대하여 직접 소유권이전등기말소를 청구할 수 없다. ( ) 제26회, 제28회, 제32회
> 4. 제2매매계약이 사회질서 위반으로 무효인 경우, 제1매수인은 제2매수인에 대하여 불법행위를 이유로 손해배상을 청구할 수 있다. ( ) 제28회
> 5. 제2매매계약이 사회질서 위반으로 무효인 경우, 제2매수인으로부터 그 부동산을 전득한 선의의 제3자는 소유권을 취득한다. ( ) 제26회
> 6. 반사회적 법률행위에 해당하는 제2매매계약에 기초하여 제2매수인으로부터 그 부동산을 매수하여 등기한 선의의 제3자는 제2매매계약의 유효를 주장할 수 있다.
> ( ) 제28회, 제32회
>
> ◆ 정답
> 1. ○ 2. ○ 3. ○ 4. ○ 5. × 6. ×

테마 05 | 불공정한 법률행위(제104조)

제104조【불공정한 법률행위】 당사자의 궁박, 경솔 또는 무경험으로 인하여 현저하게 공정을 잃은 법률행위는 무효로 한다.

1. 의 의

① 일방 당사자의 궁박, 경솔, 또는 무경험으로 인하여 현저히 균형을 잃은 법률행위를 말하며, 폭리행위(暴利行爲)라고도 한다(제104조).
② 제104조의 불공정한 법률행위는 제103조(반사회질서 법률행위)의 예시규정에 해당한다. 따라서 비록 제104조의 요건을 완전히 갖추고 있지 못한 경우에도 그 행위는 제103조에 의해 반사회적 행위로서 무효가 될 수 있다.

2. 요 건

(1) 피해자의 궁박, 경솔, 무경험이 있을 것

① 궁박은 경제적, 정신적, 심리적 궁박상태를 포함한다.
② 무경험이라 함은 어느 특정영역에서의 경험부족이 아니라 거래일반에 대한 경험부족을 의미한다.
③ 모두 구비할 필요는 없고 그중 어느 하나만 갖추어도 충분하다.
④ 대리인이 법률행위를 한 경우에 경솔, 무경험은 대리인 기준으로 판단하고, 궁박여부는 본인을 기준으로 판단한다.

(2) 상대방의 이용의사(악의)가 있을 것

상대방이 피해자 측의 사정을 알면서 이를 이용하려는 의사가 있어야 불공정 법률행위가 성립한다.

(3) 급부와 반대급부 사이의 현저한 불균형이 있을 것

① 급부와 반대급부 사이의 '현저한 불균형'은 단순히 시가와의 차액 또는 시가와의 배율로 판단할 수 있는 것은 아니고, 구체적·개별적 사안에 있어서 일반인의 사회통념에 따라 결정하여야 한다. 그 판단에 있어서는 피해자의 궁박·경솔·무경험의 정도를 고려하여 당사자의 주관적 가치가 아닌 거래상의 객관적 가치에 의하여야 한다.
② 불균형 여부의 판단 시기는 '법률행위시(계약체결 당시)'를 기준으로 한다. 따라서 계약 체결 당시에 불공정한 것이 아니라면, 사후에 외부적 환경의 급격한 변화에 따라 계약당사자 일방에게 큰 손실이 발생하고 상대방에게는 큰 이익이 발생한다 하더라도 불공정한 법률행위가 되지 않는다.

3. 입증책임

① 무효를 주장하는 자(피해자)가 모든 요건을 주장·입증해야 한다.
② 따라서 급부와 반대급부가 현저히 불균형이라 하여 궁박, 경솔, 무경험이 추정되지 않는다.

4. 효 과

① 절대적 무효(선의의 제3자에 대해서도 대항할 수 있다)
② 불공정한 법률행위는 추인에 의해 유효로 될 수 없으나, 무효행위의 전환은 가능하다.
③ 불공정한 법률행위로 불이익을 입는 당사자가 불공정성을 소송 등으로 주장할 수 없도록 하는 부제소합의는 특별한 사정이 없으면 무효이다.

5. 적용범위

① **적용×**: 무상행위(증여, 기부행위), 경매
② **적용○**: 유상·쌍무계약, 단독행위(채권포기행위)

기출 OX

1. 궁박은 정신적·심리적 원인에 기인할 수도 있다. ( ) 제29회, 제36회
2. 무경험이란 거래 일반의 경험부족을 말하는 것이 아니라 해당 특정영역에서의 경험부족을 말한다. ( ) 제29회, 제36회
3. 대리행위의 경우, 경솔과 궁박은 대리인을 기준으로 판단하지만 무경험은 본인을 기준으로 판단한다. ( ) 제28회, 제29회, 제34회, 제36회
4. 계약의 피해당사자가 급박한 곤궁 상태에 있었다면 그 상대방에게 폭리행위의 악의가 없었더라도 불공정한 법률행위는 성립한다. ( ) 제34회
5. 급부와 반대급부 사이에 현저한 불균형이 존재하는지는 특별한 사정이 없는 한 법률행위 당시를 기준으로 판단하여야 한다. ( ) 제28회, 제29회
6. 급부와 반대급부 사이의 현저한 불균형은 피해자의 궁박·경솔·무경험의 정도를 고려하여 당사자의 주관적 가치에 따라 판단한다. ( ) 제29회
7. 불공정한 법률행위에도 무효행위 전환의 법리가 적용될 수 있다.
   ( ) 제28회, 제29회, 제34회, 제36회
8. 대가적 출연이 없는 무상행위(증여)도 불공정한 법률행위가 될 수 있다. ( ) 제28회
9. 경매에는 불공정한 법률행위에 관한 규정이 적용되지 않는다. ( ) 제28회, 제34회

◆ 정답
1. ○ 2. × 3. × 4. × 5. ○ 6. × 7. ○ 8. × 9. ○

Chapter 03 의사표시

> **미리보기 개관**
> 1. 법률행위의 필수요소인 '의사표시' 파트는 법률행위를 이해하는 중요부분이고 계약법의 계약과 밀접한 관련이 있는 부분이다.
> 2. 의사표시는 '비정상적인 의사표시'와 '정상적인 의사표시'로 나누어 학습하는데, 비정상적인 의사표시에서는 ① 진의 아닌 의사표시, ② 통정허위표시, ③ 착오로 인한 의사표시, ④ 사기·강박에 의한 의사표시를 정리하고, 정상적인 의사표시의 경우는 의사표시의 효력발생에 관하여 정리하여야 한다.

테마 06 진의 아닌 의사표시(비진의표시)

> **제107조(진의 아닌 의사표시)** ① 의사표시는 표의자가 진의 아님을 알고 한 것이라도 그 효력이 있다. 그러나 상대방이 표의자의 진의 아님을 알았거나 이를 알 수 있었을 경우에는 무효로 한다.
> ② 진의 아닌 의사표시의 무효는 선의의 제3자에게 대항하지 못한다.

1. 의의 및 효과

① 진의 아닌 의사표시란 '의사와 표시가 일치하지 않는다는 것을 표의자 스스로 알면서 하는 의사표시'를 말한다.
② 원칙적으로 유효이나, 상대방이 알았거나 알 수 있었을 경우에는 무효이다(상대방이 선의이며 무과실인 경우는 유효). → 상대방의 악의 또는 과실에 대한 입증책임은 무효를 주장하는 자가 진다.
③ 비진의표시의 무효로써 선의의 제3자에게 대항하지 못한다.
④ 진의 아닌 의사표시에서 '진의'란 '특정한 내용의 의사표시'를 하려는 표의자의 생각을 말하는 것이지 표의자가 진정으로 바라는 사항을 뜻하는 것이 아니다.

2. 진의 아닌 의사표시 해당여부

비진의 표시에 해당 ○	① 물의를 일으킨 사립대학교 조교수가 사직의 의사가 없으면서 사태수습의 방안으로 '스스로' 사직서를 낸 경우 → 유효 ② 사직의사 없는 근로자가 사용자의 '지시'에 의하여 또는 기업의 경영방침에 따라 사직서를 낸 경우 → 그 사정을 사용자도 안 것으로 보아 무효
비진의 표시에 해당 ×	① 표의자가 의사표시의 내용을 진정으로 바라지는 아니하였으나, 그것을 최선이라고 판단하여 의사표시를 한 경우 ② 강박(강요)에 의하여서나마 증여한 경우 ③ 자기명의로 대출받을 수 없는 자를 위하여 자기명의를 빌려준 자는 비진의 표시라고 할 수 없다. ④ 희망퇴직제 실시에 따라 또는 명예퇴직제에 따라 사직원을 제출한 경우

3. 적용범위

① 진의 아닌 의사표시는 계약, 단독행위(상대방 없는 단독행위는 항상 유효)에도 적용된다.
② 대리인의 대리권남용에도 유추적용될 수 있다.
③ 다만, 공법상 법률행위에는 적용되지 않는다(공무원 사직서 제출은 언제나 유효).

기출 OX

1. 진의 아닌 의사표시는 상대방과 통정이 없다는 점에서 통정허위표시와 구별된다.
   ( ) 제27회
2. 매매계약에서 비진의표시는 상대방이 선의이며 과실이 없는 경우에 한하여 유효하다.
   ( ) 제25회
3. 상대방이 표의자의 진의 아님을 알았을 경우, 표의자는 진의 아닌 의사표시를 취소할 수 있다. ( ) 제27회, 제32회
4. 상대방이 표의자의 진의 아님을 알았다는 것은 무효를 주장하는 자가 증명하여야 한다.
   ( ) 제25회
5. 진의 아닌 의사표시의 효력이 없는 경우, 법률행위의 당사자는 진의 아닌 의사표시를 기초로 새로운 이해관계를 맺은 선의의 제3자에게 대항하지 못한다. ( ) 제27회
6. 진의란 특정한 내용의 의사표시를 하고자 하는 표의자의 생각을 말하는 것이지 표의자가 진정으로 마음속에서 바라는 사항을 뜻하는 것은 아니다. ( ) 제27회, 제36회
7. 대출절차상 편의를 위하여 명의를 빌려준 자가 채무부담의 의사를 가졌더라도 그 의사표시는 비진의표시이다. ( ) 제25회
8. 사직의사 없는 사기업의 근로자가 사용자의 지시로 어쩔 수 없이 일괄사직서를 제출하는 형태의 의사표시는 비진의표시이다. ( ) 제25회

◆ 정답
1. ○ 2. ○ 3. × 4. ○ 5. ○ 6. ○ 7. × 8. ○

테마 07 통정허위표시

1. 의의

① 허위표시란 표의자가 상대방과 서로 짜고서(합의, 양해) 의사와 표시가 불일치한 법률행위를 하는 것으로, 가장행위(假裝行爲)라고도 한다.
② 동일인 대출한도를 회피하기 위하여 금융기관의 양해하에 형식상 제3자 명의를 빌려 체결된 대출약정은 허위표시에 해당하여 무효이다(양해가 없으면 허위표시 아님).

2. 통정허위표시의 효과

(1) 당사자 사이의 효과

① 당사자 간에는 언제나 무효이다. 따라서 허위표시 자체가 반사회질서행위(불법)는 아니므로 이미 이행한 후에는 당사자는 부당이득이나 소유권에 기한 반환을 청구할 수 있다.
② 허위표시도 채권자취소권의 대상이 된다.

(2) 제3자에 대한 효과

① 허위표시의 무효는 그 누구라도 선의의 제3자에게 대항하지 못한다.
② 제3자는 허위표시의 당사자 및 포괄승계인(상속인 등) 이외의 자로서 실질적으로 새로운 이해관계를 맺은 자를 말한다. 여기에서 제3자는 허위표시의 당사자와 직접 법률상 이해관계를 가진 자 외에도, 그 법률상 이해관계를 바탕으로 하여 다시 새로이 법률상 이해관계를 가지게 된 자(전득자)도 포함된다. 따라서 허위표시의 당사자와 직접 이해관계를 가진 자가 악의더라도 전득자가 선의라면 전득자는 선의의 제3자로 보호받는다.
③ 보호되는 제3자는 선의이기만 하면 되고 무과실은 요건이 아니다.
④ 제3자의 선의는 추정되므로 허위표시의 무효를 주장하는 측에서 제3자가 악의라는 사실을 주장·입증해야 한다.

제3자 해당여부

제3자에 해당 하는 경우	제3자에 해당하지 않는 경우
① 가장매매의 목적물이나 가장채권을 양수한 자, 가압류한 자(가압류채권자) ② 가장매매의 매수인으로 부터 그 부동산에 저당권을 설정받은 자 또는 가등기를 취득한 자 ③ 가장저당권의 실행으로 부동산을 경락받은 자 ④ 가장채무를 보증하고 그 보증채무를 이행하여 구상권을 취득한 보증인 ⑤ 파산자가 통정한 허위의 가장채권을 보유하고 있는 경우의 파산관재인(선·악의는 총파산채권자를 기준으로 판단하여 파산채권자 모두 악의로 되지 않는 한 파산관재인은 선의의 제3자이다)	① 가장매매의 양수인의 상속인 ② 대리인이 허위표시를 한 경우 본인 ③ 가장행위로서 제3자를 위한 계약에 있어서의 제3자(수익자) ④ 채권의 가장양도에 있어서의 채무자 ⑤ 허위표시의 당사자로부터 계약상 지위를 이전받은 자(계약을 인수한 자) ⑥ 주채무자의 채권자에 대한 허위채무를 이행하지 않은 보증인 ⑦ 저당권 등 제한물권이 가장포기된 경우 후순위 제한물권자

3. 은닉행위

① 甲은 자신의 X토지를 乙에게 증여하면서, 세금을 아끼기 위해 이를 매매로 가장하여 乙명의로 소유권이전 등기를 마친 경우에 증여행위를 은닉행위라 한다.
② 매매는 가장행위로 무효지만, 은닉행위인 증여는 유효이다.
③ 따라서 乙은 적법하게 X토지의 소유권을 취득하고, 乙이 다시 丙에게 매도하고 소유권이전등기를 경료해 주었다면 丙은 선·악 불문하고 소유권을 취득한다.

> **기출 OX**
>
> 1. 통정허위표시가 성립하기 위해서는 진의와 표시의 불일치에 관하여 상대방과 합의가 있어야 한다. ( ) 제30회
> 2. 가장매매의 당사자는 매매계약에 따른 채무를 이행할 필요가 없다. ( ) 제27회
> 3. 통정허위표시로서 무효인 법률행위라도 채권자취소권의 대상이 될 수 있다. ( ) 제30회, 제35회
> 4. 민법 제108조 제2항에 따라 보호받는 선의의 제3자에 대해서는 그 누구도 통정허위표시의 무효로써 대항할 수 없다. ( ) 제33회
> 5. 통정허위표시에 의한 채권을 가압류한 자는 통정허위표시에서 보호되는 제3자에 해당한다. ( ) 제26회, 제31회, 제36회

6. 허위로 체결된 제3자를 위한 계약의 수익자는 통정허위표시에서 보호되는 제3자에 해당한다. ( ) 제26회

7. 채권의 가장양도에서 변제 전 채무자는 통정허위표시에서 보호되는 제3자에 해당한다. ( ) 제31회

8. 가장채무를 보증하고 그 보증채무를 이행한 보증인은 통정허위표시에서 보호되는 제3자에 해당한다. ( ) 제31회, 제34회

9. 통정허위표시에 의해 설정된 전세권에 대해 저당권을 설정 받은 자는 통정허위표시에서 보호되는 제3자에 해당한다. ( ) 제26회, 제31회

10. 차주와 통정하여 가장 소비대차계약을 체결한 금융기관으로부터 그 계약을 인수한 자는 통정허위표시에서 보호되는 제3자에 해당한다. ( ) 제34회

11. 파산선고를 받은 가장채권자의 파산관재인은 통정허위표시에서 보호되는 제3자에 해당한다. ( ) 제31회, 제34회, 제36회

12. 통정허위표시의 무효로 대항할 수 없는 제3자에 해당하는지의 여부를 판단할 때, 파산관재인은 파산채권자 모두가 악의로 되지 않는 한 선의로 다루어진다.
( ) 제30회, 제32회

13. 허위표시의 당사자와 직접 법률상 이해관계를 가진 자와 다시 새로이 법률상 이해관계를 가지게 된 자(전득자)는 허위표시에서 보호되는 제3자에 해당하지 않는다.
( ) 제35회

14. 허위표시의 무효로 대항할 수 없는 제3자는 선의이고 무과실이어야 한다.
( ) 제27회, 제35회

15. 통정허위표시의 무효에 대항하려는 제3자는 자신이 선의라는 것을 증명하여야 한다.
( ) 제27회, 제32회, 제35회

16. 당사자가 통정하여 증여를 매매로 가장한 경우, 증여와 매매 모두 무효이다.
( ) 제29회, 제30회, 제33회

❶ 정답
1. ○ 2. ○ 3. ○ 4. ○ 5. ○ 6. × 7. × 8. ○ 9. ○ 10. × 11. ○ 12. ○ 13. × 14. ×
15. × 16. ×

테마 08 | 착오로 인한 의사표시

1. 의 의
① 표의자가 자신의 의사와 표시가 일치하지 않는 것을 모르고 하는 의사표시를 말한다.
② 장래의 미필적 사실의 발생에 대한 기대나 예상이 빗나간 것은 착오라고 할 수 없다.

2. 착오로 인한 의사표시의 취소 요건

> **제109조【착오로 인한 의사표시】** ① 의사표시는 법률행위의 내용의 중요부분에 착오가 있는 때에는 취소할 수 있다. 그러나 그 착오가 표의자의 중대한 과실로 인한 때에는 취소하지 못한다.
> ② 착오로 인한 의사표시의 취소는 선의의 제3자에게 대항하지 못한다.

(1) 중요부분의 착오가 있을 것
① **중요부분의 판단기준**: 주관적 요건(표의자 입장) + 객관적 요건(일반인 입장)
② **중요부분 해당여부**

중요부분에 해당○ (취소○)	중요부분에 해당× (취소×)
① 토지의 현황, 경계에 관한 착오 (토지 1,300평을 전부 경작이 가능한 농지로 알고 매수하였으나 그 중 600평이 하천부지인 경우)	① 지분이 근소(미미)하게 부족한 경우
	② 시가에 관한 착오(동기의 착오에 불과)
② 근저당권설정계약에 있어서 채무자의 동일성에 관한 착오	③ 매매계약서에 표시된 지적이 실제 면적보다 작은 경우
③ 양도소득세 착오	④ 착오로 인해 표의자가 경제적인 불이익을 입은 것이 아닌 경우(가압류등기가 없다고 믿고 보증하였더라도 가압류가 원인무효인 것으로 밝혀진 경우)
④ 재건축조합이 재건축아파트 설계용역계약을 체결함에 있어서 상대방의 건축사 자격 유무에 관한 착오	⑤ 매매나 임대차에서 목적물의 소유자에 대한 착오(단, 목적물이 반드시 임대인의 소유일 것을 특히 계약의 내용으로 삼은 경우에는 취소가능)

(2) 중대한 과실(보통 요구되는 주의를 현저히 결한 것)이 없을 것
① **중과실 인정(취소 불가)**
  ㉠ 공인중개사를 통하지 않고 토지거래를 하는 경우, 토지대장 등을 확인하지 않은 경우
  ㉡ 공장을 경영하는 자가 공장을 설립할 목적으로 토지를 매수함에 있어 그 토지상에 공장을 건축할 수 있는 지 여부를 관할관청에 알아보지 아니한 경우

② **중과실 부정**
토지매매에 있어서 특별한 사정이 없는 한, 매수인이 측량을 통하여 매매목적물이 지적도상의 그것과 일치하는지 여부를 확인하지 않은 경우

(3) **입증책임**
① 법률행위 내용에 착오가 있다는 사실과 착오가 중요부분이라는 점은 착오를 이유로 의사표시를 취소하는 자(표의자, 의사표시의 효력을 부인하는 자)가 증명하여야 한다.
② 표의자에게 중대한 과실이 있다는 사실은 취소를 저지하려는 자(상대방, 법률행위의 유효를 주장하는 자)가 증명하여야 한다.

3. 효과

① 착오자는 그 의사표시를 취소할 수 있다(제109조 제1항).
② 그러나 착오에 관한 규정은 임의규정이므로 당사자가 착오를 이유로 의사표시를 취소하지 않기로 약정한 경우, 표의자는 의사표시를 취소할 수 없다.
③ 표의자가 중대한 과실이 있어도 상대방이 알면서 이용한 경우에는 취소할 수 있다.
④ 상대방이 착오자의 진의에 동의를 하였다면 취소할 수 없다.
⑤ 표의자가 착오를 이유로 의사표시를 취소하여 상대방이 손해를 입은 경우라도 상대방은 불법행위를 이유로 손해배상을 청구할 수 없다.
⑥ 소송행위에는 적용되지 않으므로 사무원의 착오로 소를 취하하였다고 하여 이를 취소할 수 없다. 다만, 소취하합의의 의사표시는 법률행위의 내용의 중요 부분에 착오가 있으면 취소할 수 있다.

4. 착오의 유형

(1) **동기(이유)의 착오**(예 개발될 것이라고 잘못 알고 투자목적으로 토지를 고가로 매수한 경우)
① **원칙**: 동기는 의사표시의 착오가 아니므로 취소할 수 없다.
② **예외**: 착오에 포함되어 취소할 수 있는 경우
㉠ 동기가 표시되고, 그 착오가 중요한 부분에 관한 경우에는 법률행위를 취소할 수 있다(의사표시의 내용으로 삼기로 하는 당사자의 합의까지는 불필요)
㉡ 상대방에 의해 유발(제공)된 동기의 착오: 동기가 표시되지 않았더라도 취소가능
ⓐ 담당공무원의 법령오해로 기부채납의무가 없는 토지를 국가에 증여한 경우
ⓑ 경계선을 침범하였다는 상대방의 강력한 주장에 의하여 착오로 그간의 경계침범에 대한 금원을 지급한 경우

(2) 법률의 착오

① 법률의 착오란 법률의 존재 또는 효과에 대하여 인식을 잘못한 경우이다.
② 법률의 착오도 착오의 규정이 적용되어 동기의 착오가 될 수도 있고 중요부분의 착오가 될 수도 있다.
③ 토지를 매수하였는데 법령상의 제한으로 인하여 그 토지를 의도한 목적대로 사용할 수 없게 된 경우는 법률의 착오로 동기의 착오에 해당한다.

(3) 표시상의 착오(잘못 기재한 경우)

신원보증서류에 서명날인(署名捺印)한다는 착각에 빠진 상태로 연대보증의 서면에 서명날인한 경우, 기명날인의 착오로서 표시상의 착오에 해당한다.

5. 착오와 다른 제도와의 관계

① **해제와 취소**
매도인이 매매계약을 적법하게 해제한 후라도 매수인은 착오를 이유로 그 매매계약을 취소할 수 있다.

② **착오와 담보책임**
매매계약 내용의 중요 부분에 착오가 있는 경우 매수인은 매도인의 하자담보책임이 성립하는지와 상관없이 착오를 이유로 매매계약을 취소할 수 있다.

기출 OX

1. X토지를 계약의 목적물로 삼은 당사자가 모두 지번에 착오를 일으켜 계약서에 목적물을 Y토지로 표시한 경우, 착오를 이유로 의사표시를 취소할 수 있다. (   ) 제35회
2. 상대방에 의해 유발된 동기의 착오는 동기가 표시되지 않았더라도 중요부분의 착오가 될 수 있다. (   ) 제28회
3. 착오에 의한 의사표시로 표의자가 경제적 불이익을 입지 않더라도 착오를 이유로 그 의사표시를 취소할 수 있다. (   ) 제26회, 제36회
4. 건물과 그 부지를 현상대로 매수한 경우에 부지의 지분이 미미하게 부족하다면, 그 매매계약의 중요부분의 착오가 되지 아니한다. (   ) 제28회
5. 표의자의 중대한 과실 유무는 착오에 의한 의사표시의 효력을 부인하는 자가 증명하여야 한다. (   ) 제26회, 제36회
6. 상대방이 표의자의 착오를 알고 이용한 경우에도 의사표시에 중대한 과실이 있는 표의자는 착오에 의한 의사표시를 취소할 수 없다. (   ) 제26회, 제28회, 제31회, 제35회, 제36회

7. 경과실로 인해 착오에 빠진 표의자가 착오를 이유로 의사표시를 취소한 경우, 상대방에 대하여 불법행위로 인한 손해배상책임을 진다. (   ) 제26회, 제31회, 제36회

8. 매수인의 중도금 미지급을 이유로 매도인이 적법하게 계약을 해제한 경우, 매수인은 착오를 이유로 계약을 다시 취소할 수 없다. (   ) 제26회, 제29회, 제31회, 제32회, 제35회, 제36회

9. 매도인의 하자담보책임이 성립하더라도 착오를 이유로 한 매수인의 취소권은 배제되지 않는다. (   ) 제31회

10. 착오로 인한 의사표시의 취소권은 당사자들이 합의에 의해 배제할 수 없다.
(   ) 제28회, 제36회

◆ 정답
1. × 2. ○ 3. × 4. ○ 5. × 6. × 7. × 8. × 9. ○ 10. ×

테마 09 | 하자있는 의사표시(사기·강박)

1. 의 의

사기 또는 강박에 의한 의사표시는 의사와 표시는 일치하지만 타인의 위법한 간섭에 의하여 의사결정의 자유가 방해된 상태에서 행해진 의사표시를 말하며, 민법은 이를 취소할 수 있는 것으로 규정하고 있다.

2. 사기에 의한 의사표시

(1) **2단(2중)의 고의가 있을 것**(과실 있는 기망행위는 사기×)

(2) **기망행위가 있을 것**
① 설명의무·고지의무가 있는 경우에 단순한 침묵(부작위)도 기망행위가 될 수 있다.
② 아파트 분양자가 인근에 대규모의 공동묘지 또는 쓰레기매립장이 조성되어 있는 사실을 고지하지 않을 경우 부작위에 의한 기망행위가 성립한다.
③ 그러나 부동산 분양계약에 있어서 분양자가 수분양자의 전매이익에 영향을 미칠 사항들에 관하여 고지하지 아니한 것이 부작위에 의한 기망에 해당하지는 않는다.

(3) **위법성이 있을 것**
   ① 백화점의 변칙세일(할인판매 가장): 위법성○
   ② 상품선전·광고에 다소의 과장이나 허위: 위법성(사기)×
   ③ 상품선전·광고에 있어 비난받을 정도의 방법으로 허위로 고지: 위법성(사기)○
   ④ 교환계약(매매계약)을 체결하려는 일방당사자가 자기소유 목적물의 시가를 묵비하거나 허위로 고지하였다 하더라도 특별한 사정이 없는 한 기망행위가 아니다.

(4) **인과관계가 있을 것**: 표의자의 주관적인 것으로도 족하다.

3. 강박에 의한 의사표시

(1) **강박행위**(해악의 고지로 공포심을 일으키는 행위)**가 있을 것**
   ① 강박행위가 의사결정의 자유를 제한하는 정도는 취소사유이고, 의사결정의 자유를 완전히 박탈한 상태는 무효이다.
   ② 단지 각서에 서명 날인할 것을 강력히 요구한 것은 강박행위라 할 수 없다.

(2) **위법성이 있을 것**
   ① 해악의 고지로써 추구하는 이익이 정당하지 아니하거나 이익의 달성을 위한 수단으로 부적당한 경우 등은 위법성이 인정된다.
   ② 따라서 고소·고발은 정당한 권리행사이나, 부정한 이익의 취득을 목적으로 하거나 행위나 수단이 부당한 때에는 강박행위가 될 수 있다.

4. 효 과

(1) **상대방의 사기·강박의 경우**
   항상 취소할 수 있다. 단, 공법상 행위, 소송법상 행위 등에는 적용되지 않으므로 사기나 강박에 의한 소송행위는 원칙적으로 취소할 수 없다.

(2) **제3자의 사기·강박의 경우**
   ① 상대방 있는 의사표시에 관하여 제3자가 사기·강박을 한 경우에는 상대방이 알았거나 알 수 있었을 경우에 한하여 취소할 수 있다. 따라서 상대방이 선의·무과실인 경우에는 취소할 수 없다.
   ② 상대방의 대리인의 사기·강박은 제3자의 사기·강박에 해당되지 않는다. 따라서 대리인이 사기·강박을 한 경우 본인이 알든 모르든 계약을 취소할 수 있다.

③ 그러나 상대방의 피용자의 사기나 강박은 제3자의 사기·강박에 해당하여 상대방이 피용자의 사기·강박을 알았거나 알 수 있었을 경우에 한하여 취소할 수 있다.

④ 상대방 없는 의사표시에서 제3자의 사기·강박이 있는 때에는 항상 취소할 수 있다.

(3) **선의의 제3자 보호**(선의 제3자에게 대항×)

여기서 제3자는 이해관계를 맺은 법률관계가 취소 이전이든 이후이든 선의라면 보호된다.

5. 다른 제도와의 관계

(1) **사기와 착오와의 관계**

① 사기에 의한 의사표시에는 의사와 표시의 불일치가 있을 수 없고, 단지 의사표시의 동기에 착오가 있는 것에 불과하다. 따라서 표의자가 상대방의 기망행위로 인해 법률행위의 동기에 관하여 착오를 일으킨 경우에는 사기를 이유로 그 법률행위를 취소할 수 있다.

② 다만, 제3자의 기망행위로 표시상의 착오를 한 경우[신원보증서류에 서명날인(署名捺印)한다는 착각에 빠진 상태로 연대보증서면에 서명날인한 경우]에는 착오만을 적용한다(사기적용×).

(2) **사기와 담보책임과의 관계**

기망에 의하여 하자있는 물건에 관한 매매가 성립한 경우에는 매수인은 하자담보책임을 묻거나 사기에 의한 취소권 행사를 선택적으로 할 수 있다.

(3) **불법행위로 인한 손해배상책임과의 관계**

① 사기·강박이 불법행위의 요건을 갖춘 경우에는 취소와 아울러 불법행위에 기한 손해배상청구권을 행사할 수 있다. 다만, 불법행위를 이유로 손해배상을 청구하기 위하여 반드시 그 의사표시를 취소하여야 하는 것은 아니다.

② 의사표시를 취소한 경우 부당이득반환청구권과 불법행위로 인한 손해배상청구권은 모두 인정되지만, 그 행사는 선택적으로 하여야 하며 중첩적으로 할 수 없다.

기출 OX

1. 아파트분양자가 아파트단지 인근에 공동묘지가 조성되어 있다는 사실을 분양계약자에게 고지하지 않은 경우에는 기망행위에 해당한다. (   ) 제27회, 제35회
2. 교환계약의 당사자 일방이 자기 소유의 목적물의 시가에 대하여 침묵한 것은 특별한 사정이 없는 한 기망행위에 해당한다. (   ) 제25회, 제35회
3. 분양회사가 상가를 분양하면서 그 곳에 첨단 오락타운을 조성하여 수익을 보장한다는 다소 과장된 선전광고를 하는 것은 기망행위에 해당한다. (   ) 제27회
4. 강박으로 의사결정의 자유가 완전히 박탈되어 법률행위의 외형만 갖춘 의사표시는 무효이다. (   ) 제25회
5. 제3자의 사기에 의해 의사표시를 한 표의자는 상대방이 그 사실을 알았거나 알 수 있었을 경우에 그 의사표시를 취소할 수 있다. (   ) 제27회
6. 대리인의 기망행위로 계약을 체결한 상대방은 본인이 선의이면 계약을 취소할 수 없다. (   ) 제25회, 제27회
7. '제3자의 강박'에 의한 의사표시에서 상대방의 대리인은 제3자에 포함되지 않는다. (   ) 제35회
8. 제3자의 사기로 계약을 체결한 경우, 그 제3자에 대하여 불법행위로 인한 손해배상을 청구하기 위해서는 먼저 그 계약을 취소하여야 한다. (   ) 제25회, 제27회

◑ 정답
1. ○ 2. × 3. × 4. ○ 5. ○ 6. × 7. ○ 8. ×

테마 10　의사표시의 효력발생

1. 의사표시의 효력발생시기

> 제111조 【의사표시의 효력발생시기】 ① 상대방이 있는 의사표시는 상대방에게 도달한 때에 그 효력이 생긴다.
> ② 의사표시자가 그 통지를 발송한 후 사망하거나 제한능력자가 되어도 의사표시의 효력에 영향을 미치지 아니한다.

(1) **도달주의 원칙**(상대방 있는 의사표시)

① 도달의 의의

도달이라 함은 사회통념상 상대방이 통지의 내용을 알 수 있는 객관적 상태에 놓여 있는 경우를 가리키는 것으로서, 상대방이 통지를 현실적으로 수령하거나 통지의 내용을 알 것까지는 필요로 하지 않는다.

② 도달로 인정되는 경우

㉠ 상대방이 수령을 거절하더라도 그가 통지의 내용을 알 수 있는 객관적 상태에 놓인 때에 의사표시의 효력이 생기는 것으로 보아야 한다.

㉡ 내용증명이나 등기우편으로 발송한 경우에는 반송 등의 특별한 사정이 없는 한 도달된 것으로 추정한다.

③ 도달로 인정되지 않는 경우

㉠ 보통우편의 방법으로 발송되었다는 사실만으로는 도달로 추정할 수 없다.

㉡ 아파트 경비원이 집배원으로부터 우편물을 수령한 후 이를 공동우편함에 넣어 둔 사실만으로 수취인이 그 우편물을 수취하였다고 추단할 수는 없다.

(2) **도달주의의 효과**

① 표의자는 의사표시의 효력이 발생한 후(도달 후)에는 철회할 수 없다(도달 전에는 철회 가능).

② 의사표시를 발송한 후 도달 전에 표의자가 사망하거나 제한 능력자가 되어도 의사표시의 효력에 영향을 미치지 아니한다.

③ 의사표시의 불착·연착으로 인한 불이익은 표의자에게 귀속된다. 따라서 의사표시의 도달에 대한 입증책임은 도달을 주장하는 표의자가 부담한다.

(3) **발신주의를 취하고 있는 경우**

① 격지자 간의 승낙의 효력발생시기(계약의 성립시기)

② 무권대리인의 상대방 최고에 대한 본인의 확답

2. 의사표시의 수령능력

① 의사표시의 상대방이 제한능력자인 경우에는 그 의사표시로서 대항하지 못한다.
② 다만, 그 상대방의 법정대리인이 그 도달을 안 후에는 대항할 수 있다.

3. 의사표시의 공시송달(公示送達)

표의자가 과실없이 상대방을 알지 못하거나 상대방의 소재를 알지 못하는 경우에는 의사표시는 민사소송법 공시송달의 규정에 의하여 송달할 수 있다.

> **기출 OX**
>
> 1. 상대방이 정당한 사유 없이 통지의 수령을 거절한 경우에도 그가 통지의 내용을 알 수 있는 객관적 상태에 놓인 때에 의사표시의 효력이 생긴다. (   ) 제27회, 제35회
> 2. 의사표시가 상대방에게 도달되었다고 보기 위해서는 상대방이 그 통지의 내용을 알았을 것을 요한다. (   ) 제30회, 제35회
> 3. 표의자가 매매의 청약을 발송한 후 사망하였다면 그 효력은 발생하지 않는다. (   ) 제27회, 제30회, 제35회
> 4. 표의자가 그 통지를 발송한 후 제한능력자가 된 경우, 그 법정대리인이 통지 사실을 알기 전에는 의사표시의 효력이 없다. (   ) 제27회
> 5. 우편물이 등기우편의 방법으로 발송되었다는 사실만으로는 상당기간 내에 도달하였다고 추정할 수 없다. (   ) 제35회
> 6. 의사표시가 기재된 내용증명우편이 발송되고 달리 반송되지 않았다면 특별한 사정이 없는 한 그 의사표시는 도달된 것으로 본다. (   ) 제27회, 제30회
> 7. 의사표시가 상대방에게 도달한 후에도 상대방이 이를 알기 전이라면 특별한 사정이 없는 한 그 의사표시를 철회할 수 있다. (   ) 제30회
> 8. 의사표시의 상대방이 의사표시를 받은 때에 제한능력자이더라도 특별한 사정이 없는 한 의사표시자는 그 의사표시의 효력을 주장할 수 있다. (   ) 제35회, 제36회
>
> **❶ 정답**
> 1. ○ 2. × 3. × 4. × 5. × 6. ○ 7. × 8. ×

Chapter 04 대 리

미리보기 개 관

1. **대리의 의의**
   대리란 대리인이 본인을 위한 것임을 표시하고 법률행위를 하거나 의사표시를 수령하여 법률관계를 맺게 되면, 그 법률효과가 직접 본인에게 생기게 하는 제도로서 법률행위의 행위자와 그 효과의 귀속자가 분리되는 예외적인 제도이다.

2. **대리의 종류**
   (1) 임의대리·법정대리
      ① 임의대리: 본인의 수권행위(단독행위, 불요식행위, 묵시적으로도 가능)에 의해 대리권이 발생하는 대리를 말한다.
      ② 법정대리: 법률규정에 의해 대리권이 발생하는 대리를 말한다.
   (2) 유권대리(有權代理)·무권대리(無權代理)
      '유권대리'는 대리권이 있는 대리, '무권대리'는 대리권이 없는 대리를 말한다.

3. **대리의 3면관계**
   ① 대리권
   ② 대리행위
   ③ 대리효과

4. **복대리**

5. **협의의 무권대리**

6. **표현대리**

테마 11 대리권

1. 대리권의 의의

대리권이란 타인이 본인의 이름으로 법률행위를 하거나 의사표시를 수령하여 그 법률효과를 본인에게 생기게 할 수 있는 법률상의 지위 또는 자격을 말하고, 권리나 의무가 아니다.

2. 대리권의 범위(임의대리권의 범위)

(1) **수권행위에서 정함**(수권행위의 해석으로 판단)

대리권에 포함 ○	대리권에 포함 ×
① 임의대리권에는 수동대리권 포함 ② 부동산매매계약을 체결할 대리권에 대금을 수령할 권한 포함(대리인이 대금을 수령하고, 본인에게 전달하지 않아도 상대방의 대금의무는 소멸) ③ 포괄적인 대리권은 매매대금지급기일을 연기하여 줄 권한도 포함	① 계약체결의 대리인은 그 계약을 해제할 권한× ② 계약체결의 대리인은 체결된 계약의 해제 등 일체의 처분권과 상대방의 의사를 수령할 권한× ③ 대여금의 영수권한만을 위임받은 대리권은 대여금채무의 일부 면제해줄 권한× ④ 예금계약의 체결의 대리권에 당연히 그 예금을 담보로 대출을 받거나 이를 처분할 수 있는 대리권×

(2) **권한을 정하지 아니한 대리인이 할 수 있는 행위**(제118조)

① **보존행위**: 현상유지행위(미등기부동산의 보존등기, 소멸시효의 중단 등)
② **이용**(수익을 얻는 행위)·**개량**(가치를 증가시키는 행위)**행위**: 성질이 변하지 않는 범위에서만 가능하다.
　㉠ 가능: 물건 임대, 금전의 이자부 대여
　㉡ 불가능: 예금을 주식으로 바꾸는 행위, 은행예금을 개인에게 빌려주는 행위

3. 대리권의 제한

(1) **자기계약·쌍방대리 금지**

① **원칙적 금지**: 본인의 이익을 해칠 우려가 있기 때문에 원칙적으로 금지된다.
　㉠ 이를 위반하면 무권대리가 되어 무효이나 본인이 추인하여 유효가 될 수 있다.
　㉡ 따라서 부동산 입찰절차에서 동일물건에 관하여 이해관계가 다른 2인 이상의 대리인이 된 경우에는 그 대리인이 한 입찰은 원칙적으로 무효이다.

② **예외적 허용**: '본인의 허락'이 있는 경우와 '채무이행'은 허용
  ㉠ '본인의 허락'이 있는지 여부는 자기계약이나 쌍방대리행위에 관하여 유효성을 주장하는 자가 주장·증명책임을 부담한다.
  ㉡ 법무사 또는 변호사의 쌍방을 대리한 등기신청은 가능하다.
  ㉢ 기한 도래한 대리인에 대한 본인의 채무를 대리인은 자신에게 변제할 수 있다.

(2) **각자대리 원칙**
  ① 대리인이 수인인 때에는 각자대리가 원칙이다.
  ② 그러나 법률 또는 수권행위에서 정한 때에는 공동으로 대리하여야 한다.

4. 대리권의 남용

(1) **의 의**

대리인의 자기나 제3자의 이익을 위한 배임적 행위를 한 경우(예컨대 대리인이 매각대금을 수령하여 자기가 전부 소비한 경우)를 말한다.

(2) **효과**(비진의표시 유추적용)
  ① 원칙적으로 유효이다. 따라서 본인은 대리인의 행위에 대하여 책임을 진다.
  ② 그러나 상대방이 알았거나 알 수 있었을 경우에는 본인에게 효력이 미치지 않으므로 본인은 책임을 지지 않는다(무권대리가 되는 것이 아니다).

5. 대리권의 소멸

(1) **법정·임의대리에 공통된 소멸사유**
  ① 본인의 사망 ② 대리인의 사망, 성년후견개시, 파산
  ✿ 본인의 성년후견개시나 본인의 파산, 대리인의 한정후견개시는 소멸사유×

(2) **임의대리의 특유한 소멸사유**
  ① 원인된 법률관계의 종료 ② 수권행위의 철회(본인은 언제든지 수권행위 철회 가능)

기출 OX

1. 본인의 수권행위는 불요식행위로서 묵시적인 방법에 의해서도 가능하다.
   ( ) 제30회, 제33회

2. 매매계약을 체결할 대리권을 수여받은 대리인은 특별한 사정이 없는 한 중도금과 잔금을 수령할 권한이 있다. ( ) 제27회, 제29회, 제30회, 제33회, 제34회

3. 대리인이 상대방으로부터 대금 전부를 지급받고 아직 본인에게 전달하지 않았더라도, 특별한 사정이 없는 한 상대방의 대금지급의무는 변제로 소멸한다. ( ) 제31회

4. 매매계약의 체결과 이행에 관하여 포괄적으로 대리권을 수여받은 대리인은 중도금이나 잔금을 수령할 권한은 있지만, 특별한 사정이 없는 한 상대방에 대하여 약정된 매매대금지급기일을 연기하여 줄 권한은 없다. ( ) 제29회

5. 금전소비대차계약과 그 담보를 위한 담보권설정계약을 체결할 권한이 있는 임의대리인은 특별한 사정이 없는 한 계약을 해제할 권한까지 갖는 것은 아니다.
   ( ) 제27회, 제29회, 제31회, 제34회, 제35회

6. 권한을 정하지 아니한 대리인은 보존행위만을 할 수 있다. ( ) 제30회, 제29회

7. 대리인은 본인의 허락이 있으면 자기계약이나 당사자 쌍방을 대리할 수 있다.
   ( ) 제30회, 제33회

8. 대리인에 대한 본인의 금전채무가 기한이 도래한 경우 대리인은 본인의 허락 없이 그 채무를 변제하지 못한다. ( ) 제27회

9. 대리인이 수인인 때에는 각자가 본인을 대리하지만, 법률 또는 수권행위에서 달리 정할 수 있다. ( ) 제27회, 제29회, 제30회, 제33회

10. 대리인의 자기의 이익을 위한 배임적 의사표시를 하였고 상대방도 이를 안 경우, 대리인의 대리행위는 본인에게 효력을 미친다. ( ) 제28회, 제34회

11. 대리인이 한정후견개시의 심판을 받은 경우, 특별한 사정이 없는 한 대리권은 소멸한다.
    ( ) 제30회

12. 대리인이 사망하면 특별한 사정이 없는 한 대리인의 상속인에게 그 대리권이 승계된다.
    ( ) 제33회

13. 대리인이 대리행위를 하기 전에 본인이 그 수권행위를 철회한 경우, 특별한 사정이 없는 한 대리권은 소멸한다. ( ) 제30회, 제33회

◆ 정답
1. ○ 2. ○ 3. ○ 4. × 5. ○ 6. × 7. ○ 8. × 9. ○ 10. × 11. × 12. × 13. ○

테마 12 대리행위와 대리효과

1 대리행위

1. 의의

대리행위란 대리인이 대리권의 범위 내에서 본인을 위한 것임을 표시(현명)하여 상대방에게 의사표시를 하거나 상대방으로부터 의사표시를 수령하는 것을 말한다.

2. 현명주의(대리의사의 표시)

(1) **대리의사**(본인을 위한 것임)**의 표시**
① 본인에게 법률효과를 귀속시키려는 의사(본인의 이익을 위하여서라는 의미×)
② 현명의 방식에는 제한이 없으며 주위의 사정으로부터 본인을 위한 것임이 인정되면 충분하다.
③ 예컨대, 매매위임장을 제시하고 매매계약서에 대리인의 이름만 기재하거나, 계약서에 본인의 이름만을 기재하고 대리인이 마치 본인인 것처럼 행세하는 경우에도 유효한 대리행위가 된다.

(2) **현명하지 않은 경우**
① 대리인이 현명하지 않은 경우의 의사표시는 대리인 자기를 위한 것으로 본다.
② 다만, 상대방이 알았거나 알 수 있었을 때에는 본인에게 효력이 있다.

3. 대리행위의 하자 판단

(1) **원칙** : 대리인 표준
① 비진의표시·허위표시 및 착오, 사기·강박 또는 어느 사정을 알았거나 과실로 알지 못한 것 등의 유무는 대리인을 표준하여 결정한다(제116조 제1항).
② 그러나 대리행위 하자에서 생기는 효과(취소권 등)는 본인에게 귀속한다.
③ 본인에게 착오가 있다고 하더라도 대리인에게 착오가 없으면 취소할 수 없다.
④ 상대방으로부터 대리인이 사기·강박을 당했다면 본인은 그 사실을 알든, 모르든 의사표시를 취소할 수 있다.
⑤ 대리인이 매도인의 배임행위에 적극 가담하여 이중매매계약을 체결한 경우에 본인이 이를 몰랐더라도 반사회질서행위가 인정된다.

(2) 예외(본인 기준)
① 특정한 법률행위를 위임한 경우에 대리인이 본인의 지시에 좇아 그 행위를 한 때에는 본인은 자기가 안 사정 또는 과실로 인하여 알지 못한 사정에 관하여 대리인의 부지를 주장하지 못한다.
② 불공정법률행위에서 궁박은 본인 기준으로 판단한다.

4. 대리인의 능력
① 대리인은 행위능력자임을 요하지 않는다. 따라서 대리인이 제한능력자라도 본인은 제한능력을 이유로 취소할 수 없다.
② 다만, 의사능력은 있어야 한다(의사능력 없는 대리인의 대리행위는 무효).

2 대리효과

① 대리인이 그 권한 내에서 본인을 위한 것임을 표시한 의사표시는 직접 본인에게 대하여 효력이 생긴다(제114조).
② 따라서 대리행위로 인한 이행청구권·취소권·해제권·부당이득반환·원상회복 등의 법률효과는 본인에게 귀속한다.

기출 OX

1. 대리인이 상대방에게 본인의의 위임장을 제시하고 계약을 체결하면서 계약서상 매도인을 대리인으로 기재한 경우, 특별한 사정이 없는 한 본인에게 그 계약의 효력이 미치지 않는다. ( ) 제35회
2. 대리행위에 있어서 진의 아닌 의사표시인지 여부는 대리인을 표준으로 결정한다. ( ) 제27회
3. 계약이 불공정한 법률행위인지가 문제될 경우, 매도인의 경솔, 무경험, 및 궁박 상태의 여부는 대리인을 기준으로 판단한다. ( ) 제31회
4. 제한능력자인 대리인이 법정대리인의 동의 없이 대리행위를 하더라도 법정대리인은 그 대리행위를 취소할 수 없다. ( ) 제29회, 제31회
5. 상대방이 매매계약을 적법하게 해제한 경우, 그 해제로 인한 원상회복의무는 본인과 상대방이 부담한다. ( ) 제29회, 제34회
6. 상대방이 매매계약을 적법하게 해제한 경우, 상대방은 대리인에게 채무불이행으로 인한 손해배상을 청구할 수 있다. ( ) 제29회, 제34회

◆ 정답
1. × 2. ○ 3. × 4. ○ 5. ○ 6. ×

테마 13 복대리

1. 의의

① '복대리인'이란 대리인이 '자신의 이름'으로 선임한 '본인의 대리인'을 말한다.
② 대리인이 복대리인을 선임할 수 있는 권한을 '복임권(復任權)'이라 하고 그 선임행위를 '복임행위'라고 한다.
③ 대리인의 복대리인 선임행위(복임행위)는 대리행위가 아니라 수권행위이다.
④ 복대리인을 선임했어도 대리인의 대리권은 소멸하지 않는다.

2. 대리인의 복임권과 책임

(1) 법정대리인

① 법정대리인은 그 책임으로 언제나 복대리인을 선임할 수 있다. 따라서 법정대리인은 원칙적으로 본인에 대하여 전 책임을 진다.
② 다만, 부득이한 사유로 복대리인을 선임한 경우에는 선임·감독에 관한 책임만 진다.

(2) 임의대리인

① 임의대리인은 원칙적으로 복대리인을 선임할 수 없다(복임권이 없다).
② 다만, '본인의 승낙'이 있거나 '부득이한 사유'가 있는 때에는 복대리인을 선임할 수 있다.
③ 대리의 목적인 법률행위의 성질상 대리인 자신에 의한 처리가 필요하지 않은 경우에는 본인이 복대리 금지의 의사를 명시하지 않는 한 복대리인의 선임에 관해 묵시적인 승낙이 있는 것으로 보는 것이 타당하다.
④ 그러나 그 성질상 수임인의 성질에 따라 그 사업의 성공여부가 결정되는 사무(부동산 분양업무 등)는 본인의 명시적인 승낙 없이는 복대리인의 선임이 허용되지 않는다.
⑤ '본인의 승낙'이 있거나 '부득이한 사유'로 복대리인을 선임한 경우 임의대리인은 본인에 대하여 그 선임·감독에 관한 책임을 진다.
⑥ 그러나 임의대리인이 본인의 지명에 의하여 복대리인을 선임한 경우에는 그 부적임 또는 불성실함을 알고 본인에게 대한 통지나 그 해임을 태만한 때가 아니면 책임이 없다.

3. 복대리인의 지위

① 복대리인은 본인의 대리인이므로 복대리인은 대리행위를 할 때 본인을 위한 것임을 표시하면 되고 대리인의 이름을 표시할 필요가 없다.

② 복대리인은 언제나 임의대리인이다.
③ 복대리인의 권한은 대리인의 대리권에 의존한다. 따라서 대리인의 권한을 초과할 수 없고, 대리인의 대리권이 소멸하면 복대리인의 복대리권도 소멸한다.
④ 복대리인은 본인과 제3자에 대하여 대리인과 동일한 권리·의무를 가진다.

4. 복대리권의 소멸

① 대리인의 대리권 소멸(본인의 사망, 대리인의 사망, 성년후견개시, 파산)
② 복대리권 소멸(복대리인 사망, 성년후견개시, 파산, 복대리 수권행위 철회, 원인된 법률행위의 종료)

기출 OX

1. 복대리인은 그 권한 내에서 대리인을 대리한다. ( ) 제29회, 제30회, 제32회, 제33회, 제36회
2. 임의대리인은 원칙적으로 복임권이 없다. ( ) 제29회, 제35회
3. X토지의 매매계약이 갖는 성질상 임의대리인에 의한 처리가 필요하지 않다면, 특별한 사정이 없는 한 복대리인의 선임에 관하여 묵시적 승낙이 있는 것으로 보는 것이 타당하다. ( ) 제32회
4. 대리인의 능력에 따라 사업의 성공여부가 결정되는 사무에 대해 대리권을 수여받은 자는 본인의 묵시적 승낙으로도 복대리인을 선임할 수 있다. ( ) 제34회
5. 임의대리인이 본인의 승낙을 얻어 복대리인을 선임한 경우에는 본인에 대하여 선임·감독에 관한 책임이 없다. ( ) 제30회, 제32회, 제36회
6. 법정대리인은 부득이한 사유가 없더라도 복대리인을 선임할 수 있다.
( ) 제30회, 제33회, 제34회, 제36회
7. 대리인이 복대리인을 선임한 후에는 대리인의 대리권은 소멸한다. ( ) 제30회, 제36회
8. 복대리인은 본인에 대하여 대리인과 동일한 권리의무가 있다. ( ) 제34회
9. 대리인이 복대리인을 선임한 후 사망한 경우, 특별한 사정이 없는 한 그 복대리권도 소멸한다. ( ) 제30회, 제32회
10. 복대리인의 대리행위에 대하여도 표현대리에 관한 규정이 적용될 수 있다.
( ) 제30회, 제32회, 제34회

◆ 정답
1. × 2. ○ 3. ○ 4. × 5. × 6. ○ 7. × 8. ○ 9. ○ 10. ○

테마 14 협의의 무권대리

1. 의의
예컨대, 乙이 대리권 없이 甲의 이름으로 甲의 부동산을 丙에게 매도한 경우이다.

2. 본인에 대한 효과

(1) **유동적 무효**: 본인이 이를 추인하지 아니하면 본인에 대하여 효력이 없다.

(2) **본인의 추인권**

① **추인의 성질**: 무권대리행위를 확정적으로 유효로 하는 단독행위이다.

② **추인의 상대방**
㉠ 계약의 상대방, 상대방의 승계인, 무권대리인에 대해서도 할 수 있다.
㉡ 다만, 상대방에게 하지 않은 경우에 상대방이 그 사실을 알 수 없는 때에는 본인은 상대방에 대해 추인의 효과를 주장하지 못한다(따라서 본인은 상대방에게 계약의 이행을 청구할 수 없고, 선의의 상대방은 계약을 철회할 수 있다).

③ **추인의 방법**
㉠ 특별한 방식이 요구되지 않고 묵시적 방법으로도 가능하다. 따라서 본인이 계약의 이행을 상대방에게 청구하거나 무권대리인이 체결한 매매대금의 전부 또는 일부를 받은 경우에는 무권대리행위를 추인하였다고 볼 수 있다. 그러나 단순히 무권대리행위를 알고서 이의를 제기하지 않고 장시간 방치한 것만으로는 추인이 되지 않는다.
㉡ 추인은 의사표시 전부에 대해 행해져야 하고 그 일부에 대해 추인하거나 그 내용을 변경하여 추인한 경우에는 상대방의 동의를 얻지 못하는 한 무효이다.

④ **추인의 효과**
㉠ 추인은 다른 의사표시가 없는 때에는 계약시에 소급하여 그 효력이 생기지만, 제3자의 권리를 해하지 못한다.
㉡ 따라서 무권대리인 乙이 본인 甲의 부동산을 丙에게 매도하는 계약을 체결 후에 甲이 당해 부동산을 丁에게 매도하고 소유권이전등기를 마쳤다면, 甲이 乙의 대리행위를 추인하더라도 丁은 유효하게 그 소유권을 취득한다.

> **넓혀 보기**
>
> **무권리자 처분행위의 추인**
> 무권리자가 타인의 권리를 처분한 경우에는 무효이나 권리자가 추인하면 무권대리의 추인규정을 유추적용하여 원칙적으로 계약의 효과가 계약을 체결했을 때에 소급하여 권리자에게 귀속된다.

(3) **추인거절권**
① 추인을 거절하면 무권대리행위는 확정적으로 무효가 된다.
② 추인거절의 상대방과 방법은 추인권과 같다.
③ 무권대리인이 본인을 상속한 경우 무권대리인은 본인의 지위에서 추인을 거절하는 것은 신의성실의 원칙에 반하여 허용될 수 없다(이미 경료해준 이전등기의 말소청구×, 상대방에 대하여 부당이득반환 청구×).

3. 상대방에 대한 효과

(1) **최고권**
① 최고(독촉)는 의사표시가 아닌 의사의 통지(준법률행위)이다.
② 상대방의 선의·악의를 불문하고 인정되고, 최고의 상대방은 본인이다.
③ 본인이 상당기간 내 확답을 발하지 않으면 추인을 거절한 것으로 본다.

(2) **철회권**
① 선의의 상대방만이 본인이 추인하기 전에 철회할 수 있고, 악의의 상대방에게는 철회권이 인정되지 않는다.
② 상대방이 대리인에게 대리권이 없음을 알았다는 점에 대한 주장·입증책임은 철회의 효과를 다투는 본인에게 있다.
③ 철회하면 무권대리행위는 확정적으로 무효가 되고, 본인은 추인할 수 없다.

4. 무권대리인의 상대방에 대한 책임

(1) **책임발생요건**
① 본인의 추인이 없고, 대리권존재를 증명하지 못할 것
② 무권대리인이 제한능력자가 아닐 것
③ 상대방은 선의·무과실일 것(상대방의 악의 또는 과실의 증명책임은 무권대리인에게 있다)

(2) **책임의 성질 및 내용**
① 무권대리인의 책임은 무과실 책임이다. 따라서 무권대리인이 과실없이 제3자의 기망 등 위법행위로 야기된 경우에도, 무권대리인은 상대방에게 책임을 진다.
② 무권대리인은 상대방의 선택에 좇아 계약의 이행 또는 손해배상의 책임이 있다.

기출 OX

1. 무권대리에 의한 계약의 추인은 그 계약의 상대방에게는 할 수 없다. (   ) 제29회
2. 무권대리에 의한 계약의 추인은 그 대리행위로 인한 권리의 승계인에게는 할 수 없다. (   ) 제35회
3. 본인이 무권대리인에게 추인한 경우에 상대방이 추인이 있었던 사실을 알지 못한 때에는 본인은 상대방에게 추인의 효과를 주장하지 못한다. (   ) 제29회
4. 본인이 무권대리인에게 추인하더라도 그 사실을 알지 못하고 있는 상대방은 계약을 철회할 수 있다. (   ) 제33회, 제34회, 제36회
5. 무권대리행위의 추인의 의사표시는 본인이 상대방에게 하지 않으면, 상대방이 그 사실을 알았더라도 상대방에게 대항하지 못한다. (   ) 제26회
6. 본인이 무권대리인에게 추인한 경우에 상대방은 본인의 무권대리인에 대한 추인이 있었음을 주장 할 수 있다. (   ) 제33회
7. 본인이 상대방으로부터 매매대금을 수령한 경우, 특별한 사정이 없는한, 무권대리행위를 추인한 것으로 본다. (   ) 제36회
8. 본인이 무권대리행위를 안 후 그것이 자기에게 효력이 없다고 이의를 제기하지 않고 이를 장시간 방치한 사실만으로는 추인하였다고 볼 수 없다. (   ) 제35회
9. 무권대리행위의 일부에 대한 추인은 상대방의 동의를 얻지 못하는 한 효력이 없다. (   ) 제26회, 제36회
10. 무권대리인이 한 임대차계약을 본인이 임대기간을 단축하여 위 임대차계약을 추인한 경우, 상대방의 동의가 없는 한 그 추인은 무효이다. (   ) 제30회
11. 추인은 다른 의사표시가 없는 때에는 계약시에 소급하여 그 효력이 생기지만 제3자의 권리를 해하지 못한다. (   ) 제27회, 제30회, 제33회, 제34회
12. 무권대리행위를 추인한 경우 원칙적으로 추인한 때로부터 유권대리와 마찬가지의 효력이 생긴다. (   ) 제26회, 제35회
13. 무권대리인이 본인을 단독상속한 경우, 본인의 지위에서 추인을 거절하는 것은 신의성실의 원칙에 반한다. (   ) 제29회, 제31회, 제32회, 제34회, 제36회
14. 상대방은 상당한 기간을 정하여 본인에게 그 추인여부의 확답을 최고할 수 있고, 본인이 그 기간 내에 확답을 발하지 아니한 때에는 추인을 거절한 것으로 본다. (   ) 제27회, 제31회, 제33회, 제35회, 제36회
15. 상대방이 계약 당시에 대리권 없음을 알았던 경우에는 본인에 대한 최고권이 인정되지 않는다. (   ) 제30회
16. 무권대리인의 계약상대방은 계약 당시 대리권 없음을 안 경우에도 본인에 대해 계약을 철회할 수 있다. (   ) 제26회, 제27회, 제34회, 제35회
17. 계약상대방이 계약을 철회한 경우, 본인이 그 철회의 유효를 다투기 위해서는 무권대리인에게 대리권이 없음을 상대방이 알았다는 것에 대해 증명해야 한다. (   ) 제32회

18. 무권대리행위가 무권대리인의 과실없이 제3자의 기망 등 위법행위로 야기된 경우, 특별한 사정이 없는 한 무권대리인은 상대방에게 책임을 지지 않는다. (   ) 제26회
19. 본인이 추인을 거절한 경우 무권대리인이 제한능력자이더라도 상대방은 무권대리인에 대하여 계약의 이행을 청구할 수 있다. (   ) 제29회, 제33회, 제34회
20. 무권대리인의 상대방은 계약 당시에 대리권 없음을 안 경우 계약의 이행을 청구할 수 있다. (   ) 제27회
21. 본인이 추인을 거절한 경우, 무권대리인은 자신의 선택에 따라 상대방에게 계약을 이행하거나 손해를 배상할 책임을 진다. (   ) 제33회

◆ 정답
1. × 2. × 3. ○ 4. ○ 5. × 6. ○ 7. ○ 8. ○ 9. ○ 10. ○ 11. ○ 12. × 13. ○ 14. ○ 15. × 16. × 17. ○ 18. × 19. × 20. × 21. ×

테마 15 표현대리

1. 서 설

(1) 의 의

표현대리란 대리인에게 대리권이 없음에도 마치 대리권이 있는 것과 같은 외관이 있고 그러한 외관의 발생에 관하여 본인이 원인을 주고 있는 경우에 그러한 외관을 믿은 선의·무과실의 제3자를 보호하기 위해 본인이 책임을 지게 하는 제도이다.

(2) 성질: 무권대리

① 본인은 추인을 할 수 있고, 상대방은 최고나 철회를 할 수 있다.
② 유권대리에 관한 주장 속에 무권대리에 속하는 표현대리의 주장이 포함되어 있다고 볼 수 없다(상대방이 유권대리를 주장하는 경우, 법원은 표현대리 성립여부까지 판단할 필요×).

(3) 취지 및 효과: 외관을 신뢰한 상대방 보호

① 표현대리인과 거래한 상대방이 선의·무과실이어야 표현대리가 성립한다.
② 표현대리인과 거래한 직접 상대방만이 주장할 수 있다.
③ 표현대리가 성립하면 본인이 전적인 책임을 져야 하고, 상대방에게 과실이 있는 경우라도 이를 이유로 본인의 책임을 감경할 수 없다(과실상계법리 적용×).
④ 대리행위가 무효인 경우에는 표현대리가 적용되지 않는다.

2. 대리권수여표시에 의한 표현대리(제125조)

(1) 의 의

본인이 제3자에 대하여 타인에게 대리권을 수여하였음을 표시하였으나, 실제로는 대리권을 수여하지 않은 경우에 성립하는 표현대리를 말하며 임의대리에만 적용된다.

(2) 성립요건

① **대리권 수여의 표시가 있을 것**
  ㉠ 대리권 수여 표시방법은 제한이 없다.
  ㉡ 따라서 반드시 대리권 또는 대리인이라는 표현을 사용할 필요가 없고, 본인이 타인에게 사회통념상 대리권을 추단할 수 있는 직함이나 명칭 등(판매점, 총대리점 등)의 사용을 승낙 또는 묵인한 경우에도 대리권 수여의 표시가 있는 것으로 볼 수 있다.
  ㉢ 대리권 수여표시에 의한 표현대리가 성립하기 위해서 본인과 표현대리인 사이에 유효한 기본적 법률관계가 있어야 하는 것은 아니다.

② **표시된 대리권 범위 내에서 행위를 할 것**

③ **표시의 통지를 받은 상대방과 대리행위를 할 것**
  대리행위의 상대방은 대리권수여의 표시(통지)를 받은 자이어야 하고, 상대방은 선의·무과실이어야 한다.

3. 권한을 넘은 표현대리(제126조)

(1) 의 의

① 대리인이 기본대리권의 범위를 넘어서 대리행위를 한 경우에 제3자가 그 권한이 있다고 믿을만한 정당한 이유가 있는 때에는 본인은 그 행위에 대하여 책임이 있는 경우를 말한다.

② 예컨대, 甲은 乙에게 토지를 담보로 은행대출을 하고 저당권설정의 대리권을 주었는데, 乙이 그 토지를 丙에게 매각하는 대리행위를 한 경우이다.

(2) 기본대리권이 있을 것

① 기본대리권은 임의대리권, 법정대리권, 부부간 일상가사대리권, 복대리권, 행위자가 사자(使者)인 경우, 공법상 대리권(등기신청행위 대리권)인 경우도 권한을 넘은 표현대리가 성립될 수 있다.

② 표현대리권도 기본대리권이 될 수 있다. 대리권수여표시에 의한 표현대리(제125조)나 대리권소멸 후의 표현대리(제129조)에 의한 표현대리인이 권한을 넘어 대리행위를 하는 경우에도 권한을 넘은 표현대리가 성립할 수 있다(표현대리 중첩적용).

(3) **기본대리권한 밖의 대리행위를 하였을 것**
    ① 권한 밖의 행위가 기본대리권과 반드시 동종·유사일 것을 요하지 않는다.
    ② 따라서 등기신청 대리권있는 자가 대물변제를 한 경우도 표현대리가 성립한다.

(4) **정당한 이유**(상대방의 선의·무과실)**가 있을 것**: 대리행위시 기준으로 판단

(5) **성립(적용)되지 않는 경우**
    ① 기본적인 대리권이 없는 자에 대하여는 권한을 넘은 표현대리관계가 성립할 수 없다.
    ② 대리행위(현명)가 아닌 경우에는 표현대리가 성립하지 않는다.
        ㉠ 대리행위의 표시를 하지 않고 본인의 성명을 모용(본인사칭)하여 법률행위한 경우
        ㉡ 부동산의 담보권설정의 대리권만 수여받은 대리인이 그 부동산을 자기 앞으로 소유권이전등기를 하고 이를 제3자에게 처분한 경우
    ③ 대리행위가 무효인 경우에는 표현대리가 적용되지 않는다.

4. 대리권 소멸 후의 표현대리(제129조)

(1) **의 의**

대리인에게 주어진 대리권이 소멸하여 이제 대리인이 아닌 자가 대리행위를 한 경우에 현재도 대리권이 있다고 믿고 그와 거래한 선의·무과실의 상대방을 보호하기 위하여 인정되는 표현대리이다.

(2) **성립여부**
    ① 대리인이 대리권 소멸 후에 복대리인을 선임하여 복대리인이 대리행위를 한 경우도 성립할 수 있다.
    ② 대리인이 계약을 체결하기 전에 이미 파산한 경우에 상대방이 선의·무과실인 때에는 대리권 소멸 후의 표현대리 성립한다.
    ③ 임의대리·법정대리 모두 적용된다.

기출 OX

1. 상대방의 유권대리 주장에는 표현대리의 주장도 포함한다. (　) 제26회, 제31회, 제32회
2. 표현대리가 성립하는 경우, 과실상계의 법리를 유추적용하여 본인의 책임을 경감할 수 있다. (　) 제29회, 제32회
3. 표현대리인은 표현대리의 성립을 주장할 수 있다. (　) 제29회
4. 대리권수여표시에 의한 표현대리에서 대리권수여표시는 대리권 또는 대리인이라는 표현을 사용한 경우에 한정된다. (　) 제26회
5. 본인이 타인에게 대리권을 수여하지 않았지만 수여하였다고 상대방에게 통보한 경우, 그 타인이 통보받은 상대방 외의 자와 본인을 대리하여 행위를 한 때는 민법 제125조의 표현대리가 적용된다. (　) 제32회
6. 대리권소멸 후의 표현대리가 인정되고 그 표현대리의 권한을 넘는 대리행위가 있는 경우, 권한을 넘은 표현대리가 성립할 수 없다. (　) 제26회
7. 민법 제129조의 표현대리를 기본대리권으로 하는 민법 제126조의 표현대리는 성립될 수 없다. (　) 제32회
8. 법정대리권을 기본대리권으로 하는 표현대리가 성립할 수 있다. (　) 제33회
9. 복대리인의 대리행위에 대하여도 표현대리에 관한 규정이 적용될 수 있다. (　) 제30회, 제32회, 제34회
10. 복임권이 없는 대리인이 선임한 복대리인의 권한도 기본대리권이 될 수 있다. (　) 제26회, 제30회, 제33회
11. 권한을 넘은 표현대리의 경우, 기본대리권이 표현대리행위와 동종 내지 유사할 필요는 없다. (　) 제26회
12. 기본대리권이 처음부터 존재하지 않는 경우에도 표현대리는 성립할 수 있다. (　) 제33회
13. X토지에 대한 담보권설정의 대리권만이 있는 乙이 X토지에 대한 매매계약을 자신의 명의로 丙과 체결한 경우, 丙이 선의·무과실이더라도 표현대리가 성립할 여지가 없다. (　) 제29회
14. 대리행위가 강행법규에 위반하여 무효인 경우에는 표현대리의 법리가 적용되지 않는다. (　) 제28회, 제32회, 제33회
15. 토지가 토지거래허가구역 내에 있는 경우, 토지거래허가를 받지 못해 계약이 확정적 무효가 되더라도 표현대리가 성립할 수 있다. (　) 제29회
16. 무권대리인에게 권한이 있다고 믿을 만한 정당한 이유가 있는가의 여부는 원칙적으로 대리행위 당시를 기준으로 결정한다. (　) 제33회

◆ 정답
1. ×　2. ×　3. ×　4. ×　5. ×　6. ×　7. ×　8. ○　9. ○　10. ○　11. ○　12. ×　13. ○　14. ○
15. ×　16. ○

Chapter 05 무효와 취소

☑ 무효와 취소 비교

구 분	무 효	취 소
민법상 구체적 예	① 의사무능력자의 법률행위 ② 원시적 불능인 법률행위 ③ 강행법규 위반행위 ④ 반사회질서의 법률행위(제103조) ⑤ 불공정한 법률행위(제104조) ⑥ 비진의표시임을 상대방이 알았거나 알 수 있었던 경우(제107조 제1항 단서) ⑦ 통정허위표시(제108조)	① 제한능력자의 행위 ② 착오에 의한 의사표시(제109조) ③ 사기·강박에 의한 의사표시(제110조)
기본적 효과	특정인의 주장 유무를 불문하고 처음부터 당연히 효력이 발생하지 않는다.	일단 유효하게 성립한 법률행위의 효력이 취소권자의 취소권 행사로 소급하여 무효가 된다.
주장권자	누구든지 주장할 수 있다.	취소권자에 한하여 주장할 수 있다.
주장기간	언제까지나 주장할 수 있다. 따라서 무효를 주장하지 않고 장기간 경과하더라도 유효가 되지는 않는다.	일정한 기간 내에 주장하여야 한다(3년, 10년). 그 기간이 경과하면 취소권은 소멸하여 확정적으로 유효가 된다.
부당이득 반환의무	이행 전에는 이행할 필요가 없으나, 이행 후에는 부당이득반환의무 부담(단, 취소의 경우에는 제한능력자 보호규정 있음)	

테마 16 법률행위의 무효

1. 무효의 일반적 효과

① 당사자의 의사무능력, 원시적 불능, 강행법규 위반, 반사회적 행위, 불공정 법률행위를 원인으로 한 무효는 선의의 제3자에게 대항할 수 있다.
② 비진의 표시, 허위표시를 원인으로 한 무효는 선의의 제3자에게 대항할 수 없고, 당사자는 추인할 수 있다.

③ 법률행위가 불성립(부존재)한 경우에는 무효가 문제되지 않는다. 따라서 무효행위의 전환이나 무효행위의 추인 규정이 적용되지 않는다.
④ 무효인 법률행위에 따른 법률효과를 침해하는 것처럼 보이는 위법행위나 채무불이행이 있다고 하여도 법률효과의 침해에 따른 손해는 없으므로 그 손해배상을 청구할 수는 없다.

2. 일부무효(제137조)

① 법률행위 일부가 무효인 경우에는 원칙적으로 그 전부를 무효로 한다. 그러나 무효부분이 없더라도 법률행위를 하였을 것이라고 인정될 때에는 나머지 부분은 무효가 되지 아니한다.
② 나머지 부분이 유효가 되려면 ㉠ 법률행위가 분할 가능해야 하고, ㉡ 나머지 부분만으로도 법률행위를 했을 것이라는 당사자의 의사(가정적 의사)가 있어야 한다.
③ 민법 제137조는 임의규정이므로 당사자의 약정이 있거나 법률에 다른 규정이 있는 경우에는 그 적용이 배제된다.

3. 무효행위의 전환(제138조)

① 무효인 법률행위가 다른 법률행위의 요건을 구비하고 당사자가 그 무효를 알았더라면 다른 법률행위를 하는 것을 의욕하였으리라고 인정될 때에는 다른 법률행위로서 효력을 가진다.
② 무효인 불공정한 법률행위에 무효행위 전환의 법리가 적용될 수 있다.

4. 무효행위의 추인(제139조)

> **제139조【무효행위의 추인】** 무효인 법률행위는 추인하여도 그 효력이 생기지 아니한다. 그러나 당사자가 그 무효임을 알고 추인한 때에는 새로운 법률행위로 본다.

① 강행법규위반·반사회질서행위·불공정행위 등으로 무효인 경우에는 추인할 수 없으나, 비진의표시, 허위표시로 무효인 경우에는 추인할 수 있다.
② 무효인 법률행위를 추인하기 위하여는 무효원인이 소멸한 후에 당사자가 이전의 법률행위가 무효임을 알고 추인하여야 한다.
③ 무효행위의 추인은 무효인 행위를 처음부터 유효로 하는 것이 아니고, 추인한 때에 새로운 법률행위로서 효력이 있는 것으로 본다.
④ 무효인 가등기를 유효한 등기로 전용키로 한 약정도 그 때부터 유효하다.

5. 유동적 무효(토지거래허가구역 내에서 허가를 받지 않은 매매)

(1) 유동적 무효상태(허가받기 전)에서의 법률문제

① **계약의 효력**: 유동적 무효
  ㉠ 계약은 무효이므로 계약에 따른 채무나 권리가 발생하지 않는다.
  ㉡ 따라서 상대방의 계약상 채무불이행을 이유로 계약을 해제하거나 손해배상을 청구할 수도 없다.
  ㉢ 매수인은 토지거래허가가 있을 것을 조건으로 하여 매도인을 상대로 소유권이전등기절차의 이행을 청구할 수 없다.
  ㉣ 소유권이전청구권을 피보전권리로 한 부동산처분금지가처분은 허용되지 않는다.
  ㉤ 매수인이 부동산을 전매하고 최초 매도인과 최종 매수인이 허가를 받아 직접 최종 매수인명의로 이루어진 소유권이전등기는 무효이다.

② **허가신청협력의무 부담**
  ㉠ 각 당사자는 서로 허가절차에 협력할 의무를 부담한다. 따라서 협력하지 않는 당사자에 대하여 협력의무의 이행을 소로써 구(訴求)할 수 있다.
  ㉡ 유동적 무효의 상태에 있는 거래계약의 당사자는 상대방이 협력할 의무를 이행하지 아니하였음을 들어 일방적으로 계약 자체를 해제할 수 없으나 손해배상청구는 가능하다.
  ㉢ 매수인은 토지거래허가 신청절차 청구권(협력의무이행청구권)을 피보전권리로 하여 매매목적물의 처분을 금하는 가처분을 구할 수 있다.
  ㉣ 매도인의 협력의무와 매수인의 대금지급의무는 동시이행관계에 있는 것은 아니므로, 매도인으로서는 그러한 매매대금의 이행의 제공이 있을 때까지 협력의무의 이행을 거절할 수 없다(매수인은 매매대금의 이행제공 없이 협력의무의 이행을 청구할 수 있다).

③ **계약금**
  ㉠ 계약금을 교부한 당사자는 미허가를 이유로 계약의 무효를 주장하여 계약금을 부당이득으로 반환청구 할 수 없다.
  ㉡ 따라서 유동적 무효상태에서도 계약금에 의한 계약해제(제565조)는 가능하다.

④ 유동적 무효인 상태에서도 착오, 사기, 강박 이유로 취소를 주장할 수 있다.

(2) 확정적 유효가 되는 경우

① **허가를 받은 경우**: 계약시에 소급하여 유효
② 허가구역 지정을 해제하거나 기간 만료 후에 재지정을 하지 않은 경우

(3) 확정적 무효가 되는 경우

① 불허가처분이 있는 경우. 다만, 불허가처분을 유도할 의도로 사실과 다르게 또는 불성실하게 기재한 경우 등은 여전히 유동적 무효이다.
② 쌍방이 허가신청거절의 의사표시를 명백히 표시한 경우
③ 정지조건부 계약에서 정지조건이 거래허가를 받기 전에 이미 불성취로 확정된 경우
④ 통정허위표시, 착오, 사기, 강박 이유로 무효나 취소 주장하는 경우
⑤ 처음부터 허가를 배제·잠탈할 목적으로 계약체결한 경우
⑥ 허가를 배제하거나 잠탈하는 내용으로 매매계약이 체결된 경우에는, 계약체결 후 허가구역 지정이 해제되거나 허가구역 지정기간 만료 이후 재지정을 하지 아니한 경우라 하더라도 이미 확정적으로 무효로 된 계약이 유효로 되는 것이 아니다.
⑦ 다만 허가를 배제하거나 잠탈하는 내용으로 매매계약이 체결된 후에 해당 토지가 토지거래계약 허가구역의 지정에서 해제되고, 매매계약 당사자들이 기존 매매계약이 무효임을 알면서 이를 추인하였다면 추인한 때로부터 새로운 법률행위로서 유효하게 된다.
⑧ 거래계약이 무효로 됨에 있어서 귀책사유가 있는 자라도 그 계약의 무효를 주장하는 것이 신의칙에 반하지 않는다.
⑨ 그러나 매매계약 체결 당시 일정한 기간 안에 토지거래허가를 받기로 약정하였으나 그 약정된 기간 내에 토지거래허가를 받지 못할 경우, 특별한 사정이 없는 한 곧바로 매매계약이 확정적으로 무효가 된다고 할 수 없다.

기출 OX

1. 이미 매도된 부동산에 관하여, 매도인의 채권자가 매도인의 배임행위에 적극 가담하여 설정된 저당권은 무효이다. (   ) 제29회
2. 법률행위의 일부분이 무효일 때, 그 나머지 부분의 유효성을 판단함에 있어 나머지 부분을 유효로 하려는 당사자의 가정적 의사는 고려되지 않는다. (   ) 제32회
3. 불공정한 법률행위로서 무효인 경우, 무효행위 전환의 법리가 적용될 수 있다.
(   ) 제29회
4. 사회질서의 위반으로 무효인 법률행위, 불공정한 법률행위는 추인의 대상이 되지 않는다.
(   ) 제25회
5. 강행법규 위반으로 무효인 법률행위를 추인한 때에는 다른 정함이 없으면 그 법률행위는 처음부터 유효한 법률행위가 된다. (   ) 제32회
6. 비진의표시로 무효인 법률행위를 당사자가 그 무효임을 알고 추인한 때에는 새로운 법률행위로 본다. (   ) 제25회
7. 매도인이 통정한 허위의 매매를 추인한 경우, 다른 약정이 없으면 계약을 체결할 때로부터 유효로 된다. (   ) 제29회

8. 무효인 법률행위의 추인은 무효원인이 소멸된 후 본인이 무효임을 알고 추인해야 그 효력이 인정된다. ( ) 제28회, 제32회, 제34회, 제36회

9. 무효인 가등기를 유효한 등기로 전용하기로 약정하면 그 가등기는 소급하여 유효한 등기가 된다. ( ) 제28회

10. 무권리자가 타인의 권리를 처분하는 계약을 체결한 경우, 권리자가 이를 추인하면 계약의 효과는 원칙적으로 계약체결시에 소급하여 권리자에게 귀속된다. ( ) 제34회, 제36회

11. 무효인 법률행위는 무효임을 안 날로부터 3년이 지나면 추인할 수 없다. ( ) 제32회

[토지거래허가구역에서 허가없이 토지매매한 경우]

12. 매도인은 매수인의 계약상 채무불이행을 이유로 계약을 해제할 수 있다.
 ( ) 제26회, 제30회

13. 매수인은 토지거래허가가 있을 것을 조건으로 하여 매도인을 상대로 소유권이전등기절차의 이행을 청구할 수 없다. ( ) 제26회

14. 매수인이 제3자에게 토지를 전매하고 제3자가 자신과 최초매도인을 매매당사자로 하는 허가를 받아 등기를 이전받았다면 그 등기는 유효하다. ( ) 제30회

15. 매도인과 매수인은 토지거래허가신청절차에 협력할 의무가 있다. ( ) 제26회

16. 매도인은 매수인의 매매대금 이행제공이 없음을 이유로 토지거래허가 신청에 대한 협력의무의 이행을 거절할 수 없다. ( ) 제30회, 제34회

17. 당사자 일방이 토지거래허가 신청절차에 협력할 의무를 이행하지 않는다면 다른 일방은 그 이행을 소구할 수 있다. ( ) 제33회

18. 계약이 유동적 무효라는 이유로 매수인은 매도인에게 이미 지급한 계약금을 부당이득으로 반환 청구할 수 있다. ( ) 제26회

19. 토지거래허가구역 지정기간이 만료되었으나 재지정이 없는 경우, 위 계약은 확정적으로 유효로 된다. ( ) 제30회

20. 위 매매계약 후 토지거래허가구역 지정이 해제되었다고 해도 그 계약은 여전히 유동적 무효이다. ( ) 제33회, 제36회

21. 토지거래허가구역 내의 토지매매계약은 관할관청의 불허가 처분이 있으면 확정적 무효이다. ( ) 제29회

22. 매도인의 채무가 이행불능임이 명백하고 매수인도 거래의 존속을 바라지 않는 경우, 위 매매계약은 확정적 무효로 된다. ( ) 제33회

23. 일정기간 내 허가를 받기로 약정한 경우, 특별한 사정이 없는 한 그 허가를 받지 못하고 약정기간이 경과하였다는 사정만으로도 매매계약은 확정적 무효가 된다.
 ( ) 제34회

24. 토지거래허가구역 내의 토지거래계약이 확정적으로 무효가 된 경우, 그 계약이 무효로 되는데 책임있는 사유가 있는 자도 무효를 주장할 수 있다. ( ) 제29회

◆ 정답
1. ○ 2. × 3. ○ 4. ○ 5. × 6. ○ 7. × 8. ○ 9. × 10. ○ 11. × 12. × 13. ○ 14. ×
15. ○ 16. ○ 17. ○ 18. × 19. ○ 20. × 21. ○ 22. ○ 23. × 24. ○

테마 17 | 법률행위의 취소

1. 취소의 의의

'취소'란 일단 유효하게 성립한 법률행위의 효력을 성립상의 하자(제한능력, 착오, 사기, 강박)를 이유로 처음부터 무효로 하는 일방적 의사표시(단독행위)를 말하며, 취소할 수 있는 권리인 취소권은 형성권이다.

2. 취소하는 경우

(1) 취소권자

① 취소권자는 제한능력자, 착오로 인하거나 사기·강박에 의하여 의사표시를 한 자, 그의 대리인 또는 승계인(포괄·특정승계인 모두 포함)이다.
② 제한능력자는 자신이 한 행위를 단독으로 취소할 수 있다.
③ 강박에 의한 의사표시를 한 자는 강박상태를 벗어나기 전에도 이를 취소할 수 있다.
④ 다만, 임의대리인이 취소를 하려면 취소권에 관한 본인의 수권이 필요하다.

(2) 취소의 상대방

① 취소할 수 있는 법률행위의 상대방이 확정한 경우에는 그 취소는 그 상대방에 대한 의사표시로 하여야 한다(제142조).
② 구체적으로 취소의 상대방은 법률행위의 직접 상대방 또는 그 포괄승계인이다.
③ 따라서 취소할 수 있는 법률행위의 상대방이 그 행위로 취득한 특정의 권리를 양도한 경우, 양수인이 아닌 원래의 상대방에게 취소의 의사표시를 하여야 한다. 예컨대 甲이 乙의 기망으로 매도한 부동산이 丙에게 전매된 경우, 甲은 乙에게 취소하여야 하고 丙에게 취소하지 못한다.

(3) 취소의 방법

① 취소는 특정한 방식이 요구되는 것이 아니므로 법률행위의 취소를 당연한 전제로 한 소송상의 이행청구에는 취소의 의사표시가 포함되어 있다고 볼 수 있다.
② 법률행위의 일부분에만 취소사유가 있다 하더라도 그 법률행위가 가분적이고, 그 나머지 부분이라도 이를 유지하려는 당사자의 가정적 의사가 인정되는 경우 그 일부만의 취소도 가능하다.

(4) 취소의 효과

① 취소하면 법률행위는 처음부터 무효인 것으로 본다.

② 따라서 당사자 사이에 이미 이행한 후라면 부당이득반환의무가 있는데, 제한능력자는 선의·악의를 불문하고 받은 '이익이 현존하는 한도'에서 반환하면 된다.
③ 착오, 사기·강박을 이유로 하는 취소는 선의의 제3자에게 대항할 수 없으나, 제한능력자임을 이유로 하는 취소는 선의의 제3자에게 대항할 수 있다.

3. 취소할 수 있는 행위의 추인

(1) **의사표시에 의한 추인**
① 취소하지 않겠다는 취소권자의 의사표시를 말한다(단독행위).
② 추인은 취소원인이 소멸(종료)한 후에 하여야 한다. 즉, 제한능력자는 능력자가 된 후, 착오·사기·강박의 경우에는 그런 상태에서 벗어난 후에 추인할 수 있다.
③ 다만, 법정대리인은 취소원인이 소멸되기 전이라도 추인할 수 있다.
④ 추인은 취소할 수 있는 행위임을 알고서 하여야 한다.
⑤ 추인을 하면 확정적으로 유효가 되어 더 이상 취소할 수 없다(취소권 소멸).
⑥ 취소할 수 있는 법률행위가 일단 취소된 이상 그 이후에는 취소할 수 있는 법률행위의 추인은 할 수 없고, 다만 무효인 법률행위의 추인은 할 수 있다.

(2) **법정추인**(당연 추인 간주)
① 법정추인이란 취소할 수 있는 법률행위에 일정한 사유가 있으면 추인의 의사나 취소권의 존재를 알고 있을 필요도 없이 당연히 추인한 것으로 보는 것을 말한다.
② **법정추인 사유**
  ㉠ 이행의 청구: 취소권자가 상대방에게 청구한 경우에 한한다.
  ㉡ 담보의 제공: 상대방이 제공하는 담보를 취소권자가 받는 것도 포함한다.
  ㉢ 전부나 일부의 이행: 상대방으로부터 취소권자가 이행을 수령하는 경우도 포함한다.
  ㉣ 취소할 수 있는 행위로 취득한 권리의 전부나 일부의 양도: 취소권자가 양도한 경우에 한한다. 다만, 취소함으로써 발생할 장래의 채권의 양도는 취소를 예정한 행위이므로 법정추인에 해당되지 않는다.
  ㉤ 강제집행
  ㉥ 경개
③ 추인할 수 있는 후에 법정추인 사유가 있어야 하고, 이의를 보류하지 않아야 한다.

4. 취소권의 소멸

취소권은 추인할 수 있는 날부터 3년 내, 법률행위를 한 날부터 10년 내에 행사해야 한다. 위 기간 중 어느 것이든 먼저 경과하면 취소권은 소멸한다.

> **기출 OX**

1. 취소권의 법적성질은 형성권이다. ( ) 제32회
2. 제한능력자는 취소할 수 있는 법률행위를 단독으로 취소할 수 있다. ( ) 제29회, 제33회
3. 강박에 의한 의사표시를 한 자는 강박상태를 벗어나기 전에도 이를 취소할 수 있다. ( ) 제35회
4. 취소할 수 있는 법률행위의 상대방이 확정된 경우에는 그 취소는 그 상대방에 대한 의사표시로 하여야 한다. ( ) 제29회, 제32회
5. 취소할 수 있는 법률행위의 상대방이 확정되었더라도 상대방이 그 법률행위로부터 취득한 권리를 제3자에게 양도하였다면 취소의 의사표시는 그 제3자에게 해야 한다. ( ) 제35회
6. 취소된 법률행위는 처음부터 무효인 것으로 본다. ( ) 제26회, 제29회, 제32회, 제33회
7. 제한능력을 이유로 법률행위가 취소된 경우, 제한능력자는 그 법률행위에 의해 받은 급부를 이익이 현존하는 한도에서 상환할 책임이 있다. ( ) 제33회, 제36회
8. 취소권은 추인할 수 있는 날로부터 3년 내에, 법률행위를 한 날로부터 10년 내에 행사해야 한다. ( ) 제28회, 제32회, 제33회, 제35회
9. 취소권은 취소할 수 있는 날로부터 3년 내에 행사하여야 한다. ( ) 제27회
10. 법정대리인의 추인은 취소의 원인이 소멸한 후에 하여야만 효력이 있다. ( ) 제27회, 제29회
11. 제한능력자가 취소의 원인이 소멸된 후에 이의를 보류하지 않고 채무 일부를 이행하면 추인한 것으로 본다. ( ) 제29회
12. 취소할 수 있는 법률행위는 추인할 수 있는 후에 취소권자의 이행청구가 있으면 이의를 보류하지 않는 한 추인한 것으로 본다. ( ) 제27회
13. 취소할 수 있는 법률행위에서 취소권자의 상대방이 이행을 청구하는 경우에는 법정추인이 된다. ( ) 제30회, 제36회
14. 취소할 수 있는 행위로 취득한 권리를 취소권자가 타인에게 양도한 경우, 법정추인이 된다. ( ) 제30회
15. 취소권자의 상대방이 취소할 수 있는 행위로 취득한 권리를 타인에게 양도한 경우, 법정추인이 된다. ( ) 제25회
16. 취소할 수 있는 법률행위에 관하여 법정추인이 되려면 취소권자가 취소권의 존재를 인식해야 한다. ( ) 제32회

❶ 정답
1. ○ 2. ○ 3. ○ 4. ○ 5. × 6. ○ 7. ○ 8. ○ 9. × 10. × 11. ○ 12. ○ 13. × 14. ○
15. × 16. ×

Chapter 06 조건과 기한

테마 18 조건과 기한

1 조 건

1. 의의

① 조건은 법률행위의 효력의 발생 또는 소멸을 장래의 불확실한 사실의 성부에 의존케 하는 법률행위의 부관을 말한다.
② 조건이 성립하기 위해서는 조건의사와 그 표시가 필요하고, 조건의사가 있더라도 그것이 외부에 표시되지 않으면 원칙적으로 법률행위의 동기에 불과하다.
③ 조건은 당사자가 임의로 부가한 것이어야 하므로 법률상 당연히 요구되는 법정조건은 조건이 아니다.
④ 단독행위(취소, 해제, 추인 등)에는 조건을 붙일 수 없다. 다만, 상대방의 동의가 있는 경우 또는 상대방에게 이익만을 주는 경우(채무의 면제)에는 가능하다.
⑤ 조건을 붙이는 것이 허용되지 아니하는 법률행위에 조건을 붙인 경우 그 조건만을 분리하여 무효로 할 수는 없고 그 법률행위 전부가 무효로 된다.

2. 정지조건과 해제조건

(1) 정지조건

① 정지조건이란 조건이 성취한 때부터 법률행위의 효력이 발생하는 조건을 말한다 (예 시험에 합격하면 1000만원을 주겠다).
② 정지조건부 법률행위의 경우 조건이 불성취로 확정되면 그 법률행위는 무효이다.
③ 어떤 법률행위가 정지조건부 법률행위에 해당한다는 사실은 그 법률효과의 발생을 다투려는 자(표의자)가 입증책임을 지고, 조건이 성취되었다는 사실은 법률효과를 주장하는 자(권리를 취득하는 자)가 입증책임을 진다.

(2) 해제조건

① 해제조건이란 조건이 성취한 때부터 법률행위의 효력이 소멸하는 조건을 말한다 (예 시험에 합격할 때까지 매월 100만원씩 생활비를 주겠다).
② 해제조건부 법률행위가 조건이 성취되지 않으면 법률행위의 효력은 소멸하지 않는다.

③ 건축허가를 필할 때 매매계약이 성립하고 건축허가신청이 불허되었을 때에는 이를 무효로 한다는 약정 아래 이루어진 매매계약은 해제조건부 계약이다.

3. 가장조건(외관상 조건처럼 보이지만 조건이 아닌 경우)

① **불법조건**: 선량한 풍속 기타 사회질서에 위반하는 조건으로써 그 법률행위 전부가 무효이고 조건만 무효가 되어 조건 없는 법률행위가 되는 것이 아니다.
② **기성조건**: 조건이 법률행위 당시 이미 성취한 것인 경우에는 그 조건이 정지조건이면 조건 없는 법률행위로 하고, 해제조건이면 무효로 한다(기해무).
③ **불능조건**: 조건이 법률행위 당시 이미 성취할 수 없는 것인 경우에는 그 조건이 해제조건이면 조건 없는 법률행위로 하고, 정지조건이면 무효로 한다(불정무).

4. 조건부 법률행위의 효력

(1) 조건성취 전의 효력

① **조건부권리의 처분 등**: 조건의 성취가 미정인 권리의무는 일반규정에 의하여 처분, 상속, 보존 또는 담보로 할 수 있다.
② **조건부권리의 침해금지**: 조건의 성부가 미정인 동안에 조건의 성취로 인하여 생길 상대방의 이익을 해하지 못한다(권리를 침해당한 자는 손해배상청구 가능).

(2) 조건성취 후의 효력

① 원칙적으로 소급효가 없다. 즉, 정지조건 있는 법률행위는 조건이 성취한 때로부터 효력이 생기고, 해제조건 있는 법률행위는 조건이 성취한 때로부터 그 효력을 잃는다.
② 단, 당사자가 조건성취의 효력을 그 성취 전에 소급하게 할 의사를 표시한 때에는 그 의사표시에 의한다(기한은 당사자의 의사표시로도 소급효×).

(3) 조건의 성취 또는 불성취에 대한 신의에 반하는 행위

① 조건의 성취로 불이익을 받을 당사자가 신의성실에 반하여 조건의 성취를 방해한 때에는 상대방은 그 조건이 성취한 것으로 주장할 수 있다. 방해가 과실에 의한 경우에라도 마찬가지이고, 이때 조건이 성취된 것으로 의제되는 시점은 이러한 신의성실에 반하는 행위가 없었더라면 조건이 성취되었으리라고 추산되는 시점이다.
② 조건의 성취로 이익을 받을 당사자가 신의성실에 반하여 조건을 성취시킨 때에는 상대방은 그 조건이 성취하지 아니한 것으로 주장할 수 있다.

2 기 한

1. 의 의

① 기한이란 법률행위의 효력의 발생이나 소멸 또는 채무의 이행을 장래에 발생하는 것이 확실한 사실에 의존케 하는 부관을 말한다.
② 시기(내년 1월 1일부터) 있는 법률행위는 기한이 도래한 때로부터 그 효력이 생긴다.
③ 종기(내년 12월 31일까지) 있는 법률행위는 기한이 도래한 때로부터 그 효력을 잃는다.

2. 확정기한 · 불확정기한

(1) 의 의

확정기한은 발생시기가 확정되어 있는 기한(내년 1월 1일부터, 네 생일날)을 말하고, 불확정기한은 그 도래시기가 불확정한 기한(丙이 사망한때, 눈이 오면)을 말한다.

(2) 불확정기한과 정지조건의 구별

① 표시된 사실이 발생하지 않으면 채무를 이행하지 않아도 된다고 보는 것이 상당한 경우 이는 정지조건이다. 반면, 표시된 사실이 발생한 때는 물론이고 발생하지 않는 것이 확정된 때에도 채무를 이행하여야 한다고 보는 것이 상당한 경우 이는 불확정기한이다.
② 이미 부담하고 있는 채무의 변제에 관하여 일정한 사실이 부관으로 붙여진 경우에는 특별한 사정이 없는 한 그것은 변제기를 유예한 것으로서 그 사실이 발생한 때 또는 발생하지 아니하는 것으로 확정된 때에 기한이 도래한다.
③ 당사자가 불확정한 사실이 발생한 때를 '이행기한'으로 정한 경우에는 그 사실이 발생한 때는 물론 그 사실의 발생이 불가능하게 된 때에도 이행기한은 도래한 것으로 본다.

3. 기한부 법률행위의 효력

(1) 기한도래 전의 효력

기한부 권리도 조건부 권리와 마찬가지로 기한도래 전이라도 침해가 금지되며(제148조 · 제154조) 처분 · 상속 · 보존 · 담보의 목적으로 할 수 있다.

(2) 기한도래 후의 효력

기한도래에는 소급효가 없으며, 당사자의 약정으로도 소급하지 못한다.

4. 기한의 이익

① 기한의 이익이란 기한이 도래하지 않음으로 인하여 당사자가 받는 이익을 말한다.
② 기한은 채무자의 이익을 위한 것으로 추정한다.
③ 기한의 이익은 포기할 수 있다. 그러나 상대방의 이익을 해하지 못한다.
④ 기한이익 상실의 특약은 '정지조건부 기한이익상실의 특약'과 '형성권적 기한이익상실의 특약'으로 구분되는바, 명백히 정지조건부 기한이익상실의 특약이라고 볼만한 특별한 사정이 없는 이상 형성권적 기한이익상실의 특약으로 추정한다.

> **심화 학습**
>
> 1. **정지조건부 기한이익상실의 특약**: 일정한 사유가 발생하면 채권자의 청구 등을 요함이 없이 당연히 기한의 이익이 상실되어 이행기가 도래하는 것으로 하는 약정
> 2. **형성권적 기한이익상실의 특약**: 일정한 사유가 발생한 후 채권자의 통지나 청구 등 채권자의 의사행위를 기다려 비로소 이행기가 도래하는 것으로 하는 약정

> **기출 OX**
>
> 1. 과거의 사실은 법률행위의 부관으로서의 조건으로 되지 못한다. (　) 제32회
> 2. 법정조건은 법률행위 부관으로서의 조건이 아니다. (　) 제32회
> 3. 조건부 법률행위는 조건이 성취되었을 때에 비로소 그 법률행위가 성립한다. (　) 제32회
> 4. 조건을 붙이는 것이 허용되지 않는 법률행위에 조건을 붙인 경우, 다른 정함이 없으면 그 조건만 분리하여 무효로 할 수 있다. (　) 제28회, 제35회
> 5. 정지조건 있는 법률행위는 조건이 성취한 때로부터 그 효력을 잃는다. (　) 제29회
> 6. 법률행위에 조건이 붙어 있다는 사실은 그 조건의 존재를 주장하는 자가 증명해야 한다. (　) 제31회, 제34회, 제36회
> 7. 해제조건 있는 법률행위는 조건이 성취한 때로부터 그 효력이 발생한다. (　) 제30회
> 8. 조건이 선량한 풍속 기타 사회질서에 위반한 경우, 그 조건만이 무효이고 법률행위는 유효이다. (　) 제32회, 제33회, 제34회
> 9. 조건부 법률행위에서 기성조건이 해제조건이면 그 법률행위는 무효이다. (　) 제31회, 제34회
> 10. 조건이 법률행위 당시 이미 성취한 것인 경우, 그 조건이 해제조건이면 그 법률행위는 무효로 한다. (　) 제29회
> 11. 조건부 법률행위에서 불능조건이 정지조건이면 그 법률행위는 무효이다. (　) 제31회, 제32회
> 12. 조건이 법률행위 당시에 이미 성취할 수 없는 것인 경우, 그 조건이 정지조건이면 그 법률행위는 무효로 한다. (　) 제30회

13. 조건성취의 효력은 특별한 사정이 없는 한 소급하지 않는다. (　) 제33회
14. 당사자가 조건성취의 효력을 그 성취 전에 소급하게 할 의사를 표시한 경우에도 그 효력은 조건이 성취된 때부터 발생한다. (　) 제29회
15. 조건의 성취가 미정인 권리·의무는 일반규정에 의하여 처분하거나 담보로 할 수 없다. (　) 제29회, 제36회
16. 신의성실에 반하는 방해로 말미암아 조건이 성취된 것으로 의제 되는 경우, 성취의 의제시점은 그 방해가 없었더라면 조건이 성취되었으리라고 추산되는 시점이다. (　) 제33회
17. 불확정한 사실의 발생시기를 이행기간으로 정한 경우, 그 사실의 발생이 불가능하게 되었다고 하여 이행기한이 도래한 것으로 볼 수는 없다. (　) 제30회, 제35회, 제36회
18. 기한은 채권자의 이익을 위한 것으로 추정하며, 기한의 이익은 포기할 수 있다. (　) 제29회
19. 기한이익 상실의 특약은 특별한 사정이 없는 한, 정지조건부 기한이익상실의 특약으로 추정한다. (　) 제30회, 제31회, 제35회

◆ 정답
1. ○ 2. ○ 3. × 4. × 5. × 6. ○ 7. × 8. × 9. ○ 10. ○ 11. ○ 12. ○ 13. ○ 14. ×
15. × 16. ○ 17. × 18. × 19. ×

PART

02

물권법

Chapter 01 물권법 총론

테마 19 물권의 객체와 물권의 종류

1 물권의 객체

1. 일물일권주의(一物一權主義) 원칙

① 물권의 객체는 원칙적으로 현존하고 특정된 독립한 1개의 물건이어야 한다.
② 따라서 물건의 일부나 구성부분 또는 물건의 집단은 원칙적으로 1개의 물권의 객체가 될 수 없다.
③ 원칙적으로 물건의 일부분, 구성부분에는 물권이 성립할 수 없는 것이어서 하나의 부동산 중 일부분만에 관하여 따로 소유권보존등기를 경료하거나, 하나의 부동산에 관하여 경료된 소유권보존등기 중 일부만을 따로 말소하는 것은 허용되지 아니한다.
④ 수목과 미분리의 과실은 토지의 정착물로서 독립하여 물권의 객체가 되지 못하나, 입목법상 등기된 수목의 집단(입목)이나 명인방법을 갖춘 수목과 미분리의 과실은 독립하여 소유권의 객체가 될 수 있다.
⑤ 예외적으로 재산권(지상권, 전세권)도 물권(저당권)의 객체가 될 수 있다.

2. 일물일권주의(一物一權主義)의 예외

① 토지의 일부에 대하여도 점유취득시효로 소유권을 취득할 수 있다.
② 소유권과 저당권은 부동산일부를 객체로 할 수 없으나, 점유권, 지상권, 지역권, 전세권, 유치권은 부동산일부를 객체로 할 수 있다.
③ 1동 건물의 일부도 구조상·이용상 독립성이 있으면 구분행위에 의하여 구분소유의 대상이 될 수 있다.
④ 예외적으로 물건의 집단에 대해서도 하나의 물권이 성립하는 경우가 있다(입목에 관한 법률상 수목의 집단, 증감 변동하는 동산의 집합물에 대한 양도담보권 등).

2 물권의 종류

1. 물권법정주의(物權法定主義)

(1) **의 의**

① 물권의 종류와 내용은 법률 또는 관습법에 의하는 외에는 임의로 창설하지 못한다(제185조).
② 민법 제185조에서의 법률은 국회가 제정한 형식적 의미의 법률을 의미하고 명령·규칙은 제외된다.
③ 제185조는 강행규정이므로 이 규정에 위반하는 법률행위는 무효이다.
④ 따라서 소유자가 사용·수익의 권능을 대세적, 영구적으로 포기하는 것은 결국 처분권능 만이 남는 소유권을 창출하는 것이어서 허용되지 않고, 처분권능이 없는 소유권도 인정되지 않는다.

(2) **관습법상 물권**

① 분묘기지권, 관습법상 법정지상권, 동산의 양도담보 등은 관습법상 인정되는 물권이다.
② 그러나 관습법상 사도통행권, 온천에 관한 권리(온천권), 공원 인근 주민들의 공원이용권은 인정되지 않는다.
③ 또한 미등기 무허가건물의 양수인이라 할지라도 그 소유권이전등기를 경료받지 않는 한 건물에 대한 소유권에 준하는 관습상의 물권이 있다고 볼 수 없다.

(3) **민법상 물권**

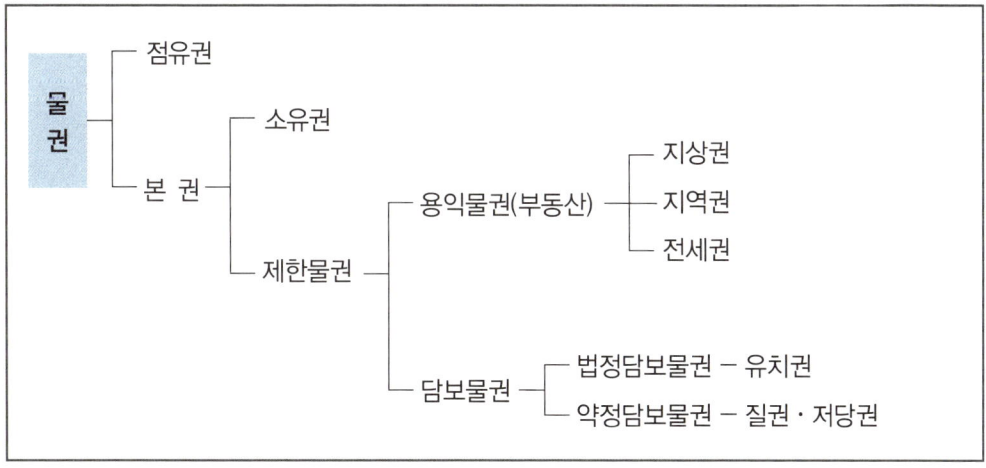

기출 OX

1. 물건 이외의 재산권은 물권의 객체가 될 수 없다. (　) 제34회
2. 1동 건물의 일부도 구조상·이용상 독립성이 있으면 구분행위에 의하여 독립된 부동산이 될 수 있다. (　) 제27회
3. 미분리의 과실은 명인방법을 갖추면 독립된 소유권의 객체로 된다. (　) 제27회
4. 구분소유의 목적이 되는 건물의 등기부상 표시에서 전유부분의 면적 표시가 잘못된 경우, 그 잘못 표시된 면적만큼의 소유권보존등기를 말소할 수 없다. (　) 제34회
5. 1필의 토지의 일부를 객체로 하여 지상권을 설정할 수 없다. (　) 제34회
6. 1필 토지의 일부에 대해서는 저당권이 성립할 수 없다. (　) 제35회
7. 물건의 집단에 대해서는 하나의 물권이 성립하는 경우가 없다. (　) 제35회
8. 민법 제185조에서의 법률은 국회가 제정한 형식적 의미의 법률을 의미한다. (　) 제32회
9. 물권은 「부동산등기규칙」에 의해 창설될 수 있다. (　) 제34회
10. 관습법에 의한 물권은 인정되지 않는다. (　) 제35회
11. 저당권은 법률규정에 의해 성립할 수 없다. (　) 제35회, 제36회
12. 사용·수익 권능을 대세적·영구적으로 포기한 소유권도 존재한다. (　) 제32회
13. 처분권능이 없는 소유권은 인정되지 않는다. (　) 제32회
14. 온천에 관한 권리는 관습법상의 물권이다. (　) 제26회, 제32회, 제36회
15. 타인의 토지에 대한 관습법상 물권으로서 통행권이 인정된다. (　) 제26회
16. 근린공원을 자유롭게 이용한 사정만으로 공원이용권이라는 배타적 권리를 취득하였다고 볼 수는 없다. (　) 제26회, 제32회, 제36회
17. 미등기 무허가건물의 양수인은 소유권이전등기를 경료 받지 않아도 소유권에 준하는 관습법상의 물권을 취득한다. (　) 제26회

◆ 정답
1. ×　2. ○　3. ○　4. ○　5. ×　6. ○　7. ×　8. ○　9. ×　10. ×　11. ×　12. ×　13. ○　14. ×
15. ×　16. ○　17. ×

테마 20 | 물권적 청구권

1 물권적 청구권 일반

1. 물권적 청구권의 의의 및 종류

① 물권의 행사가 방해당하거나 방해당할 염려가 있는 경우에 물건의 반환이나 방해의 제거·예방을 청구할 수 있는 권리이다.
② 물권적 청구권은 그 방해모습에 따라 물권적 반환청구권, 물권적 방해제거청구권, 물권적 방해예방청구권이 있다.

2. 물권에 따른 물권적 청구권 인정여부

① 모든 물권에 물권적 청구권을 인정하지만, 유치권에 기한 물권적 청구권은 인정되지 않는다.
② 또한 지역권과 저당권에는 점유할 권리가 없으므로 반환청구권은 인정되지 않고 방해제거 및 방해예방청구권만이 인정된다.
③ 점유를 본질로 하는 본권(소유권, 지상권, 전세권)을 가진 자는 본권에 기한 물권적 청구권과 점유권에 기한 물권적 청구권을 동시에 갖는다.

3. 성질 → 물권에 의존

① 물권의 이전·소멸이 있으면, 그에 따라 물권적 청구권도 이전·소멸한다.
② 따라서 물권과 물권적 청구권은 서로 분리하여 양도하지 못한다.
③ 물권적 청구권은 물권과 독립하여 소멸시효에 걸리지 않는다.

4. 발생요건

① 물권실현을 방해하거나 방해할 염려가 있어야 한다.
② 방해자의 고의 또는 과실은 요구되지 않는다.
③ 청구권자는 현재의 물권자이다.

5. 불법행위로 인한 손해배상청구권과의 관계

물권적 청구권의 상대방에 대해서 언제나 불법행위를 이유로 한 손해배상청구권을 행사할 수 있는 것이 아니지만, 방해자에게 고의·과실이 있는 경우에 물권적 청구권과 불법행위로 인한 손해배상청구권이 동시에 발생하여 병존할 수 있다.

2 점유보호청구권(점유권에 기한 물권적 청구권)

1. 점유물반환(점유의 회수)청구권

(1) 의 의
① 점유자가 점유의 침탈을 당한 때에는 그 물건의 반환 및 손해의 배상을 청구할 수 있다.
② 점유의 '침탈'이란 점유자가 그의 의사에 의하지 않고서 점유를 **빼앗기는** 것을 말한다(절도 등). 그러나 사기(기망), 유실의 경우 등은 점유의 침탈이 아니므로 점유물반환청구권을 행사할 수 없다.
③ 또한 간접점유관계가 있는 경우 점유의 침탈여부의 판단기준이 되는 자는 직접점유자이다. 따라서 직접점유자가 임의로 점유를 타인에게 양도한 경우에 간접점유자의 점유가 침탈된 경우에 해당하지 않으므로 점유회수를 청구할 수 없다.

(2) 청구권자
① 선의·악의점유 불문하고 직접점유자·간접점유자도 행사할 수 있다.
② 그러나 점유보조자는 점유자가 아니므로 행사할 수 없다.

(3) 청구의 상대방
① 침탈자 및 그의 포괄승계인, 악의의 특별승계인(선의의 특별승계인에게는 행사×)
② 직접점유자, 간접점유자 모두 상대방이 되지만, 점유보조자는 상대방이 될 수 없다.

(4) 제척기간
① 침탈을 당한 날로부터 1년 내에 행사하여야 하는데, 이 기간은 반드시 그 기간 내에 소를 제기하여야 하는 이른바 출소기간으로 본다.
② 그러나 민법 제204조 제3항은 본권 침해로 발생한 손해배상청구권의 행사에는 적용되지 않으므로 점유를 침탈당한 자가 본권인 유치권 소멸에 따른 손해배상청구권을 행사하는 때에는 점유를 침탈당한 날부터 1년 내에 행사할 것을 요하지 않는다.
③ 점유자가 제척기간 내에 점유물반환청구권을 행사하여 점유를 회수하면 점유권은 상실되지 않은 것으로 다루어진다(제192조 제2항 단서).

☼ 상대방으로부터 점유를 위법하게 침탈당한 점유자가 상대방으로부터 점유를 탈환하였을 경우(점유의 상호침탈), 특별한 사정이 없는 한 상대방은 자신의 점유가 침탈당하였음을 이유로 점유자를 상대로 점유의 회수를 청구할 수 없다. 즉, 甲의 점유물을 乙이 위법한 방법으로 침탈하자 다시 甲이 乙의 점유를 침탈한 경우, 乙이 甲을 상대로 점유회수를 청구할 수 없다.

2. 점유물방해제거청구권(점유의 보유)

① 점유자가 점유의 방해를 받은 때에는 그 방해제거 및 손해의 배상을 청구할 수 있다.
② 손해배상청구권은 방해가 종료한 날로부터 1년 내에 행사하여야 한다.

③ 공사로 인하여 점유의 방해를 받은 경우에는 공사착수 후 1년을 경과하거나 그 공사가 완성한 때에는 방해의 제거를 청구하지 못한다.

3. 점유물방해예방청구권(점유의 보전)

점유자가 점유의 방해를 받을 염려가 있는 때에는 그 방해의 예방 또는 손해배상의 담보를 청구할 수 있다.

③ 소유권에 기한 물권적 청구권

1. 종 류

(1) 소유물반환청구권

① 소유자는 그 소유에 속한 물건을 (법률상 정당한 원인없이) 점유한 자에 대하여 반환을 청구할 수 있다.
② 소유물반환청구의 원인은 불문(침탈, 기망, 유실 등)하고, 행사기간의 제한이 없다.

☑ 점유물반환청구권과 소유물반환청구권 비교

구 분	점유물반환(회수)청구권	소유물반환청구권
발생사유	점유침탈	사유불문
행사기간	1년 내	제한 없음

(2) 소유물방해제거(배제)청구권

① 소유자는 소유권을 방해하는 자에 대하여 방해의 제거를 청구할 수 있다.
② 소유권에 기한 방해배제청구권은 방해'결과'의 제거를 내용으로 하는 것이 아니며, 현재 계속되고 있는 방해의 '원인'을 제거하는 것을 내용으로 한다.

(3) 소유물방해예방청구권

① 소유자는 소유권을 방해할 염려있는 행위를 하는 자에 대하여 그 예방이나 손해배상의 담보를 청구할 수 있다.
② 소유자가 소유물방해제거, 방해예방청구권(민법 제214조)에 기하여 방해배제 비용 또는 방해예방 비용을 청구할 수는 없다.

2. 청구권자(행사당시 현재 소유자)

① 유효한 명의신탁의 경우 대외적으로 수탁자가 소유자이므로 명의수탁자가 물권적 청구권을 행사하고 명의신탁자는 명의수탁자를 대위하여 권리행사 할 수 있다.
② 미등기건물의 매수인은 직접 자신의 소유권 등에 기하여 명도를 청구할 수 없다. 다만, 매도인을 대위하여 건물의 명도를 청구할 수 있다.
③ 소유자가 소유권에 기한 방해배제소송을 제기한 후 방해배제소송의 계속 중에 소유권을 양도한 전 소유자는 소유물방해배제청구권을 상실한다.
④ 임차권은 채권이므로 임차권 자체에 물권적 청구권을 인정할 수 없으나, 임차인은 임대인의 소유권에 기한 물권적 청구권을 대위행사할 수 있다.

3. 청구권의 상대방(행사당시 부당하게 점유 또는 방해하는 자)

① 불법건물을 매수하여 이를 인도받아 점유하고 있는 매수인은 건물철거청구의 상대방이 된다.
② 甲소유의 건물에 乙명의의 저당권설정등기가 불법으로 경료된 후 丙에게 저당권이전등기가 경료되었다면, 甲은 丙을 상대로 저당권설정등기의 말소를 청구할 수 있다.
③ 乙이 소유자 甲으로부터 토지를 매수하고 인도 받았으나 등기를 갖추지 않고 이를 다시 丙에게 전매하고 인도한 경우, 甲은 丙에게 소유물반환청구를 할 수 없다.
④ 등기부상 허무인명의의 부실등기가 존재하는 경우에 그 등기말소의 상대방은 허무인이 아니라 실제 등기행위를 한 자이다.

4. 토지에 무단으로 건물이 축조된 경우

① 토지소유자는 건물의 소유자에게 건물의 철거 및 토지인도를 청구할 수 있지만, 건물소유자에 대하여 건물에서의 '퇴거'를 청구할 수 없다.
② 건물이 제3자에게 임대차된 경우, 토지소유자는 건물 임차인(대항력 불문)에게는 건물철거를 청구할 수 없지만, 건물에서 '퇴거'할 것을 청구할 수는 있다.

기출 OX

1. 상대방의 귀책사유는 물권적 청구권의 행사요건이 아니다. (   ) 제30회, 제32회
2. 소유권에 기한 물권적 청구권은 소멸시효에 걸리지 않는다. (   ) 제30회, 제31회, 제32회
3. 유치권자는 점유권에 기한 물권적 청구권을 행사할 수 있다. (   ) 제30회
4. 저당권자는 목적물에서 임의로 분리, 반출된 물건을 자신에게 반환할 것을 청구할 수 있다. (   ) 제31회, 제34회

5. 임차인은 임차목적물에 관한 임대인의 소유권에 기한 물권적 청구권을 대위행사할 수 없다. ( ) 제30회
6. 점유자가 사기를 당해 점유를 이전한 경우, 점유물반환을 청구할 수 없다. ( ) 제32회, 제35회
7. 직접점유자가 그 점유를 임의로 양도한 경우, 그 점유이전이 간접점유자의 의사에 반하더라도 간접점유가 침탈된 것은 아니다. ( ) 제30회
8. 간접점유자에게는 점유보호청구권이 인정되지 않는다. ( ) 제30회, 제33회
9. 공사로 인하여 점유의 방해를 받은 경우, 그 공사가 완성한 때에는 방해의 제거를 청구하지 못한다. ( ) 제35회
10. 타인의 점유를 침탈한 뒤 제3자에 의해 점유를 침탈당한 자는 점유물반환청구권의 상대방이 될 수 있다. ( ) 제35회
11. 미등기 무허가건물의 양수인은 소유권에 기한 방해배제청구권을 행사할 수 없다. ( ) 제34회
12. 지상권을 설정한 토지의 소유자는 그 토지 일부의 불법점유자에 대하여 소유권에 기한 방해배제를 청구할 수 없다. ( ) 제33회
13. 토지의 소유권을 양도하여 소유권을 상실한 전(前)소유자도 그 토지 일부의 불법점유자에 대하여 소유권에 기한 방해배제를 청구할 수 있다. ( ) 제29회, 제32회, 제33회
14. 소유자는 소유물을 불법점유한 사람의 특별승계인에 대하여는 그 반환을 청구하지 못한다. ( ) 제29회
15. 타인 토지에 무단으로 신축된 미등기건물을 매수하여 대금을 지급하고 점유하는 자는 건물철거청구의 상대방이 될 수 있다. ( ) 제27회, 제31회
16. 소유권에 기한 방해제거청구권은 현재 계속되고 있는 방해의 원인과 함께 방해결과의 제거를 내용으로 한다. ( ) 제29회, 제34회
17. 소유자는 물권적 청구권에 의하여 방해제거비용 또는 방해예방비용을 청구할 수 없다. ( ) 제29회, 제34회
18. 불법원인으로 물건을 급여한 사람은 원칙적으로 소유권에 기하여 반환청구를 할 수 있다. ( ) 제29회
19. 소유자는 자신의 소유권을 방해할 염려있는 행위를 하는 자에 대하여 그 예방이나 손해의 담보를 청구할 수 있다. ( ) 제33회
20. 토지소유자는 자신의 토지에 무단으로 건물을 신축한 자를 상대로 그 건물의 철거를 구할 수 있다. ( ) 제27회
21. 토지소유자는 자신의 토지에 무단으로 건물을 신축한 자를 상대로 건물에서의 퇴거를 구할 수 있다. ( ) 제27회, 제35회
22. 토지소유자는 자신의 토지에 무단으로 축조된 건물의 임차인을 상대로 건물에서의 퇴거를 구할 수 있다. ( ) 제27회, 제35회

◑ 정답
1. ○ 2. ○ 3. ○ 4. × 5. × 6. ○ 7. ○ 8. × 9. ○ 10. × 11. × 12. × 13. × 14. ×
15. ○ 16. × 17. ○ 18. × 19. ○ 20. ○ 21. × 22. ○

테마 21 　부동산물권변동의 모습

1. 법률행위에 의한 부동산물권변동 → 등기하여야 효력발생

① 매매예약완결권 행사에 의한 부동산 소유권취득
② 현물분할의 합의에 의하여 공유토지에 대한 단독소유권을 취득하는 경우
③ 공유물분할청구소송에서 현물분할의 협의가 성립하여 조정이 된 때 공유자들의 소유권 취득
④ 권리(지분)의 포기에 따른 물권변동
⑤ 이행판결(법률행위를 원인으로 하여 등기를 명하는 판결), 확인판결
⑥ 부동산점유취득시효는 법률규정이지만 등기하여야 소유권취득

2. 법률규정에 의한 부동산물권변동 → 등기 없이도 효력 발생. 처분시 등기필요

① 상속(포괄유증, 피상속인 사망시에 물권변동), 공용징수, 경매(경락대금완납시에 물권변동)
② **판결**: 형성판결(공유물분할판결)을 의미, 판결확정시에 물권변동 효력
③ 건물신축에 의한 소유권취득, 부동산 멸실에 의한 물권의 소멸
④ 법정지상권, 관습법상의 법정지상권, 법정저당권, 분묘기지권의 취득
⑤ 혼동에 의한 물권의 소멸
⑥ 용익물권의 존속기간 만료로 인한 소멸
⑦ 피담보채권의 소멸에 의한 저당권의 소멸
⑧ 법률행위의 무효, 취소, 해제, 합의해제, 해제조건의 성취에 의한 물권의 복귀(원인행위실효에 의한 물권의 복귀)
⑨ 집합건물의 구분소유권을 취득하는 자의 공용부분에 대한 지분 취득

> **기출 OX**
>
> 1. 공유물분할청구소송에서 현물분할의 협의가 성립하여 조정이 된 때 공유자들의 소유권 취득은 등기가 있어야 효력이 발생한다. ( ) 제27회
> 2. 건물 소유자의 법정지상권 취득은 등기가 있어야 효력이 발생한다. ( ) 제27회, 제31회
> 3. 강제경매로 인해 성립한 관습상 법정지상권을 법률행위에 의해 양도하기 위해서는 등기가 필요하다. ( ) 제30회
> 4. 등기를 요하지 않는 물권취득의 원인인 판결이란 이행판결을 의미한다. ( ) 제30회, 제34회, 제36회
> 5. 이행판결에 기한 부동산물권의 변동시기는 확정판결시기이다. ( ) 제31회

6. 법률행위를 원인으로 하여 소유권이전등기를 명하는 판결에 따른 소유권의 취득에는 등기를 요하지 않는다. ( ) 제26회
7. 공유물의 현물분할판결에 따른 물권의 변동은 등기를 요하지 않는다. ( ) 제35회
8. 상속인은 등기 없이 상속받은 부동산의 소유권을 취득한다. ( ) 제26회, 제31회, 제34회
9. 경매로 인한 부동산소유권의 취득시기는 매각대금을 완납한 때이다.
( ) 제31회, 제34회, 제35회
10. 건물의 신축에 의한 소유권취득은 소유권보존등기를 필요로 하지 않는다. ( ) 제31회
11. 부동산소유권이전을 내용으로 하는 화해조서에 기한 소유권취득에는 등기를 요하지 않는다. ( ) 제34회
12. 점유시효취득으로 인한 물권의 취득은 등기를 하여야 한다. ( ) 제35회

◐ 정답
1. ○ 2. × 3. ○ 4. × 5. × 6. × 7. ○ 8. ○ 9. ○ 10. ○ 11. × 12. ○

테마 22 등기청구권

1. 의 의

① 등기권리자가 등기의무자에 대해 등기신청에 협력해 줄 것을 청구할 수 있는 실체법상·사법상의 권리를 말한다.
② 등기청구권의 법적 성질이 채권적 청구권인가, 물권적 청구권인가에 따라 소멸시효의 대상이 되는지가 문제된다.

2. 채권적 청구권인 경우(10년 소멸시효 대상○)

(1) 법률행위로 인한 등기청구권의 경우(매수인의 등기청구권 등)

① 법률행위로 인한 등기청구권은 채권적 청구권으로서 원칙적으로 소멸시효에 걸린다. 그러나 부동산의 매수인이 목적 부동산을 인도받아 계속 점유하는 경우에는 그 소유권이전등기청구권의 소멸시효가 진행하지 않는다.
② 더 나아가 부동산의 매수인이 다른 사람에게 그 부동산을 처분하고 그 점유를 승계하여 준 경우에도 이전등기청구권의 소멸시효는 진행되지 않는다.
③ 또한 매수인의 소유권이전등기청구권은 그 이행과정에 신뢰가 따르므로 그 양도는 제한되어 통상의 채권양도방법(채무자에게 양도의 통지)으로는 양도할 수 없고, 반드시 채무자의 동의나 승낙을 받아야 대항력이 생긴다.

(2) **점유취득시효완성으로 인한 소유권이전등기청구권**
① 채권적 청구권으로서 소멸시효의 대상이 되지만, 시효완성자가 점유를 계속하고 있는 동안에는 소멸시효는 진행되지 않는다.
② 그러나 취득시효가 완성된 점유자가 그 점유를 상실한 때로부터 소멸시효가 진행하여 10년간 행사하지 않으면 소멸시효가 완성한다.
③ 취득시효완성으로 인한 소유권이전등기청구권은 아무런 신뢰관계가 없으므로 통상의 채권양도의 방법(양도의 통지)에 의해 양도가 가능하다.

3. 물권적 청구권인 경우(소멸시효 대상×)

① 실체관계와 등기가 일치하지 않는 경우(위조등기, 계약의 무효·취소·해제 등)에 진정한 권리자가 행사하는 말소등기청구권은 물권적 청구권이다.
② 진정한 소유자가 말소등기를 청구하는 대신에 '진정한 등기명의의 회복을 위한 소유권이전등기청구'를 하는 경우, 이때의 등기청구권도 물권적 청구권이다.
③ 법정지상권, 법정저당권이 성립한 경우에 그 설정등기청구권은 물권적 청구권이다.

기출 OX

1. 등기청구권이란 등기권리자와 등기의무자가 함께 국가에 등기를 신청하는 공법상의 권리이다. (   ) 제32회
2. 부동산 매수인이 매도인에 대해 갖는 소유권이전등기청구권은 물권적 청구권이다. (   ) 제30회, 제36회
3. 가등기에 기한 소유권이전등기청구권이 시효완성으로 소멸된 후 그 부동산을 취득한 제3자가 가등기권자에 대해 갖는 등기말소청구권은 채권적 청구권이다. (   ) 제30회
4. 부동산을 매수하여 인도받아 사용·수익하는 자의 매도인에 대한 소유권이전등기청구권은 소멸시효에 걸린다. (   ) 제30회, 제32회, 제34회
5. 매매로 인한 이전등기청구권의 양도는 특별한 사정이 없는 한 양도인의 채무자에 대한 통지만으로 대항력이 생긴다. (   ) 제34회
6. 점유취득시효 완성으로 인한 이전등기청구권은 점유가 계속되더라도 시효로 소멸한다. (   ) 제34회
7. 점유취득시효의 완성으로 점유자가 소유자에 대해 갖는 소유권이전등기청구권은 통상의 채권양도 법리에 따라 양도될 수 있다. (   ) 제30회, 제34회
8. 무효인 등기의 말소등기에 갈음하는 진정명의회복을 원인으로 한 소유권이전등기청구권은 물권적 청구권이다. (   ) 제36회

◆ 정답
1. × 2. × 3. × 4. × 5. × 6. × 7. ○ 8. ○

테마 23 | 하자있는 등기의 효력

1. 하자있는 등기의 유형

(1) 하자가 있더라도 실체관계와 부합하는 등기

① 절차적 하자가 있는 등기라도 실질적으로 실체와 부합하면 유효이다.
② 등기는 물권의 효력 발생 요건이고 존속요건은 아니어서 등기가 원인 없이 말소된 경우에는 그 물권의 효력에 아무런 영향이 없고, 그 물권은 소멸하지 않는다.

(2) 무효등기의 유용

① 권리등기(저당권등기, 가등기 등)의 유용은 유용합의 이전에 등기부상 이해관계가 없는 경우에 한하여 유효하다고 본다.
② 그러나 멸실된 건물의 보존등기를 신축한 건물의 보존등기로는 유용은 할 수 없다.

(3) 중복(이중)보존등기(하나의 부동산에 보존등기가 중복된 경우)

① **등기명의인이 동일인인 경우**: 먼저된 등기가 유효하고 나중에 된 등기는 무효이다.
② **등기명의인이 동일인이 아닌 경우**: 먼저 이루어진 보존등기가 원인 무효가 아닌 한, 뒤에 된 소유권보존등기가 무효이다.

2. 중간생략등기

(1) 의 의

예컨대, 부동산물권이 甲 ⇨ 乙 ⇨ 丙으로 순차적으로 이전되어야 할 경우 중간취득자 乙의 등기를 생략하고 최초의 양도인 甲으로부터 직접 최후의 양수인 丙에게 하는 등기이다.

(2) 최종매수인의 직접 등기청구 여부

① 당사자 전원의 합의(합의는 묵시적·순차적으로도 가능)가 있는 경우에는 최종양수인은 최초양도인에게 직접 자기로의 이전등기를 청구할 수 있으나, 합의가 없을 때에는 중간자의 등기청구권을 대위 행사할 수 있을 뿐이다.
② 최종양수인이 중간자로부터 소유권이전등기청구권을 양도받았다 하더라도 최초양도인이 그 양도에 대해 동의하지 않고 있다면 채무자에 대한 통지만으로는 최종양수인은 최초양도인에 대해 소유권이전등기절차이행을 청구할 수 없다.

(3) 중간생략등기 합의의 효력

① 중간생략등기의 합의가 있다고 하여 최초매도인과 최종매수인 사이에 매매계약이 성립하는 것은 아니므로 중간생략등기의 합의는 적법한 등기원인이 될 수 없다.
② 따라서 중간생략등기의 합의가 있다하여도 당사자 간의 각 계약은 그대로 유효하므로 중간매수인의 소유권이전등기청구권이 소멸된다거나 첫 매도인의 그 매수인에 대한 소유권이전등기의무가 소멸되는 것은 아니다.
③ 또한 최초매도인이 중간자에 대하여 갖고 있는 매매대금청구권의 행사가 제한되는 것도 아니므로 중간생략등기의 합의가 있은 후에도 최초매도인은 중간매수인의 매매대금(또는 인상분) 미지급을 이유로 최종매수인의 소유권이전등기청구를 거절할 수 있다.
④ 토지거래허가구역 안에 있는 토지에 관하여 중간생략등기의 합의가 있었다고 하더라도 최종 매수인 丙은 직접 최초 매도인 甲에게 허가신청절차의 협력을 구할 수 없다.
⑤ 당사자 사이의 어느 한 계약이 무효이거나 취소·해제되면 중간생략등기의 합의도 효력을 상실하므로 최초양도인은 최종양수인 명의로의 소유권이전등기의무의 이행을 거절할 수 있다.

(4) 중간생략등기의 유효여부

① 甲으로부터 丙명의로 경료된 소유권이전등기는 유효하다.
② 또한 중간생략등기를 금지하는 「부동산등기 특별조치법」은 단속규정으로 이에 위반한 중간생략등기합의에 관한 사법상의 효력까지 무효로 되는 것은 아니다.
③ 다만, 토지거래허가구역 내의 중간생략등기는 무효이다.

(5) 중간생략등기의 파생유형

① 미등기부동산의 양수인이 직접 자기명의로 보존등기를 한 경우라도 실체관계에 부합하면 유효이다.
② 피상속인으로부터 양수인에게 직접 이전등기가 경료된 경우라도 실체관계에 부합하면 유효이다.

기출 OX

1. 물권에 관한 등기가 원인 없이 말소된 경우에 그 물권의 효력에는 아무런 영향을 미치지 않는다. (   ) 제28회, 제30회
2. 신축건물의 보존등기를 건물 완성 전에 하였더라도 그 후 그 건물이 곧 완성된 이상 등기를 무효라고 볼 수 없다. (   ) 제28회
3. 기존 건물 멸실 후 건물이 신축된 경우, 기존 건물에 대한 등기는 신축건물에 대한 등기로서 효력이 없다. (   ) 제26회, 제29회

4. 매수한 토지를 인도받아 점유하고 있는 미등기 매수인으로부터 그 토지를 다시 매수한 자는 특별한 사정이 없는 한 최초 매도인에 대하여 직접 자신에게로의 소유권이전등기를 청구할 수 없다. (   ) 제30회

[X토지를 甲→乙→丙으로 순차 매도되고, 3자간에 중간생략등기의 합의를 한 경우]
5. 丙은 甲에게 직접 소유권이전등기를 청구할 수 있다. (   ) 제31회, 제35회
6. 丙은 乙을 대위하여 甲을 상대로 소유권이전등기를 청구할 수 없다. (   ) 제35회
7. 만약 중간생략등기의 합의가 없다면, 丙은 甲의 동의나 승낙 없이 乙의 소유권이전등기청구권을 양도받아 甲에게 소유권이전등기를 청구할 수 있다. (   ) 제31회
8. 甲의 乙에 대한 매매대금채권의 행사는 제한받지 않는다. (   ) 제31회
9. 甲은 乙의 매매대금 미지급을 이유로 丙 명의로의 소유권이전등기의무 이행을 거절할 수 있다. (   ) 제23회, 제29회
10. 만약 X토지가 토지거래허가구역에 소재한다면, 丙은 직접 甲에게 허가신청절차의 협력을 구할 수 없다. (   ) 제31회
11. 중간생략등기의 합의 후 甲·乙 사이의 매매계약이 합의해제된 경우, 甲은 丙 명의로의 소유권이전등기의무의 이행을 거절할 수 있다. (   ) 제23회
12. 甲은 丙을 상대로 소유물반환을 청구할 수 있다. (   ) 제35회
13. 중간생략등기의 합의는 적법한 등기원인이 될 수 없다. (   ) 제29회

◆ 정답
1. ○ 2. ○ 3. ○ 4. ○ 5. ○ 6. × 7. × 8. ○ 9. ○ 10. ○ 11. ○ 12. × 13. ○

테마 24 등기의 추정적 효력

1. 의의 및 효과

① 등기의 추정력이란 부동산등기가 있으면 그에 상응하는 실체적 권리가 존재하는 것으로 추정하는 것을 말한다.
② 등기의 추정은 반대증거에 의해 깨어지며, 이 경우의 입증책임은 등기와 반대사실을 주장하는 자에게 있다.
③ 그러나 등기원인행위의 태양이나 과정을 다소 다르게 주장하더라도 그 주장만으로 등기의 추정력이 깨어진다고 할 수 없다.
④ 등기의 추정력으로 인해 등기의 내용을 신뢰하고 거래한 자는 무과실로 추정되고 선의라도 등기내용을 조사하지 아니한 경우에는 과실이 있는 것으로 추정된다.

⑤ 「부동산 소유권이전등기 등에 관한 특별조치법」 등에 의한 등기는 강한 추정력이 인정되어 그 보증서 및 확인서가 허위 또는 위조되었다는 것까지 입증해야 추정력이 깨진다.

2. 추정력이 미치는 범위

① **권리의 적법추정**: 등기된 권리가 등기명의인에게 적법하게 귀속하는 것으로 추정되며, 저당권설정등기의 경우에는 저당권의 존재 자체뿐만 아니라 이에 상응하는 피담보채권의 존재도 추정된다.
② **등기절차의 적법추정**: 등기가 있는 경우에는 적법한 절차에 의하여 이루어진 등기라고 추정된다. 따라서 부동산을 매수한 자가 상대방의 대리인과 매매계약을 체결했다고 주장하는 경우 대리권의 존재도 추정된다. 따라서 등기가 무권대리임을 이유로 그 말소를 청구하는 전소유명의인이 대리권이 존재하지 않는다는 사실에 대한 입증책임을 진다.
③ 등기원인의 적법도 추정된다.

3. 추정력이 부정되는 경우

① 권리등기가 아닌 부동산표시의 등기에는 추정력이 인정되지 않는다.
② 소유권이전등기청구권보전을 위한 가등기가 있다고 하여 소유권이전등기를 청구할 어떤 법률관계가 있다고 추정되지 않는다.
③ 허무인(실재 존재하지 않는 사람) 또는 사망자로부터 이어받은 소유권이전등기는 원인무효이므로 등기의 추정력을 인정할 여지가 없다.
④ 다만, 사망 전에 적법한 등기원인이 존재하는 경우에는 사망자 명의의 등기에도 추정력은 인정된다.
⑤ 근저당권등기가 되어 있다는 사실만으로 그 피담보채권을 성립시키는 기본계약까지 추정하지는 않는다.
⑥ 원인 없이 부적법 말소된 등기에는 권리소멸의 추정력이 인정되지 않는다. 즉, 불법 말소된 등기의 최종명의인은 그 회복등기가 경료되기 전이라도 적법한 권리자로 추정된다.
⑦ 소유권이전등기의 계약서가 진정하지 않은 것으로 증명되면 등기의 적법추정은 깨지는 것이고, 계속 다른 적법한 등기원인이 있을 것으로 추정될 수는 없다.

4. 권리변동 당사자 사이에 추정력 인정여부

① 등기의 추정력은 제3자에 대한 관계에서 뿐만 아니라, 권리변동의 당사자 사이에도 미친다. 따라서 등기부상 권리변동의 당사자 사이에서도 등기의 추정력을 원용할 수 있다.

② 즉, 소유권이전등기의 등기명의인은 전소유자에 대하여서도 적법한 등기원인에 의하여 소유권을 취득한 것으로 추정한다(소유권이전등기의 무효는 전소유자가 입증책임).
③ 그러나 소유권보존등기는 원시취득의 사실만이 추정된다. 따라서 보존등기명의자가 원시취득한 것이 아니라는 것이 밝혀진 경우(건물보존등기명의자가 건물을 신축한 것이 아니라는 것)에 그 보존등기의 추정력은 깨어진다. 또한 보존등기명의자가 보존등기 전의 소유자로부터 소유권을 양도받았다고 주장하고 전소유자가 보존등기명의자에의 양도사실을 부인하는 경우에도 그 추정력이 깨어진다.

> **기출 OX**
>
> 1. 등기명의인이 등기원인행위의 태양이나 과정을 다소 다르게 주장한다고 하여 이로써 추정력이 깨어지는 것은 아니다. (　) 제25회
> 2. 소유권이전등기가 된 경우, 등기명의인은 전 소유자에 대하여 적법한 등기원인에 기한 소유권을 취득한 것으로 추정된다. (　) 제25회
> 3. 등기부상 권리변동의 당사자 사이에서는 등기의 추정력을 원용할 수 없다. (　) 제31회
> 4. 대리에 의한 매매계약을 원인으로 소유권이전 등기가 이루어진 경우, 대리권의 존재는 추정된다. (　) 제30회
> 5. 소유권이전청구권 보전을 위한 가등기가 있으면, 소유권이전등기를 청구할 어떠한 법률관계가 있다고 추정된다. (　) 제25회
> 6. 사망자 명의로 신청하여 이루어진 이전등기에는 특별한 사정이 없는 한 추정력이 인정되지 않는다. (　) 제30회
> 7. 근저당권등기가 행해지면 피담보채권뿐만 아니라 그 피담보채권을 성립시키는 기본계약의 존재도 추정된다. (　) 제30회
> 8. 소유권이전등기가 불법말소된 경우, 말소된 등기의 최종명의인은 그 회복등기가 경료되기 전이라도 적법한 권리자로 추정된다. (　) 제25회
> 9. 원인 없이 부적법하게 등기가 말소된 경우, 권리소멸의 추정력은 인정되지 않는다. (　) 제31회
> 10. 건물 소유권보존등기 명의자가 전(前)소유자로부터 그 건물을 양수하였다고 주장하는 경우, 전(前)소유자가 양도사실을 부인하더라도 그 보존등기의 추정력은 깨어지지 않는다. (　) 제30회
> 11. 소유권이전등기의 원인으로 주장된 계약서가 진정하지 않은 것으로 증명되면 등기의 적법추정은 깨진다. (　) 제31회
>
> ◆ 정답
> 1. ○ 2. ○ 3. × 4. ○ 5. × 6. ○ 7. × 8. ○ 9. ○ 10. × 11. ○

테마 25 혼동(물권의 소멸사유)

핵심 다지기

물권의 일반적 소멸사유
1. 목적물의 멸실: 물건이 멸실하면 그에 관한 물권도 당연히 소멸한다.
2. 소멸시효의 완성: 소멸시효의 대상이 되는 물권은 지상권, 지역권뿐이다.
3. 물권의 포기(단독행위), 공용징수, 혼동 등

1. 의 의

혼동이란 두 개의 권리가 동일인에게 귀속하는 것을 말한다.

2. 소유권과 제한물권의 혼동

(1) **원칙**: 제한물권이 소멸

예컨대, 甲의 건물에 전세권을 가진 乙이 그 건물의 소유권을 취득하면, 乙의 전세권은 혼동으로 소멸한다.

(2) **예외**: 제한물권이 소멸하지 않는 경우

① 제한물권이 제3자의 권리의 목적인 때에는 제한물권이 소멸하지 않는다. 예컨대, 甲의 부동산에 乙이 전세권을 가지고 있고, 그 전세권이 丙의 저당권의 목적인 경우 乙이 그 부동산 소유권을 취득하여도 전세권은 소멸하지 않는다.
② 동일한 부동산 위에 선순위와 후순위의 소유권 이외의 권리가 있는 경우, 선순위권자가 소유권을 취득하면 본인의 이익을 위하여 제한물권은 소멸하지 않는다.
③ 예컨대, 甲의 부동산에 乙이 저당권을 가지고 있고, 丙이 동일한 부동산에 후순위 저당권을 가지고 있는 경우에, 乙이 그 부동산의 소유권을 취득하더라도 乙의 저당권은 소멸하지 않는다. 그러나 후순위권자인 丙이 소유권을 취득하면 丙의 저당권은 혼동으로 소멸한다.

3. 혼동으로 소멸되지 않는 권리: 점유권, 광업권

4. 혼동의 효과

① 혼동은 법률규정에 의한 물권변동이므로 등기 없이 물권은 소멸하고, 혼동 이전의 상태로 복귀된다 할지라도 소멸한 권리는 부활하지 않는다.
② 다만, 혼동을 생기게 한 원인이 부존재, 무효, 취소, 해제 등으로 실효된 경우에는 소멸된 물권은 당연히 부활한다.

Chapter 02 점유권

테마 26 점유(占有)

1 점유의 의의

1. 사실상 지배

① 물건을 사실상 지배하는 자는 점유권이 있다(물리적·현실적으로 지배할 필요×).
② 건물의 소유자는 특별한 사정이 없는 한 건물의 부지에 대한 점유가 인정된다. 따라서 건물의 공유자 중 일부만이 건물을 점유하더라도 공유자 전원이 그 부지를 점유하는 것으로 본다.
③ 건물의 소유자가 아닌 자는 실제로 그 건물을 점유하고 있다 하더라도 그 부지를 점유하는 자로는 볼 수 없다. 다만, 미등기건물을 양수하여 건물에 관한 사실상의 처분권을 보유한 양수인은 그 건물부지의 점유자이다.
④ 재산권을 사실상 행사하는 경우를 준점유라 한다.

2. 점유보조자

① 가사상, 영업상 기타 관계에 의하여 타인의 지시를 받아 물건을 사실상 지배하는 자
② 점유자가 아니므로 점유보호청구권을 행사할 수 없고, 물권적 청구권의 상대방이 될 수 없으나, 자력구제권은 행사할 수 있다.

3. 간접점유자

① 지상권, 전세권, 사용대차, 임대차, 임치 기타의 관계(점유매개관계)로 타인으로 하여금 물건을 점유하게 한 자는 간접으로 점유권이 있다(예 임차인은 직접점유자, 임대인은 간접점유자).
② 점유매개관계는 반드시 유효일 필요는 없고, 중첩적으로 있을 수 있다. 따라서 乙이 甲로부터 임차한 건물을 甲의 동의 없이 丙에게 전대한 경우, 甲, 乙 모두 간접점유자이다.
③ 점유매개관계는 법률행위뿐만 아니라 법률규정에 의해 발생할 수도 있고, 간접점유자가 직접점유자에 대하여 점유매개관계에 기한 반환청구권을 가져야 한다.

④ 간접점유자는 점유자이므로 점유보호청구권을 행사할 수 있으며, 물권적 청구권의 상대방이 될 수 있다.

2 점유의 모습(태양)

1. 자주점유와 타주점유

(1) **의의**
① '소유의 의사'를 가지고 하는 점유를 자주점유, '소유의 의사' 없이 하는 점유를 타주점유라 한다.
② 자주점유인지 타주점유인지 여부는 점유자의 내심의 의사에 의해 결정되는 것이 아니라 점유취득의 원인이 된 권원의 성질이나 점유와 관계가 있는 모든 사정에 의해 외형적·객관적으로 결정되어야 한다.
③ 판단시점은 점유개시 당시를 기준으로 판단한다. 따라서 부동산 매수인이 나중에 그 매매가 무효인 것을 알았더라도 타주점유로 전환되지 않는다.

(2) **자주점유의 추정**(점유권원이 불분명한 경우)
① 점유자는 자주점유로 추정되므로 점유자가 스스로 자주점유임을 입증할 책임이 없고, 타주점유임을 주장하는 상대방에게 타주점유에 대한 입증책임이 있다.
② 점유자가 스스로 매매 등과 같은 자주점유의 권원을 주장하였으나 이것이 인정되지 않는 경우에도 자주점유의 추정이 번복되지 않는다.

(3) **자주점유인 경우**
① 물건을 매수하여 점유하고 있으나 매매가 무효인 것을 모르는 매수인의 점유, 매수인이 착오로 인접토지 일부를 그가 매수한 토지의 일부로 믿고 점유를 하여 온 경우
② 등기를 수반하지 아니한 점유임이 밝혀진 경우라도 이 사실만으로 타주점유는 아니다.

(4) **타주점유인 경우**
① 직접점유자(지상권자, 전세권자, 임차인), 명의수탁자 등의 점유
② 타인의 토지 위에 분묘를 설치 또는 소유하는 자(분묘기지권자)의 점유
③ 처분권한이 없는 자로부터 그 사실을 알면서 부동산을 취득하거나 어떠한 법률행위가 무효인 것을 알면서 부동산을 취득하여 점유를 한 경우(악의의 무단점유)
④ 매매대상 토지의 실제면적이 공부상 면적을 상당히 초과하는 경우 그 초과부분에 대한 점유는 타주점유
⑤ 공유부동산을 공유자 1인이 전부를 점유하고 있는 경우 다른 공유자의 지분비율의 범위 내에서는 타주점유

⑥ 점유자가 진정한 소유자라면 통상 취하지 아니할 태도를 나타내거나 소유자라면 당연히 취했을 것으로 보이는 행동을 취하지 아니한 경우에는 자주점유의 추정이 깨어진다.

(5) 자주점유 · 타주점유 간의 전환

① **타주점유에서 자주점유로 전환**: 타주점유에서 자주점유로 전환되기 위해서는 새로운 권원에 의하여 다시 소유의 의사로 점유하거나(임차인이 임차물을 매수하는 경우 등), 자기에게 점유시킨 자에게 소유의 의사가 있음을 표시하여야 한다.
② **자주점유에서 타주점유로 전환**: 부동산을 매도하여 그 인도의무를 지고 있는 매도인의 점유, 매매계약이 해제된 경우의 매수인의 점유, 부동산이 경락된 후 종전 소유자는 자주점유에서 타주점유로 전환된다.
③ 점유자가 등기명의자(소유자)를 상대로 소유권이전등기절차의 이행을 구하는 소를 제기하였다가 패소확정된 경우, 점유자가 악의점유자일 뿐 타주점유로 전환되지 않는다.
④ 소유자가 점유자를 상대로 소유권 주장하여 승소한 경우, 점유자의 점유는 패소판결 확정 후부터는 타주점유로 전환된다(소제기시부터 악의점유).

2. 선의점유와 악의점유

① '선의점유'란 본권이 없음에도 본권이 있다고 오신하는 점유를 말하고, '악의점유'는 본권이 없음을 알면서 또는 의심을 품으면서 하는 점유를 말한다.
② 점유자는 선의로 점유한 것으로 추정한다. 그러나 선의점유자가 본권에 관한 소에서 패소하면, 그 소가 제기된 때부터(패소한 때부터×) 악의의 점유자로 된다.

3. 하자 있는 점유와 하자 없는 점유

하자 있는 점유란 악의 · 과실(過失) · 강폭 · 은비 · 불계속 등의 점유를 말하고, 하자 없는 점유란 선의, 무과실, 평온, 공연, 계속 등의 요건을 모두 갖춘 점유를 말한다.

③ 점유의 승계

1. 특정승계의 경우

① 점유자의 승계인은 자기의 점유만을 주장하거나 자기의 점유와 전 점유자의 점유를 아울러 주장할 수 있다. 다만, 전 점유자의 점유를 아울러 주장하는 경우에는 그 하자도 승계한다.
② 전 점유자의 점유가 타주점유라 하여도 점유자의 승계인이 자기의 점유만을 주장하는 경우에는 현 점유자의 점유는 자주점유의 추정을 받는다.

2. 포괄승계의 경우(상속)

① 상속인은 피상속인의 점유의 성질과 하자를 떠나 자기만의 새로운 점유를 주장할 수 없다. 따라서 '상속' 자체는 자주점유를 위한 새로운 권원이 아니다.
② 다만, 상속인이 '새로운 권원(상속인의 매수 등)'에 의하여 자기 고유의 점유를 시작한 때에는 자기의 점유를 분리·주장할 수 있다.

4 점유의 추정적 효력

① 점유자는 소유의 의사로 선의, 평온 및 공연하게 점유한 것으로 추정한다.
② 전후 양시에 점유한 사실이 있는 때에는 그 점유는 계속한 것으로 추정한다. 전후 양시점의 점유자가 다른 경우에도 점유의 승계가 입증되는 한 점유계속은 추정된다.
③ 점유자가 점유물에 대하여 행사하는 권리는 적법하게 보유한 것으로 추정한다.
④ 점유자의 권리추정의 규정은 부동산물권에 대하여는 적용되지 않는다.
⑤ 점유의 무과실은 추정되지 않는다.

핵심 다지기

점유의 소와 본권의 소와의 관계
1. 점유권에 기인한 소와 본권에 기인한 소는 서로 영향을 미치지 아니한다.
2. 점유권에 기인한 소는 본권에 관한 이유로 재판하지 못한다.
3. 점유물반환청구에 대하여 점유침탈자는 점유물에 대한 본권이 있다는 이유로 반환을 거부할 수 없다.

기출 OX

1. 특별한 사정이 없는 한, 건물의 부지가 된 토지는 그 건물의 소유자가 점유하는 것으로 보아야 한다. (　) 제32회
2. 전세권, 임대차, 기타의 관계로 타인으로 하여금 물건을 점유하게 한 자는 간접으로 점유권이 있다. (　) 제28회
3. 주택임대차보호법상의 대항요건인 인도(引渡)는 임차인이 주택의 간접점유를 취득하는 경우에도 인정될 수 있다. (　) 제30회
4. 점유취득시효의 기초인 점유에는 간접점유도 포함된다. (　) 제30회, 제33회
5. 간접점유자에게는 점유보호청구권이 인정되지 않는다. (　) 제30회, 제33회
6. 점유매개관계를 발생시키는 법률행위가 무효라 하더라도 간접점유는 인정될 수 있다. (　) 제30회

7. 甲이 乙로부터 임차한 건물을 乙의 동의 없이 丙에게 전대한 경우, 乙만이 간접점유자이다. ( ) 제29회
8. 점유자의 점유가 자주점유인지 타주점유인지의 여부는 점유자 내심의 의사에 의하여 결정된다. ( ) 제26회
9. 점유자의 점유권원에 관한 주장이 인정되지 않는다는 것만으로도 자유점유의 추정이 깨진다. ( ) 제26회
10. 점유매개관계의 직접점유자는 타주점유자이다. ( ) 제29회
11. 甲이 乙과의 명의신탁약정에 따라 자신의 부동산 소유권을 乙명의로 등기한 경우, 乙의 점유는 자주점유이다. ( ) 제29회
12. 실제 면적이 등기된 면적을 상당히 초과하는 토지를 매수하여 인도받은 때에는 특별한 사정이 없으면 초과부분의 점유는 자주점유이다. ( ) 제29회
13. 선의의 점유자가 본권의 소에서 패소하면 패소 확정시부터 악의의 점유자로 본다. ( ) 제32회, 제33회
14. 점유자의 특정승계인이 자기의 점유와 전(前)점유자의 점유를 아울러 주장하는 경우, 그 하자도 승계한다. ( ) 제26회
15. 점유자는 소유의 의사로 선의, 평온, 및 공연하게 점유한 것으로 추정한다. ( ) 제28회
16. 점유자는 소유의 의사로 과실 없이 점유한 것으로 추정한다. ( ) 제29회
17. 전후 양 시점의 점유자가 다른 경우 점유승계가 증명되면 점유계속은 추정된다. ( ) 제28회, 제31회, 제32회
18. 점유자가 점유물에 대하여 행사하는 권리는 적법하게 보유한 것으로 추정한다. ( ) 제28회
19. 점유자의 권리추정 규정은 특별한 사정이 없는 한 부동산 물권에는 적용되지 않는다. ( ) 제31회
20. 점유권에 기인한 소는 본권에 관한 이유로 재판할 수 있다. ( ) 제28회

◑ 정답
1. ○ 2. ○ 3. ○ 4. ○ 5. × 6. ○ 7. × 8. × 9. × 10. ○ 11. × 12. × 13. × 14. ○ 15. ○ 16. × 17. ○ 18. ○ 19. ○ 20. ×

테마 27 점유자와 회복자와의 관계

1. 서 설

당사자간에 기본적 법률관계가 부존재하거나 무효 또는 취소 등으로 본권이 없는 점유자에 대하여 소유자가 점유물의 반환을 청구하는 경우에 소유자(회복자)와 본권 없는 점유자 사이의 법률관계를 규율하기 위한 제도이다.

2. 점유자의 과실(果實)취득여부(제201조)

(1) 선의의 점유자는 점유물의 과실(차임, 지료 등)을 취득한다.

① '선의' 점유자는 본권을 가지고 있다고 오신할 만한 정당한 근거가 있어야 한다.
② 과실은 천연과실, 법정과실 모두 포함하고, 물건의 '사용이익'도 포함한다.
③ 선의의 점유자는 과실취득으로 인한 이득을 부당이득으로 반환할 필요가 없으나, 불법행위를 구성할 수는 있다.
④ 매매계약이 취소된 경우 선의의 매수인에게 과실취득권이 인정되는 이상 선의의 매도인에게도 대금의 운용이익 내지 법정이자의 반환을 부정함이 형평에 맞다.
⑤ 그러나 매매계약이 해제된 경우에는 당사자는 선의·악의를 불문하고 원상회복의무를 부담하므로 선의의 매수인도 과실을 매도인에게 반환해야 한다.

(2) 악의의 점유자는 수취한 과실을 반환하여야 한다.

① 악의의 점유자는 받은 이익에 이자를 붙여 반환하여야 하며, 그 이자의 이행지체로 인한 지연손해금도 지급하여야 한다.
② 악의의 점유자가 과실을 소비하였거나, 과실(過失)로 과실(果實)을 훼손, 수취하지 못한 경우에는 그 대가를 보상하여야 한다.
③ 폭력, 은비에 의한 점유자는 악의의 점유자와 마찬가지로 과실을 반환하여야 한다.
④ 선의의 점유자라도 본권에 관한 소에 패소한 때에는 그 소가 제기된 때로부터 악의의 점유자로 간주되므로 소제기 이후의 과실을 반환하여야 한다.

3. 점유물의 멸실, 훼손에 대한 책임(제202조)

① 선의이며 자주점유인 경우에는 이익이 현존하는 한도 내에서 배상하여야 한다.
② 그 외 점유자(악의의 점유자, 선의의 타주점유자)는 손해의 전부를 배상하여야 한다.

4. 점유자의 비용상환청구권(제203조)

(1) 청구권자

① 점유자는 선의, 악의 또는 소유의사 묻지 않고 비용상환청구를 할 수 있다.
② 다만, 점유자가 점유물 반환 이외의 원인으로 물건의 점유자 지위를 잃은 경우, 점유자는 민법 제203조를 근거로 소유자에 대하여 비용상환청구권을 행사할 수 없다.

(2) 필요비(물건의 보존비용)

① 필요비는 원칙적으로 전액 상환청구할 수 있다. 단, 선의의 점유자가 과실을 취득한 경우에는 통상의 필요비(공과금, 기계부품 교체비용 등)는 청구할 수 없다.
② 악의의 점유자는 과실을 취득하지 못하므로 통상의 필요비도 청구할 수 있다.

(3) 유익비(물건의 개량비용)

① 점유자가 점유물을 개량하기 위하여 지출한 금액 기타 유익비에 관하여는 그 가액의 증가가 현존한 경우에 한하여 회복자의 선택에 좇아 그 지출금액이나 증가액의 상환을 청구할 수 있다.
② 지출금액 및 현존증가액에 관한 증명책임은 유익비의 상환을 구하는 점유자에게 있다.
③ 유익비상환청구권의 경우에 법원은 회복자의 청구에 의하여 상당한 상환기간을 허여할 수 있다.

(4) 행사시기

① 점유자의 비용상환청구권은 점유자가 회복자로부터 점유물의 반환을 청구 받은 때 또는 그 점유물을 반환할 때 비로소 발생한다.
② 따라서 필요비라도 즉시 청구할 수 없고, 회복자가 소유권이전등기의 말소만을 구하는 본건에 있어서는 그 유익비상환청구권으로써 동시이행 또는 유치권행사의 항변을 할 수 없다.

(5) 상대방

① 비용을 지출할 당시의 소유자가 누구이었는지 관계없이 점유회복 당시의 소유자가 상대방이 된다.
② 따라서 점유물이 제3자에게 양도된 경우 점유자는 양수인에게 비용상환을 청구할 수 있다.

(6) 비용상환청구권과 유치권

① 비용상환청구권을 피담보채권으로 하여 유치권 행사가 가능하다.
② 그러나 유익비의 경우에 법원으로부터 상환기간을 허여 받은 때에는 유치권은 성립하지 않는다(변제기에 도래하지 않았기 때문).

(7) 제203조(비용상환청구권)의 적용범위

① 민법 제203조는 점유자가 계약관계 등 적법하게 점유할 권리를 가지지 않아 소유자의 소유물반환청구에 응하여야 할 의무가 있는 경우에 성립되는 것이다.
② 따라서, 점유자가 계약관계 등 적법한 점유의 권원을 가진 경우에 그 지출비용의 상환에 관하여는 그 계약관계를 규율하는 법조항(임대차의 제626조 등) 등이 적용되는 것이고 제203조는 적용되지 않는다.

제203조에 의한 점유자의 비용상환청구권과 임차인의비용상환청구권 비교

구 분	점유자의 비용상환청구(제203조)	임차인의 비용상환청구(제626조)
상대방	점유회복 당시의 소유자(회복자)	원칙적으로 임대인
행사시기	회복자로부터 점유물의 반환을 청구 받은 때	필요비는 즉시, 유익비는 임대차 종료시

기출 OX

1. 악의의 점유자는 받은 이익에 이자를 붙여 반환하고 그 이자의 이행지체로 인한 지연손해금까지 지급하여야 한다. (   ) 제29회
2. 악의의 점유자가 점유물의 과실을 수취하여 소비한 경우, 특별한 사정이 없는 한 그 점유자는 그 과실의 대가를 보상하여야 한다. (   ) 제33회
3. 악의의 점유자는 과실(過失)없이 과실(果實)을 수취하지 못한 때에도 그 과실(果實)의 대가를 회복자에게 보상하여야 한다. (   ) 제26회, 제27회
4. 이행지체로 인해 매매계약이 해제된 경우, 선의의 점유자인 매수인에게 과실취득권이 인정된다. (   ) 제31회
5. 은비(隱祕)에 의한 점유자는 점유물의 과실을 수취할 권리가 있다. (   ) 제33회
6. 점유물이 멸실·훼손된 경우, 선의의 타주점유자는 이익이 현존하는 한도 내에서 회복자에게 배상책임을 진다. (   ) 제26회
7. 점유물이 점유자의 책임있는 사유로 멸실된 경우 소유의 의사가 없는 선의의 점유자는 손해의 전부를 배상해야 한다. (   ) 제27회, 제28회
8. 악의의 점유자가 책임 있는 사유로 점유물을 멸실한 때에는 그는 현존이익의 범위 내에서 배상하여야 한다. (   ) 제29회, 제31회

9. 점유물의 전부가 점유자의 책임 있는 사유로 멸실된 경우, 선의의 자주점유자는 특별한 사정이 없는 한 그 멸실로 인한 손해의 전부를 배상해야 한다. (　) 제33회
10. 선의의 점유자는 점유물의 과실을 취득하면 회복자에 대하여 통상의 필요비 상환을 청구하지 못한다. (　) 제27회, 제29회, 제31회, 제32회
11. 악의의 점유자는 특별한 사정이 없는 한 점유물에 지출한 통상의 필요비의 상환을 청구할 수 없다. (　) 제33회
12. 필요비상환청구권에 대하여 회복자는 법원에 상환기간의 허여를 청구할 수 있다. (　) 제27회
13. 점유자가 필요비를 지출한 경우, 그 가액의 증가가 현존한 경우에 한하여 상환을 청구할 수 있다. (　) 제28회
14. 유익비는 점유물의 가액 증가가 현존한 때에 한하여 상환을 청구할 수 있다. (　) 제29회
15. 점유자가 유익비를 지출한 경우, 점유자의 선택에 좇아 그 지출금액이나 증가액의 상환을 청구할 수 있다. (　) 제31회
16. 무효인 매매계약의 매수인이 점유목적물에 필요비 등을 지출한 후 매도인이 그 목적물을 제3자에게 양도한 경우, 점유자인 매수인은 양수인에게 비용상환을 청구할 수 있다. (　) 제31회
17. 점유자는 특별한 사정이 없는 한 회복자가 점유물의 반환을 청구하기 전에도 그 점유물의 반환 없이 그 회복자에게 유익비상환청구권을 행사할 수 있다. (　) 제33회

◆ 정답
1. ○ 2. ○ 3. × 4. × 5. × 6. × 7. ○ 8. × 9. × 10. ○ 11. × 12. × 13. × 14. ○
15. × 16. ○ 17. ×

Chapter 03 소유권

테마 28 상린관계(相隣關係)

1. 의 의

① 인접하고 있는 부동산소유자 상호간의 이용을 조절하기 위하여 민법의 규정에 의하여 규율되는 권리관계를 상린관계라고 한다.
② 상린관계로부터 발생하는 권리를 상린권이라고 하는데 독립한 물권이 아니고 소유권의 내용 자체이므로 등기대상도 아니다.
③ 상린관계는 부동산소유자 뿐만 아니라, 지상권자 전세권자 등에게도 준용된다.

2. 인지사용청구권(제216조)

① 토지소유자는 경계나 그 근방에서 담 또는 건물을 축조하거나 수선하기 위하여 필요한 범위 내에서 이웃 토지의 사용을 청구할 수 있다. 만일 이웃 토지소유자가 승낙하지 않으면 승낙에 갈음하는 판결을 구하여야 한다.
② 위의 경우에 이웃사람이 손해를 받은 때에는 보상을 청구할 수 있다.

3. 수도(水道) 등의 시설권(제218조)

① 토지소유자는 타인의 토지를 통과하지 아니하면 필요한 수도, 소수관(疏水管), 까스관, 전선 등을 시설할 수 없거나 과다한 비용을 요하는 경우에는 타인의 토지를 통과하여 이를 시설할 수 있다.
② 이와 같은 수도 등 시설권은 법정의 요건을 갖추면 당연히 인정되는 것이고, 수도 등 시설공사를 시행하기 위해 따로 수도 등이 통과하는 토지 소유자의 동의나 승낙을 받아야 하는 것이 아니다.

4. 주위토지통행권

(1) 의 의

① 어느 토지와 공로 사이에 그 토지의 용도에 필요한 통로가 없는 경우에 그 토지소유자가 그 주위의 토지를 통행할 수 있고 필요한 경우에는 통로를 개설할 수 있는 권리를 말한다.

② 명의신탁자에게는 주위토지통행권이 인정되지 않는다.
③ 일단 주위토지통행권이 발생하였다 하더라도 나중에 그 토지에 접하는 공로가 개설된 경우에는 그 통행권은 소멸한다.

(2) 원칙 : 유상통행권
① **성립요건**
㉠ 토지소유자가 주위의 토지를 통행 또는 통로로 하지 않으면 공로에 출입할 수 없는 경우는 물론 과다한 비용을 요할 때에도 주위토지통행권이 인정된다.
㉡ 이미 기존의 통로가 있더라도 실제로 통로로서의 충분한 기능을 하지 못하고 있는 경우에도 인정된다.
㉢ 그러나 이미 그 소유토지의 용도에 필요한 통로가 있는 경우에는 그 통로를 사용하는 것보다 더 편리하다는 이유만으로는 인정되지 않는다.
㉣ 주위토지통행권의 성립에는 등기가 필요 없다.

② **인정범위**
㉠ 주위토지의 현황이나 구체적 이용 상황에 변동이 생긴 경우에는 다른 곳으로 옮겨 통행해야 한다.
㉡ 주위토지통행권자는 통행권의 범위 내에서 자기의 부담으로 통로를 개설할 수 있고 통로를 포장할 수도 있다.
㉢ 통행권은 '현재'의 토지의 용법에 따른 이용의 범위에서 인정되는 것이지, 장차의 이용상황까지를 미리 대비하여 통행로가 인정되지는 않는다.
㉣ 건축관련법에 정한 도로폭에 관한 규정만으로 당연히 포위된 토지소유자에게 이와 일치하는 주위토지통행권이 생기지는 않고, 적정한 범위를 결정하여야 한다.
㉤ 주위토지통행권이 인정된다고 하더라도 토지의 용도에 적합한 범위에서 통행 시기나 횟수, 통행방법 등을 제한하여 인정할 수도 있다.

③ **효 력**
㉠ 주위토지통행권자는 그 통행지에 대한 통행지 소유자의 점유를 배제할 권능까지 있는 것은 아니므로 통행지소유자에 대하여 토지의 인도를 청구할 수 없다.
㉡ 또한 그 통행지 소유자는 그 통행지를 전적으로 점유하고 있는 주위토지통행권자에 대하여 그 통행지의 인도를 구할 수 있다고 할 것이나, 주위토지통행권자가 통행지 소유자의 점유를 배제할 정도의 배타적인 점유를 하고 있지 않다면 통로 부분의 인도를 구할 수 없다.
㉢ 주위토지통행권의 본래적 기능발휘를 위하여는 그 통행에 방해가 되는 담장과 같은 축조물이 비록 당초에는 적법하게 설치되었던 것이라 하더라도 철거되어야 한다.
㉣ 통행지 소유자는 원칙적으로 통행권자의 통행을 수인할 소극적 의무를 부담할 뿐 통로개설 등 적극적인 작위의무를 부담하는 것은 아니다.

④ 손해의 보상
  ㉠ 주위토지통행권자는 통행지 소유자의 손해를 보상하여야 한다.
  ㉡ 주위토지통행권자가 통행지 소유자에게 보상해야 할 손해액은 주위토지통행권이 인정되는 당시의 현실적 이용 상태에 따른 통행지의 임료 상당액을 기준으로 하여 결정하는 것이고, 통행지를 '도로'로 평가하여 산정한 임료 상당액이 통행지 소유자의 손해액이 된다고 볼 수 없다.
  ㉢ 통행권자의 보상의무의 이행이 통행권성립의 요건은 아니므로 통행권자가 손해를 보상하지 않더라도 통행권은 소멸하지 않고 채무불이행책임만 발생한다.
  ㉣ 통행권자의 허락을 얻어 사실상 통행하고 있는 자에게는 손해의 보상을 청구할 수 없다.

(3) **예외 : 무상통행권**
  ① 분할 또는 토지의 일부 양도로 인하여 공로에 통하지 못하는 토지가 생긴 때에는 그 토지소유자는 공로에 출입하기 위하여 다른 분할자의 토지를 통행할 수 있다. 이 경우에는 보상의 의무가 없다.
  ② 무상통행권은 직접 분할자나 직접 일부 양도의 당사자 사이에서만 인정되므로 포위된 토지 또는 피통행지의 특정승계인의 경우에는 인정되지 않는다.

5. 경계에 관한 상린관계

(1) **경계표, 담의 설치권**
  ① 인접한 토지소유자는 관습이 없으면 공동의 비용으로 통상의 담이나 경계표를 설치할 수 있다. 따라서 한쪽 토지소유자는 인접토지 소유자에 대하여 공동비용으로 통상의 경계표나 담의 설치하는 데에 협력할 것을 요구할 수 있고, 인접토지소유자는 그에 협력할 의무가 있다.
  ② 통상의 경계표나 담의 설치비용은 쌍방이 절반하여 부담한다. 그러나 측량비용은 토지의 면적에 비례하여 부담한다.
  ③ 인지소유자는 자기의 비용으로 담의 재료를 통상보다 양호한 것으로 할 수 있으며 그 높이를 통상 보다 높게 할 수 있고 또는 방화벽 기타 특수시설을 할 수 있다.
  ④ 경계에 설치된 경계표, 담 등은 상린자의 공유로 추정한다(분할금지). 그러나 경계표, 담, 구거 등이 상린자 일방의 단독비용으로 설치되었거나 담이 건물의 일부인 경우에는 그 설치한 일방이 소유한다.

⑤ 기존의 경계표나 담장에 대하여 한쪽 토지 소유자가 처분권한을 가지고 있으면서 기존의 경계표나 담장을 제거할 의사를 분명하게 나타내고 있는 경우라면 한쪽 토지 소유자는 인접 토지 소유자에 대하여 새로운 경계표나 담장의 설치에 협력할 것을 청구할 수 있다.

(2) **수지(나뭇가지)·목근(나무뿌리)의 제거권**

① 인접지의 수목가지가 경계를 넘은 때에는 그 소유자에게 가지의 제거를 청구할 수 있고, 이에 응하지 않으면 임의로 제거할 수 있다.

② 그러나 수목의 뿌리가 경계를 넘은 때에는 임의로 제거할 수 있다.

(3) **경계선 부근의 건축**

① 건물을 축조함에는 특별한 관습이 없으면 경계로부터 반 미터 이상의 거리를 두어야 한다(임의규정).

② '경계로부터 반 미터'는 경계로부터 건물의 가장 돌출된 부분까지의 거리를 말한다.

③ 인접지소유자는 이에 위반한 자에 대하여 건물의 변경이나 철거를 청구할 수 있다. 그러나 건축에 착수한 후 1년을 경과하거나 건물이 완성된 후에는 철거청구는 할 수 없고, 손해배상만을 청구할 수 있다.

(4) **차면시설의무 및 지하시설의 제한**

① 경계로부터 2미터 이내의 거리에서 이웃주택의 내부를 관망할 수 있는 창이나 마루를 설치하는 경우에는 적당한 차면시설을 하여야 한다.

② 우물을 파거나 용수, 하수 또는 오물 등을 저치(貯置)할 지하시설을 하는 때에는 경계로부터 2미터 이상의 거리를 두어야 하며 저수지, 구거(溝渠) 또는 지하실공사에는 경계로부터 그 깊이의 반 이상의 거리를 두어야 한다(임의규정).

6. 물에 관한 상린관계

① 토지소유자는 이웃토지로부터 자연히 흘러오는 물을 막지 못한다. 또한 고지소유자는 이웃저지에 자연히 흘러내리는 이웃저지에서 필요한 물을 자기의 정당한 사용범위를 넘어서 이를 막지 못한다(자연유수의 承水의무).

② 흐르는 물이 저지에서 폐색(閉塞)된 때에는 고지소유자는 자비로 소통에 필요한 공사를 할 수 있다.

기출 OX

1. 주위토지통행권은 토지와 공로 사이에 기존의 통로가 있더라도 그것이 그 토지의 이용에 부적합하여 실제로 통로로서의 충분한 기능을 하지 못하는 경우에도 인정된다.
(　) 제27회

2. 주위토지통행권의 범위는 장차 건립될 아파트의 건축을 위한 이용상황까지 미리 대비하여 정할 수 있다. (　) 제27회

3. 주위토지통행권이 인정되는 경우 통로개설 비용은 원칙적으로 주위토지통행권자가 부담하여야 한다. (　) 제27회, 제28회

4. 통행지 소유자가 주위토지통행권에 기한 통행에 방해가 되는 담장을 설치한 경우, 통행지 소유자가 그 철거의무를 부담한다. (　) 제27회, 제28회

5. 토지분할로 무상주위토지통행권을 취득한 분할토지의 소유자가 그 토지를 양도한 경우, 양수인에게는 무상주위토지통행권이 인정되지 않는다. (　) 제24회

6. 포위된 토지가 공로에 접하게 되어 주위토지통행권을 인정할 필요성이 없어진 경우에도 그 통행권은 존속한다. (　) 제32회

7. 지상권자는 지상권의 목적인 토지의 경계나 그 근방에서 건물을 수선하기 위하여 필요한 범위 내에서 이웃토지의 사용을 청구할 수 있다. (　) 제26회

8. 서로 인접한 토지의 통상의 경계표를 설치하는 경우, 측량비용을 제외한 설치비용은 다른 관습이 없으면 쌍방이 토지면적에 비례하여 부담한다. (　) 제26회

9. 경계에 설치된 담이 상린자의 공유인 경우, 상린자는 공유를 이유로 공유물분할을 청구하지 못한다. (　) 제28회

10. 경계선 부근의 건축시 경계로부터 반 미터 이상의 거리를 두어야 하는데 이를 위반한 경우, 건물이 완성된 후에도 건물의 철거를 청구할 수 있다. (　) 제28회

11. 인접지의 수목뿌리가 경계를 넘은 때에는 임의로 제거할 수 있다. (　) 제28회

12. 우물을 파는 경우에 경계로부터 2미터 이상의 거리를 두어야 하지만, 당사자 사이에 이와 다른 특약이 있으면 그 특약이 우선한다. (　) 제33회

13. 토지소유자는 과다한 비용이나 노력을 요하지 아니하고는 토지이용에 필요한 물을 얻기 곤란한 때에는 이웃토지소유자에게 보상하고 여수(餘水)의 급여를 청구할 수 있다.
(　) 제26회

14. 토지소유자가 부담하는 자연유수의 승수의무(承水義務)에는 적극적으로 그 자연유수의 소통을 유지할 의무가 포함된다. (　) 제33회

15. 토지 주변의 소음이 사회통념상 수인한도를 넘지 않은 경우에도 그 토지소자는 소유권에 기하여 소음 피해의 제거를 청구할 수 있다. (　) 제33회

16. 타인의 토지를 통과하지 않으면 필요한 수도를 설치할 수 없는 토지의 소유자는 그 타인의 승낙 없이도 수도를 시설할 수 있다. (　) 제32회

◆ 정답
1. ○ 2. × 3. ○ 4. ○ 5. ○ 6. × 7. ○ 8. × 9. ○ 10. × 11. ○ 12. ○ 13. ○ 14. × 15. × 16. ○

테마 29 취득시효

1 서 설

1. 의 의

권리를 행사하는 것과 같은 외관이 일정한 기간 동안 계속되는 경우에 그 사실 상태대로 권리를 취득하게 하는 제도를 취득시효라고 한다.

2. 시효취득의 대상이 되는 권리

① **시효취득 대상**: 소유권, 지상권, 계속되고 표현된 지역권, 전세권, 분묘기지권
② **시효취득 대상이 아닌 권리**: 저당권(점유수반하지 않는 권리), 유치권, 형성권(취소권, 환매권, 해제권)

3. 취득시효의 대상인 물건

① **1필의 토지 일부**: 점유취득시효 가능(토지일부에 등기는 불가능하므로 등기부취득시효는 불가능)
② **공유지분**: 가능
③ **자기물건**: 가능
④ **성명불상자(姓名不詳者)의 소유물**: 성명불상자의 소유물에 대하여도 시효취득을 인정할 수 있다.
⑤ **국유재산**: 국유재산 중 행정재산은 불가능. 일반재산은 가능. 따라서 일반재산에 대한 취득시효가 완성된 후 그 일반재산이 행정재산으로 된 경우에는 시효취득을 원인으로 소유권이전등기를 청구할 수 없다.
⑥ **집합건물의 공용부분**: 불가능

2 부동산 점유취득시효(제245조 제1항)

> **제245조【점유로 인한 부동산소유권의 취득기간】** ① 20년간 소유의 의사로 평온, 공연하게 부동산을 점유하는 자는 등기함으로써 그 소유권을 취득한다.

1. 요 건

(1) 소유의 의사로 평온·공연하게 점유할 것

① 점유는 직접점유·간접점유를 불문한다.
② 자주점유이어야 하므로 타주점유자(명의수탁자 등)는 점유시효취득 할 수 없다.
③ 점유자는 소유의 의사로 평온·공연하게 점유한 것으로 추정된다(제197조 제1항). 따라서 입증책임은 취득시효를 부정하는 자에게 있다.
④ 점유가 불법이라고 주장하는 자로부터 이의를 받았다거나 또는 소유권을 둘러싸고 분쟁이 있었다 하더라도 그러한 사실만으로 그 점유의 평온·공연성이 상실되지는 않는다.
⑤ 부동산에 관하여 적법·유효한 등기를 마치고 소유권을 취득한 사람이 자기 소유의 부동산을 점유하는 경우에는 특별한 사정이 없는 한 취득시효의 기초가 되는 점유라고 할 수 없다.

(2) 20년간 점유가 계속될 것

① 부동산의 취득시효에 있어 기산점은 원칙적으로 시효취득의 기초가 되는 점유가 개시된 시점이 기산점이 되고 당사자가 기산점을 임의로 선택할 수 없다.
② 다만, 점유기간 중 소유명의자의 변동이 없는 경우에는 임의로 선택할 수 있으므로 취득시효를 주장하는 날로부터 역산하여 20년 이상의 점유 사실이 인정되면 취득시효를 인정할 수 있다.

2. 시효완성의 효과: 등기청구권 발생

(1) 소유권이전등기청구권의 성질

① 채권적 청구권으로 소멸시효 대상이 되나 시효완성자가 그 토지에 대한 점유가 계속되는 한 시효로 소멸하지 않는다.
② 또한 그 후 점유를 상실하였다 하여도 이를 시효이익의 포기로 볼 수 없으면 바로 소멸하지 아니하고, 그 점유가 상실한 때로부터 10년간 등기청구권을 행사하지 아니하여야 소멸시효가 완성한다.
③ 취득시효완성으로 인한 소유권이전등기청구권은 통상의 채권양도의 방법(양도의 통지)에 의해 양도가 가능하다(반드시 소유자의 동의나 승낙 불요).

(2) **등기청구권의 상대방**: 시효완성 당시의 진정한 소유자
① 취득시효기간 완성 전에 등기부상의 소유명의가 변경되었다 하여도 이는 취득시효 중단사유가 될 수 없고 시효취득자는 그 취득시효 완성 당시의 등기명의자(최종등기명의자)에게 시효취득을 주장할 수 있다.
② 또한 취득시효기간의 완성 전에 부동산에 압류 또는 가압류 조치가 이루어졌다고 하더라도 이는 취득시효의 중단사유가 될 수 없다.
③ 시효완성 당시의 소유권보존등기 또는 이전등기가 무효라면 그 등기명의인은 진정한 소유자가 아니므로 소유권이전등기청구의 상대방이 될 수 없다.

3. 시효완성 후 법률관계

(1) **시효완성 후 소유자와 시효완성자(점유자)간의 관계**
① 부동산 소유자와 시효취득자 사이에 계약상의 채권·채무관계가 성립하는 것은 아니다.
② 취득시효가 완성된 이상, 소유자는 시효완성자에 대하여 토지의 인도를 구할 수 없음은 물론이고, 점유자에 대하여 부당이득으로 반환도 청구할 수 없다.
③ 반면 시효완성자는 토지소유자를 상대로 점유권에 기한 방해배제청구권을 행사할 수 있다.

(2) **시효완성 후 소유자가 부동산을 제3자에게 처분한 경우**
① **시효완성자의 제3자에 대한 대항 여부**(제3자의 권리취득 여부)
㉠ 시효완성자(점유자)는 취득시효기간 만료 후에 새로이 토지의 소유권을 취득한 제3자에 대하여는 선·악 불문하고 시효취득으로 대항할 수 없다. 즉, 시효완성 후에 취득시효완성 사실을 알면서 소유자로부터 그 부동산을 매수하여 소유권이전등기를 마친 자는 진 소유자의 소유권이전등기의무를 승계하지 않는다.
㉡ 따라서 시효완성 전에 설정되어 있던 가등기에 기하여 시효완성 후에 소유권이전의 본등기를 마친 자도 취득시효 완성 후 소유권을 취득한 자이므로 시효완성자는 그에 대하여 시효완성을 주장할 수 없다.
㉢ 또한 명의신탁된 부동산에 대하여 점유취득시효가 완성된 후 '명의신탁이 해지'되어 그 등기명의가 명의수탁자로부터 명의신탁자에게로 이전된 경우에는 시효완성자는 명의신탁자에 대하여 취득시효를 주장할 수 없다.
㉣ 그러나 취득시효기간만료 당시의 등기명의인으로부터 명의신탁을 받은 제3자가 소유자로서의 권리를 행사하는 경우, 점유자로서는 취득시효완성을 이유로 이를 저지할 수 있다.

ⓜ 부동산을 취득한 제3자가 원소유자의 배임행위에 적극 가담하였다면 이는 사회질서위반행위로서 무효이고, 이 경우 시효완성자는 소유자를 대위하여 제3취득자 앞으로 경료된 원인무효의 등기의 말소를 구할 수 있다.

ⓗ 취득시효 완성 후 토지소유자에 변동이 있어 제3자에게 대항할 수 없더라도 당초의 점유자가 계속 점유하고 있는 경우에는 소유권변동시를 새로운 취득시효의 기산점으로 삼아 2차의 취득시효의 완성을 주장할 수 있다.

ⓢ 취득시효완성 당시 미등기인 토지에 대하여 소유권을 가지고 있던 자가 취득시효 완성 후에 그 명의로 소유권보존등기를 마쳤다 하더라도 이는 소유권의 변동이 있는 것이 아니므로 시효완성자는 그를 상대로 그 취득시효완성을 주장할 수 있다.

ⓞ 시효완성 후라도 원소유자로부터 제한물권을 취득한 자는 적법하게 권리를 취득한다. 따라서 취득시효 완성 후 그로 인한 등기 전에 소유자가 저당권을 설정한 경우, 특별한 사정이 없는 한 시효완성자는 등기를 함으로써 저당권의 부담이 있는 소유권을 취득하고, 시효완성자가 시효취득완성 후 원소유자에 의하여 설정된 저당권의 피담보채무를 변제한 경우, 그 자신의 이익을 위한 행위이므로 원소유자에게 부당이득을 이유로 그 반환청구권을 행사할 수는 없다.

② **소유자의 시효완성자에 대한 책임**: 소유자가 시효완성 사실을 알고(시효완성자가 취득시효를 주장한 경우) 처분한 경우에는 점유자에 대해 불법행위책임(채무불이행책임×)을 진다.

③ **시효완성자의 대상청구권**: 시효완성자가 등기청구권이 이행불능으로 인한 대상청구권(매매대금이나 수용 보상금 청구권 등)을 행사하기 위하여는 그 이행불능 전에 등기명의자에 대해 그 권리를 주장하였거나, 등기청구권을 행사하였어야 한다.

(3) 시효완성 후 시효완성자가 제3자에게 점유를 승계한 경우

시효완성자의 점유를 승계한 현 점유자는 전점유자의 취득시효 완성의 효과를 주장하여 직접 자기에게 소유권이전등기를 청구할 권원은 없고, 전 점유자의 소유자에 대한 이전등기청구권을 대위행사할 수 있을 뿐이다.

(4) 시효완성자의 시효이익포기

① 시효완성자의 시효이익의 포기는 자유이다. 다만, 시효이익의 포기는 시효취득자가 취득시효 완성 당시의 진정한 소유자에 대하여 하여야 그 효력이 발생한다.

② 취득시효 완성 후 시효취득자가 소유권이전등기절차 이행의 소를 제기하였으나 그 후 상대방의 소유를 인정하여 합의로 소를 취하한 경우, 특별한 사정이 없으면 이는 시효이익의 포기이다.

③ 그러나 시효완성자(점유자)가 상대방에게 토지의 매수를 제의한 일이 있다 하여도 그 점유를 타주점유 또는 시효이익의 포기로 볼 수 없다.

4. 소유권취득의 효과

① **원시취득**: 취득시효로 인한 권리의 취득은 원시취득이다.
② **소급효**: 시효취득에 의한 소유권취득의 효력은 점유를 개시한 때에 소급한다. 따라서 시효기간 진행 중의 시효취득자의 과실취득이나 임대 등은 유효하게 한 것으로 되어 원소유자에게 상환할 필요가 없다.

③ 부동산 등기부취득시효(제245조 제2항)

> 제245조 【점유로 인한 부동산소유권의 취득기간】 ② 부동산의 소유자로 등기한 자가 10년간 소유의 의사로 평온, 공연하게 선의이며 과실 없이 그 부동산을 점유한 때에는 소유권을 취득한다.

1. 소유자로 '등기'되어 있을 것

① 적법·유효한 등기일 것을 요하지 않고 무효인 등기도 포함된다.
② 다만, 무효인 이중보존등기에 터잡은 시효취득은 할 수 없다.

2. 자주·평온·공연·선의·무과실의 점유

① 선의·무과실은 시효기간 내내 계속될 필요는 없고, 점유 개시시에 있으면 충분하다.
② 무과실은 추정되지 아니하므로 시효취득을 주장하는 자가 무과실을 입증하여야 한다.

3. 시효기간 10년 경과

① 부동산을 점유한 기간과 소유자로 등기된 기간은 다같이 10년 이상이어야 한다.
② 점유와 마찬가지로 등기의 승계가 인정되어 등기부취득시효에 의하여 소유권을 취득하는 자는 10년간 반드시 그의 명의로 등기되어 있어야 하는 것은 아니고 앞 사람의 등기까지 아울러 그 기간 동안 부동산의 소유자로 등기되어 있으면 된다.

기출 OX

1. 저당권은 시효로 취득할 수 없다. (   ) 제26회
2. 지상권은 시효로 취득할 수 없다. (   ) 제26회
3. 성명불상자(姓名不詳者)의 소유물에 대하여 시효취득을 인정할 수 있다.
 (   ) 제26회, 제32회
4. 집합건물의 공용부분은 별도로 취득시효의 대상이 되지 않는다. (   ) 제30회

5. 1필의 토지 일부에 대한 점유취득시효는 인정될 여지가 없다. ( ) 제30회
6. 국유재산 중 일반재산은 취득시효의 대상이 된다. ( ) 제26회, 제31회, 제32회
7. 국유재산 중 일반재산이 시효완성 후 행정재산으로 되더라도 시효완성을 원인으로 한 소유권이전등기를 청구할 수 있다. ( ) 제34회
8. 부동산에 대한 악의의 무단점유는 점유취득시효의 기초인 자주점유로 추정된다. ( ) 제30회
9. 소유권의 시효 취득을 주장하는 점유자는 특별한 사정이 없는 한 자신의 점유가 자주점유에 해당함을 증명하여야 한다. ( ) 제33회
10. 시효완성 전에 부동산에 대한 압류 또는 가압류는 점유취득시효를 중단시킨다. ( ) 제30회, 제34회
11. 취득시효완성으로 인한 소유권이전등기청구권은 원소유자의 동의가 없어도 제3자에게 양도할 수 있다. ( ) 제31회
12. 시효완성 당시의 소유권보존등기가 무효라면 그 등기명의인은 원칙적으로 시효완성을 원인으로 한 소유권이전등기청구의 상대방이 될 수 없다. ( ) 제34회
13. 시효완성 후 점유자 명의로 소유권이전등기가 경료되기 전에 부동산 소유명의자는 점유자에 대해 점유로 인한 부당이득반환청구를 할 수 있다. ( ) 제32회, 제34회
14. 아직 등기하지 않은 시효완성자는 그 완성 전에 이미 설정되어 있던 가등기에 기하여 시효완성 후에 소유권이전의 본등기를 마친 자에 대하여 시효완성을 주장할 수 있다. ( ) 제30회
15. 취득시효완성 후 명의신탁 해지를 원인으로 명의수탁자에서 명의신탁자로 소유권이전등기가 된 경우, 시효완성자는 특별한 사정이 없는 한 명의신탁자에게 시효완성을 주장할 수 없다. ( ) 제31회
16. 미등기부동산에 대한 시효가 완성된 경우, 점유자는 등기 없이도 소유권을 취득한다. ( ) 제34회
17. 취득시효완성 후 등기 전에 원소유자가 시효완성된 토지에 저당권을 설정하였고, 등기를 마친 시효취득자가 피담보채무를 변제한 경우, 원소유자에게 부당이득반환을 청구할 수 있다. ( ) 제31회
18. X토지에 대해 시효완성 후 원소유자가 X토지 위에 비닐하우스를 설치한 경우, 시효완성자는 원소유자에게 점유권에 기한 방해배제를 청구할 수 있다. ( ) 제36회
19. 시효완성 후 소유자가 시효완성 사실을 알면서 X토지를 처분하여 시효완성자에 대한 소유권이전등기의무가 이행불능이 된 경우, 시효완성자는 소유자에게 불법행위로 인한 손해배상을 청구할 수 있다. ( ) 제36회
20. 시효완성자가 소유자에게 시효완성을 이유로 소유권이전등기를 청구한 후에 X토지가 수용되어 소유자가 보상금을 수령한 경우, 시효완성자는 소유자에게 보상금의 반환을 청구할 수 없다. ( ) 제36회

🛈 정답
1. ○ 2. × 3. ○ 4. ○ 5. × 6. ○ 7. × 8. × 9. × 10. × 11. ○ 12. ○ 13. × 14. ×
15. ○ 16. × 17. × 18. ○ 19. ○ 20. ×

테마 30 부합(附合)

1. 의 의

부합이란 소유자를 달리하는 수 개의 물건이 결합하여 1개의 물건으로 되어 어느 특정인에게 소유권을 귀속시키는 법률규정에 의한 소유권취득의 원인을 말한다(원시취득).

2. 부동산에 다른 물건의 부합

(1) **원 칙**

① 부동산의 소유자는 그 부동산에 부합한 물건의 소유권을 취득한다.
② 부합한 물건의 가격이 부동산의 가격을 초과하더라도 부동산의 소유자가 소유권을 취득한다.
③ 부합의 원인은 자연적·인공적인 것이든 불문한다.
④ 부합되는 물건은 동산은 물론 부동산도 포함되므로 건물임차인이 권원에 기하여 증축한 부분이 독립된 경제적 효용을 갖지 못하고 부동산의 구성부분이 되는 경우에는 기존건물에 부합된다.
⑤ 적법한 권원 없이 타인의 토지에 식재한 수목이나 주유소 지하에 매설된 유류저장탱크는 토지에 부합된다.
⑥ 부합으로 인해 손해를 받은 자는 부당이득에 관한 규정에 의해 보상을 청구할 수 있다.
⑦ 다만, 매도인에게 소유권이 유보된 자재가 제3자와 매수인 사이에 이루어진 도급계약의 이행으로 제3자 소유 건물의 건축에 사용되어 부합된 경우에 제3자가 도급계약에 의하여 제공된 자재의 소유권이 유보된 사실에 관하여 과실 없이 알지 못한 경우라면 매도인으로시는 그에 관한 보상청구를 할 수 없다.

(2) **예 외**

① 타인이 정당한 권원에 의하여 부속시킨 물건은 부동산에 부합되지 않고 부속시킨 자의 소유로 남는다. 따라서 토지의 지상권이나 임차권 또는 사용대차권에 기하여 그 토지에 식재한 수목은 그 토지에 부합되지 않는다.
② 그러나 권원이 없는 자가 토지소유자의 승낙을 받음이 없이 그 임차인의 승낙만을 받아 그 부동산 위에 나무를 심었다면 토지소유자에 대하여 그 나무의 소유권을 주장할 수 없다(나무는 토지에 부합되어 토지소유자가 소유권을 취득한다).
③ 명인방법을 갖춘 수목이나 입목등기된 입목, 건물은 토지에 부합하지 않는다.
④ 타인의 토지에 권원 없이 농작물을 경작한 경우라도 토지소유권에 부합되지 않고 경작자의 소유에 속한다.

기출 OX

1. 부동산 간에도 부합이 인정될 수 있다. ( ) 제30회
2. 부동산에 부합된 동산의 가격이 부동산의 가격을 초과 하더라도 동산의 소유권은 원칙적으로 부동산의 소유자에게 귀속된다. ( ) 제30회
3. 적법한 권원 없이 타인의 토지에 식재한 수목의 소유권은 토지소유자에게 속한다. ( ) 제28회
4. 토지소유자와 사용대차계약을 맺은 사용차주가 자신 소유의 수목을 그 토지에 식재한 경우, 그 수목의 소유권자는 여전히 사용차주이다. ( ) 제30회
5. 토지임차인의 승낙만을 받아 임차 토지에 나무를 심은 사람은 다른 약정이 없으면 토지소유자에 대하여 그 나무의 소유권을 주장할 수 없다. ( ) 제29회
6. 정당한 권원에 의하여 타인의 토지에서 경작·재배하는 농작물은 토지에 부합한다. ( ) 제28회, 제29회
7. 건물임차인이 권원에 기하여 증축한 부분은 구조상·이용상 독립성이 없더라도 임차인의 소유에 속한다. ( ) 제28회
8. 건물에 부합된 증축부분이 경매절차에서 경매목적물로 평가되지 않은 때에는 매수인은 그 소유권을 취득하지 못한다. ( ) 제29회
9. 건물은 토지에 부합한다. ( ) 제29회
10. 부합으로 인하여 소유권을 상실한 자는 부당이득의 요건이 충족되는 경우에 보상을 청구할 수 있다. ( ) 제30회

◆ 정답
1. ○ 2. ○ 3. ○ 4. ○ 5. ○ 6. × 7. × 8. × 9. × 10. ○

테마 31 공유(共有)

1. 의의 및 공유의 지분

① 공유란 물건이 지분에 의하여 수인의 소유로 된 공동소유형태를 말한다.
② 공유지분은 1개의 소유권의 분량적 일부분으로 지분비율은 공유자의 의사표시나 법률의 규정에 의하여 결정된다. 다만, 지분비율이 불분명한 경우에는 지분은 균등한 것으로 추정된다.
③ 공유자는 다른 공유자의 동의 없이 자기의 공유지분을 자유로이 양도하거나 담보로 제공할 수 있다(지분처분의 자유).
④ 공유자가 그 지분을 포기하거나 또는 상속인 없이 사망한 경우 그 지분은 다른 공유자에게 각 지분의 비율로 귀속한다(국가에 귀속×). 다만, 공유자가 그 지분을 포기한 경우, 등기를 하여야 포기에 따른 물권변동의 효력이 발생한다.
⑤ 공유자는 자신의 지분에 관하여 단독으로 제3자의 취득시효를 중단시킬 수 있다.

2. 공유관계

(1) 공유물의 보존행위(현상·유지행위)

① 각자 단독으로 할 수 있다.
② 제3자가 공유물을 불법으로 점유·사용하고 있는 경우에 공유자 중 1인은 공유물보존행위로서 공유물전부의 반환을 청구할 수 있다.
③ 공유자의 1인은 당해 부동산에 관하여 제3자 명의로 원인무효의 소유권이전등기가 경료되어 있는 경우, 공유물에 관한 보존행위로서 제3자에 대하여 그 등기 전부의 말소를 구할 수 있다.
④ 그러나 공유자 1인의 보존권 행사 결과가 다른 공유자의 이해와 충돌하는 경우, 보존권 행사를 공유물의 보존행위로 볼 수 없다.
⑤ 불법점유자 또는 등기명의자를 상대로 손해배상이나 부당이득을 청구하는 경우에는 보존행위가 아니므로 각 공유자는 자신의 지분범위 내에서만 청구할 수 있다.
⑥ 공유자가 다른 공유자의 지분권을 대외적으로 주장하는 것은 공유물의 보존행위에 속하지 않는다. 즉, 甲의 지분에 관하여 제3자 명의로 원인무효의 등기가 이루어진 경우, 공유자인 乙은 공유물의 보존행위로 그 등기의 말소를 청구할 수 없다.

(2) 공유물의 관리(공유물을 사용·수익할 구체적 방법을 정하는 것)
① '지분'의 '과반수'로 결정(공유자의 과반수×)한다.
② 따라서 과반수지분의 공유자는 단독으로 관리에 관한 사항을 결정할 수 있으므로 과반수지분의 공유자가 그 공유부동산의 특정된 한 부분을 배타적으로 사용·수익하는 것은 공유물의 관리방법으로서 적법하다.
③ 또한 과반수지분의 공유자로부터 다시 그 특정부분의 사용·수익을 허락받은 제3자(예컨대 임차인)의 점유는 적법하므로 소수 지분의 공유자는 그 점유자에게 공유물의 인도나 점유배제를 구할 수 없고 부당이득의 반환도 청구할 수 없다.
④ 위 ②, ③의 경우, 소수 지분의 공유자는 과반수지분의 공유자에게 자기 지분의 범위 내에서 차임상당액을 부당이득으로 반환청구 할 수 있다.
⑤ 그러나 과반수지분권자라도 나대지에 새로이 건물을 건축하는 것은 관리의 범위를 넘은 것이므로 허용되지 않는다.
⑥ 공유물의 임대행위 및 그 임대차계약을 해지하는 행위는 공유물의 관리행위에 해당하므로 지분의 과반수로써 결정하여야 한다.
⑦ 공유자 간의 공유물에 대한 사용·수익·관리에 관한 특약은 공유자의 특정승계인에 대하여도 당연히 승계된다고 할 것이나, 공유지분의 본질적 부분을 침해한 경우에는 특별한 사정이 없는 한 특정승계인에게 당연히 승계된다고 볼 수 없다.
⑧ 위와 같은 특약 후에 공유자에 변경이 있고 특약을 변경할 만한 사정이 있는 경우에는 공유자의 지분의 과반수의 결정으로 기존 특약을 변경할 수 있다.

(3) 공유물의 처분·변경
① 공유자는 다른 공유자의 동의없이 공유물을 처분하거나 변경하지 못한다(공유자 전원의 동의).
② 따라서 대지 공유자 중 일부가 대지에 적법하게 건축된 건물을 소유하고 있는데 그 건물을 철거하게 하는 행위는 공유물인 대지의 변경에 해당하여 공유자 전원의 동의가 필요하다.

핵심 다지기

공유에 관한 법률관계 정리
1. 공유물을 사용(점유)·수익하는 경우
   ① 제3자가 공유물을 불법으로 점유·사용하고 있는 경우, 각 공유자는 그 지분에 기하여 단독으로 전부의 반환이나 방해의 제거를 청구할 수 있다.
   ② 소수지분권자(2분의 1지분권자 포함)가 목적물을 독점적으로 점유·사용하고 있는 경우 다른 소수지분권자는 공유물의 인도를 청구할 수 없고, 공유물에 대한 방해 상태를 제거하거나 공동 점유를 방해하는 행위의 금지 등을 청구할 수 있다.

③ 과반수 지분권자가 그 공유토지의 특정한 부분을 배타적으로 사용·수익하는 경우, 다른 공유자에 대한 관계에서 적법하다.
④ 과반수 지분의 공유자로 부터 사용·수익을 허락받은 점유자(임차인 등)가 점유·사용하는 경우, 다른 공유자에 대한 관계에서 적법하다.

2. **불법등기의 경우**
① 공유물에 관하여 제3자가 원인무효의 등기를 경료한 경우, 공유자 1인은 제3자에 대하여 그 등기 전부의 말소를 구할 수 있다.
② 甲의 지분에 관하여 제3자 명의로 원인무효의 등기가 이루어진 경우, 공유자인 乙은 공유물의 보존행위로 그 등기의 말소를 청구할 수 없다.
③ 공유자 중 1인이 공유부동산에 대하여 무단으로 자기 앞으로 소유권이전등기를 한 경우 등기된 공유자 지분 범위 내에서는 유효이므로 다른 공유자는 등기된 지분을 제외한 자기 지분에 관하여 말소를 청구할 수 있다(등기 전부의 말소×).
④ 공유자의 1인이 다른 공유자의 동의 없이 공유부동산을 처분하여 제3자 명의의 소유권이전등기가 경료된 경우, 처분한 공유자의 지분범위 내 유효이므로 공유자 1인은 그 등기 전부의 말소를 구할 수 없다.

(4) **공유물의 사용·수익 및 공유물에 대한 부담**
① 공유자는 공유물 전부를 지분의 비율로 사용·수익할 수 있다.
② 공유자는 지분 비율로 공유물의 관리비용 기타 의무를 부담한다. 공유자가 1년 이상 이러한 의무의 이행을 지체한 경우 다른 공유자는 상당한 가액으로 그의 지분을 매수할 수 있다.

3. 공유물 분할

(1) **분할의 자유와 제한**

① **공유물 분할의 자유**
㉠ 공유자는 언제든지 공유물의 분할을 청구할 수 있고, 다른 공유자는 분할에 관해 협의할 의무를 부담한다.
㉡ 또한 분할청구권은 언제나 행사할 수 있으며 소멸시효에 걸리지 않는다.

② **분할의 제한**
㉠ 분할금지특약: 공유자 사이의 계약에 의해 5년을 넘지 않는 한도에서 분할금지특약을 할 수 있으며, 이 계약은 갱신할 수 있으나 그 기간은 갱신한 날부터 5년을 넘지 못한다. 공유물이 부동산인 경우에는 분할금지약정을 등기하지 않으면 공유자의 특정승계인에게는 그 약정의 효력이 미치지 않는다.
㉡ 법률상 분할금지: 구분건물의 공용부분, 경계상의 경계표는 분할금지

(2) 분할의 방법

① **협의분할**
  ㉠ 협의에 의해 분할하는 경우, 분할방법에는 제한이 없다.
  ㉡ 구체적인 분할방법으로는 현물분할, 대금분할, 가액배상(공유자 1인이 공유물을 단독소유하고 나머지 공유자에게 가격으로 배상) 등이 있다.

② **재판상 분할**
  ㉠ 공유자간 분할의 협의가 성립되지 아니한 때에는 공유자는 다른 모든 공유자를 상대로 법원에 그 분할을 청구할 수 있다.
  ㉡ 공유자 사이에 이미 분할에 관한 협의가 성립된 경우에는 소로써 그 분할을 청구하거나 이미 제기한 공유물분할의 소를 유지함은 허용되지 않는다.
  ㉢ 분할의 방법은 현물분할이 원칙이나, 그것이 불가능하거나 현저히 가액이 감손될 염려가 있는 경우에 경매하여 그 대금을 분할할 수 있다.
  ㉣ 법원은 공유물분할을 청구하는 자가 구하는 방법에 구애받지 아니하고 자유로운 재량에 의해 제반상황에 따라 합리적인 분할을 하면 된다.
  ㉤ 토지를 현물분할함에 있어 일정한 요건이 갖추어진 경우에는 공유자 상호간에 금전으로 경제적 가치의 과부족을 조정하게 하여 분할을 하는 것도 현물분할의 한 방법으로 허용된다.
  ㉥ 여러 사람이 공유하는 물건을 현물분할하는 경우에는 분할을 원하지 않는 나머지 공유자는 공유로 남겨 두는 방법도 허용된다.
  ㉦ 그러나 공유물분할을 청구한 공유자의 지분 한도 안에서는 공유물을 분할함으로써 공유관계를 해소하고 단독소유권을 인정하여야 한다.
  ㉧ 따라서 분할청구자 지분의 일부에 대하여만 공유물 분할을 명하고 일부 지분에 대하여는 이를 분할하지 아니하거나, 공유물의 지분비율만을 조정하는 등의 방법으로 공유관계를 유지하도록 하는 것은 허용될 수 없다.

③ **공유자 전원의 참여**: 협의분할이든 재판상 분할이든 반드시 공유자 전원이 참가해야 한다. 공유자 전원이 분할절차에 참가하지 않은 공유물분할은 무효이다.

(3) 분할의 효과

① 분할로 공유관계는 종료되는데, 분할의 효과는 협의분할은 등기시에 발생하고 재판상 분할은 판결확정시에 발생한다(공유물분할판결은 형성판결).
② 공유자는 다른 공유자가 분할로 인하여 취득한 물건에 대하여 그 지분의 비율로 매도인과 동일한 담보책임이 있다.
③ 부동산의 공유지분 위에 근저당권이 설정된 후 공유 부동산이 분할된 경우 공유물분할이 된 뒤에도 종전의 지분비율대로 공유물 전부 위에 그대로 존속하고 근저당권설정자 앞으로 분할된 부분에 당연히 집중되는 것은 아니다.

기출 OX

1. 공유자 중 1인이 공유토지에 대한 자신의 지분을 포기한 경우, 그의 지분은 다른 공유자들에게 균등한 비율로 귀속된다. (   ) 제30회, 제31회, 제32회, 제33회, 제36회

2. 공유자 중 1인은 단독으로 자신의 지분에 관한 제3자의 취득시효를 중단시킬 수 없다. (   ) 제31회, 제35회

3. 소수지분권자는 특별한 사정이 없는 한 공유토지를 배타적으로 점유하는 다른 소수지분권자에게 보존행위로서 공유토지의 인도를 청구할 수 없다. (   ) 제27회, 제31회, 제32회, 제36회

4. 제3자가 2/3지분권자로부터 공유물의 특정부분의 사용·수익을 허락받아 점유하는 경우, 다른 1/3지분권자는 제3자를 상대로 그 토지부분의 반환을 청구할 수 있다. (   ) 제26회, 제27회, 제28회

5. 소수지분권자가 과반수지분권자와 협의 없이 공유토지를 제3자에게 임대한 경우, 과반수지분권자는 제3자에게 토지의 인도를 청구할 수 있다. (   ) 제28회

6. 과반수지분권자가 단독으로 공유토지를 임대한 경우, 소수지분권자는 과반수지분권자에게 부당이득반환을 청구할 수 없다. (   ) 제30회

7. 과반수지분권자가 다른 공유자와 협의 없이 공유토지를 제3자에게 임대한 경우, 제3자는 다른 공유자에게 차임 상당액을 부당이득으로 반환할 의무가 없다. (   ) 제28회

8. 소수지분권자가 단독으로 제3자에게 공유토지를 임대한 경우, 다른 공유자는 제3자에게 부당이득반환을 청구할 수 있다. (   ) 제31회

9. 과반수지분권자는 다른 공유자의 동의 없이 공유물인 나대지에 건물을 신축할 수 없다. (   ) 제26회, 제31회, 제32회

10. 공유자 전원이 임대인으로 되어 공유물을 임대한 경우, 그 임대차계약을 해지하는 것은 특별한 사정이 없는 한 공유물의 보존행위이다. (   ) 제30회

11. 공유자들이 공유토지의 관리에 관한 특약을 한 경우, 그 특약은 특별한 사정이 없는 한 그들의 특정승계인에게도 효력이 미친다. (   ) 제32회

12. 공유지분권을 본질적 부분을 침해한 공유물의 관리에 관한 특약은 공유지분의 특정승계인에게 효력이 미친다. (   ) 제27회

13. 2/5지분권자는 3/5지분권자와의 협의 없이 공유토지 면적의 2/5에 해당하는 특정 부분을 배타적으로 사용·수익할 수 있다. (   ) 제28회

14. 부동산 공유자 중 1인은 공유물에 관한 보존행위로서 그 공유물에 마쳐진 제3자 명의의 원인무효등기 전부의 말소를 구할 수 없다. (   ) 제26회, 제28회

15. 2/3지분권자가 부정한 방법으로 공유물에 관한 소유권이전등기를 자기의 단독명의로 행한 경우, 1/3지분권자는 자신의 지분에 관하여 그 등기의 말소를 청구할 수 있다. (   ) 제26회, 제30회

16. 제3자가 공유물 위에 무단으로 건물을 신축한 경우, 공유자는 특별한 사유가 없는 한 자신의 지분에 대응하는 비율의 한도 내에서만 제3자를 상대로 손해배상을 청구할 수 있다. (   ) 제26회

17. 공유자는 공유물 전부를 지분의 비율로 사용·수익할 수 있다. ( ) 제35회
18. 재판상 분할에서 분할을 원하는 공유자의 지분만큼은 현물분할하고, 분할을 원하지 않는 공유자는 계속 공유로 남게 할 수 있다. ( ) 제35회
19. 토지의 협의분할은 등기를 마치면 그 등기가 접수된 때 물권변동의 효력이 있다. ( ) 제35회
20. 공유자 사이에 이미 분할협의가 성립하였는데 일부 공유자가 분할에 따른 이전등기에 협조하지 않은 경우, 공유물분할소송을 제기할 수 없다. ( ) 제35회
21. 공유자는 다른 공유자가 분할로 인하여 취득한 물건에 대하여 그 지분의 비율로 매도인과 동일한 담보책임이 있다. ( ) 제35회
22. 공유물분할금지의 약정은 갱신할 수 있다. ( ) 제29회
23. 공유자의 1인이 그 지분에 저당권을 설정한 후 공유물이 분할된 경우, 다른 약정이 없으면 저당권은 저당권설정자 앞으로 분할된 부분에 집중된다. ( ) 제29회

◆ 정답
1. × 2. × 3. ○ 4. × 5. ○ 6. × 7. ○ 8. ○ 9. ○ 10. × 11. ○ 12. ○ 13. × 14. ×
15. ○ 16. ○ 17. ○ 18. ○ 19. ○ 20. ○ 21. ○ 22. ○ 23. ×

테마 32 합유와 총유

1. 합 유

(1) **의의**: 수인의 조합체로서 물건을 소유하는 때에는 합유로 한다.

(2) **합유지분**

① 합유자의 권리, 즉 합유지분은 합유물 전부에 미친다.
② 합유자는 전원의 동의없이 합유물에 대한 지분을 처분하지 못한다.
③ 합유자 중 일부가 사망한 경우 특별한 약정이 없는 한 상속인은 합유자로서의 지위를 승계하는 것이 아니므로 해당 부동산은 잔존 합유자의 합유로 귀속된다.
④ 합유지분 포기가 적법하다면 그 포기된 합유지분은 나머지 잔존 합유지분권자들에게 균분으로 귀속하게 되지만 이는 등기하여야 효력이 있다.

(3) **합유관계**(합유물)

① 부동산을 합유하는 경우에는 등기부에 합유자의 명의를 모두 기재하고 합유라는 취지를 기재해야 한다(합유지분은 등기×). 따라서 합유재산을 합유자의 1인 명의로 한 소유권보존등기는 원인무효의 등기이다.

② 합유물을 처분 또는 변경함에는 합유자 전원의 동의가 있어야 한다. 그러나 보존행위는 각자가 할 수 있으므로, 합유물에 관하여 경료된 원인무효의 소유권이전등기의 말소를 구하는 소송은 합유물에 관한 보존행위로서 합유자 각자가 할 수 있다.
③ 합유자는 합유물의 분할을 청구하지 못한다. 다만, 합유가 종료되면 공유물분할 규정에 따라 합유물을 분할할 수 있다.
④ 합유는 조합체의 해산 또는 합유물의 양도로 인하여 종료한다.

2. 총 유

① 법인 아닌 사단(종중, 교회)의 사원이 집합체로서 물건을 소유하는 경우이다.
② 총유에는 지분이 없다.
③ 총유물의 관리 및 처분뿐만 아니라 총유물의 보존에 있어서도 사원총회의 결의에 의한다.
④ 각사원은 정관 기타의 규약에 좇아 총유물을 사용, 수익할 수 있다.

기출 OX

1. 합유자의 권리는 합유물 전부에 미친다. (   ) 제34회, 제36회
2. 합유자는 다른 합유자의 동의 없이 합유지분을 처분할 수 있다. (   ) 제29회, 제34회, 제36회
3. 합유자 중 1인은 다른 합유자의 동의 없이 자신의 지분을 단독으로 제3자에게 유효하게 매도할 수 있다. (   ) 제33회
4. 합유자 중 1인이 사망하면 그의 상속인이 합유자의 지위를 승계한다.
(   ) 제27회, 제29회, 제34회
5. 합유재산에 관하여 합유자 중 1인이 임의로 자기 단독명의의 소유권보존등기를 한 경우, 자신의 지분 범위 내에서는 유효한 등기이다. (   ) 제27회
6. 부동산에 관한 합유지분의 포기는 등기하여야 효력이 생긴다. (   ) 제27회, 제36회
7. 합유물의 보존행위는 합유자 각자가 할 수 있다. (   ) 제27회, 제34회
8. 합유물에 관하여 경료된 원인 무효의 소유권이전등기의 말소를 구하는 소는 합유자 각자가 제기할 수 있다. (   ) 제33회
9. 합유자는 합유물의 분할을 청구하지 못한다. (   ) 제34회, 제36회
10. 조합체의 해산으로 인하여 합유는 종료한다. (   ) 제27회
11. 비법인사단의 사원은 단독으로 총유물의 보존행위를 할 수 있다. (   ) 제29회

◆ 정답
1. ○ 2. × 3. × 4. × 5. × 6. ○ 7. ○ 8. ○ 9. ○ 10. ○ 11. ×

Chapter 04 용익물권

테마 33 지상권

1. 서 설

① 지상권이란 타인소유의 토지에서 건물 기타 공작물이나 수목을 소유하기 위하여 그 토지를 사용하는 권리를 말한다.
② 지료의 지급은 지상권 성립의 요소가 아니다. 따라서 무상의 지상권도 가능하다.
③ 지상권설정계약 당시 건물 기타의 공작물이나 수목이 없더라도 지상권은 유효하게 성립할 수 있고, 기존의 건물, 공작물이나 수목이 멸실하더라도 지상권은 계속 존속할 수 있다.
④ 부동산의 소유자가 아닌 자라도 지상권설정계약을 체결할 수 있다.

2. 지상권의 존속기간

(1) 존속기간을 약정하는 경우

① **최단존속기간의 제한**: 계약으로 지상권의 존속기간을 정하는 경우에는 그 기간은 다음 기간보다 단축하지 못한다.
  ㉠ 석조 등 견고한 건물이나 수목의 소유를 목적으로 하는 경우에는 30년
  ㉡ 견고한 건물 이외의 건물의 소유를 목적으로 하는 경우에는 15년
  ㉢ 건물 이외의 공작물의 소유를 목적으로 하는 경우에는 5년
② 최단존속기간보다 단축한 기간을 정한 때에는 최단기간까지 연장한다.
③ 최단기간에 관한 규정은 지상권자가 기존의 건물을 '사용'할 목적으로 지상권을 설정한 경우에는 그 적용이 없다.
④ 영구무한의 지상권설정도 가능하다.

(2) 기간을 정하지 않은 경우

① 지상물의 종류와 구조에 따라 최단존속기간(30년, 15년, 5년)으로 본다.
② 공작물의 종류와 구조를 정하지 아니한 경우에는 15년으로 본다.
③ 다만, 수목의 소유를 목적으로 하는 지상권은 언제나 30년이다.

3. 지상권의 효력

(1) 지상권자의 토지사용권

① 지상권은 대항력이 있으므로 지상권이 설정된 토지를 양수한 자는 지상권자에게 그 토지의 인도를 청구할 수 없다.
② 상린관계 규정이 준용되므로 지상권자가 직접 상린관계를 주장할 수 있다.
③ 지상권에 기한 물권적 청구권과 점유권에 기한 물권적 청구권이 인정된다.

> **넓혀 보기**
>
> **지상권을 설정한 토지소유자의 지위**
> 지상권을 설정한 토지소유권자는 불법점유자에 대하여 방해배제를 구할 수 있는 물권적 청구권을 행사할 수 있다. 그러나 지상권을 설정한 토지소유권자는 지상권이 존속하는 한 토지를 사용·수익할 수 없으므로 특별한 사정이 없는 한 불법점유자에게 임료 상당의 손해배상을 청구할 수 없다.

(2) 지상권 처분의 자유(절대적 보장)

① 지상권의 양도를 금지하는 특약은 무효이며, 지상권자는 지상권설정자의 의사에 반하여도 지상권의 존속기간 내에서 양도·임대할 수 있다.
② 지상권자는 지상물소유권만을 양도할 수도 있고, 지상권만을 양도할 수도 있다. 따라서 지상권자와 그 지상물의 소유권자가 반드시 일치하여야 하는 것은 아니다.
③ 지상권자는 지상권설정자의 동의가 없더라도 자신의 지상권 위에 저당권을 설정할 수 있다. 이때 지상권자는 저당권자의 동의 없이 지상권을 소멸하는 행위를 하지 못한다.

(3) 지료지급

① 지료지급은 지상권의 성립요소는 아니지만 지료약정이 있는 경우 이를 등기하여야 제3자에게 대항할 수 있고, 지료에 대하여 등기되지 않은 경우에는 지상권을 양수한 자에게 지료증액청구권도 발생할 수 없다.
② 지상권자가 2년 이상의 지료를 지급하지 아니한 때에는 지상권설정자는 지상권의 소멸을 청구할 수 있다.
③ 지상권자의 지료지급 연체가 토지소유권의 양도 전후에 이루어진 경우 토지양수인에 대한 연체기간이 2년이 되어야 토지양수인은 지상권소멸청구를 할 수 있다.
④ 법정지상권에 관한 지료가 결정된 바 없다면, 법정지상권자가 2년 이상의 지료를 지급하지 않았음을 이유로 토지소유자는 지상권소멸청구를 할 수 없다.
⑤ 지상권이 저당권의 목적인 때 또는 그 토지에 있는 건물, 수목이 저당권의 목적이 된 때에는 지료체납을 이유로 한 지상권소멸청구는 저당권자에게 통지한 후 상당한 기간이 경과함으로써 그 효력이 생긴다.

4. 지상권 소멸의 효과

(1) **지상권자의 지상물수거의무와 지상권설정자의 지상물매수청구권**
① 지상권이 소멸한 때에는 지상권자는 건물 기타 공작물이나 수목을 수거하여 토지를 원상에 회복하여야 한다.
② 지상권설정자가 상당한 가액을 제공하여 그 공작물이나 수목의 매수를 청구한 때에는 지상권자는 정당한 이유없이 이를 거절하지 못한다.

(2) **지상권자의 갱신청구권과 매수청구권**
① 지상권이 소멸한 경우에 건물 기타 공작물이나 수목이 현존한 때에는 지상권자는 계약의 갱신을 청구할 수 있다(청구권).
② 지상권설정자가 계약의 갱신을 원하지 아니하는 때에는 지상권자는 상당한 가액으로 매수를 청구할 수 있다(형성권).
③ 지상권자의 의무위반(2년 이상 지료연체)으로 소멸한 경우에는 인정되지 않는다.
④ 지상권갱신청구권의 행사는 지상권의 존속기간 만료 후 지체 없이 하여야 한다. 따라서 지상권의 존속기간 만료 후 지체 없이 행사하지 아니하여 지상권갱신청구권이 소멸한 경우에는 지상물매수청구권은 발생하지 않는다.

5. 담보지상권

① 토지에 관하여 저당권을 취득함과 아울러 그 저당권의 담보가치를 확보하기 위하여 지상권을 취득하는 경우, 이를 담보지상권이라 한다.
② 제3자가 저당권의 목적인 토지 위에 건물을 신축하는 경우, 지상권자는 그 방해배제청구로서 신축중인 건물의 철거와 대지의 인도를 구할 수 있다.
③ 담보지상권자는 지상권의 목적 토지를 점유, 사용함으로써 임료 상당의 이익이나 기타 소득을 얻을 수 있었다고 보기 어려우므로, 무단점유자에 대하여 별도로 지상권 자체의 침해를 이유로 임료 상당 손해배상을 구할 수 없다(단, 담보가치 감소로 인한 손해배상청구는 가능).
④ 담보지상권은 담보가치 유지를 위한 것이지만 담보물권은 아니므로 그 피담보채무의 범위 확인을 구하는 청구는 할 수 없다.
⑤ 피담보채권의 변제 등으로 담보권이 소멸하면 지상권도 함께 소멸한다.

6. 특수지상권

(1) 구분지상권

① 타인의 토지의 지하 또는 지상의 공간에 상하의 범위를 정하여 건물 기타 공작물을 소유하기 위한 지상권을 말한다(구분지상권은 수목소유는 불가능).
② 토지에 대하여 이미 제3자의 다른 권리(지상권·지역권·전세권)가 있을 때에는 그 권리자 전원의 승낙을 얻어서 구분지상권을 설정할 수 있다.

(2) 분묘기지권

① 타인의 토지에 분묘를 수호하고 봉제사하는 목적을 달성하는 데 필요한 범위 내에서 타인의 토지를 사용할 수 있는 관습법상 권리를 말한다(등기대상×).
② 봉분 + 시신의 경우 인정, 따라서 평장(平葬), 가묘(假墓)는 인정되지 않는다.
③ 분묘기지권을 시효로 취득한 경우 토지소유자가 토지의 사용대가를 청구하면, 그 때부터 지료지급의무를 부담한다.
④ 다만, 자기토지에 분묘를 설치한 사람이 분묘이장의 특약 없이 그 토지를 양도하면서 분묘기지권을 취득한 경우, 분묘기지권자는 분묘기지권이 성립한 때부터 지료를 지급할 의무가 있다.
⑤ 토지소유자의 승낙을 얻어 분묘를 설치함으로써 분묘기지권을 취득한 경우, 설치할 당시 토지소유자와 분묘기지권자가 지료 지급의무의 존부나 범위 등에 관하여 약정을 하였다면 그 약정의 효력은 그 토지의 승계인에 대하여도 미친다.
⑥ 분묘기지권은 기존의 분묘 이외에 새로운 분묘를 설치할 권능을 포함하지 아니한다.
⑦ 분묘기지권의 존속기간은 당사자 사이의 약정이 있으면 그에 따르며, 그러한 사정이 없는 경우에는 그 분묘가 존속하고 있는 동안 존속하는 것으로 해석한다.
⑧ 분묘기지권은 이를 포기하겠다는 의사표시를 함으로 인하여 소멸되고, 점유까지 포기할 필요는 없다.

기출 OX

1. 기존 건물의 소유를 목적으로 설정된 지상권은 그 건물이 멸실되면 소멸한다.
   ( ) 제36회
2. 지상권자는 지상권설정자의 의사에 반하여 제3자에게 지상권을 양도할 수 없다.
   ( ) 제26회, 제28회
3. 지상권설정계약 당시 건물 기타 공작물이 없더라도 지상권은 유효하게 성립할 수 있다.
   ( ) 제28회
4. 지상의 공간은 상하의 범위를 정하여 공작물을 소유하기 위한 지상권의 목적으로 할 수 있다. ( ) 제28회

5. 지상권자는 그가 지상권의 목적인 토지에 신축한 건물의 소유권을 유보하여 지상권을 양도할 수 있다. (   ) 제29회, 제34회

6. 지료를 연체한 지상권자가 제3자에게 지상권을 양도한 경우, 지상권설정자는 지료약정이 등기된 때에만 연체사실로 제3자에게 대항할 수 있다. (   ) 제29회

7. 지료체납 중 토지소유권이 양도된 경우, 양도 전·후를 통산하여 2년에 이르면 지상권소멸청구를 할 수 있다. (   ) 제29회, 제31회, 제32회

8. 지상권이 저당권의 목적인 경우 지료연체를 이유로 한 지상권소멸청구는 저당권자에게 통지하면 즉시 그 효력이 생긴다. (   ) 제28회, 제29회, 제36회

9. 기간만료로 지상권이 소멸하면 지상권자는 갱신청구권을 행사할 수 있다.
(   ) 제26회, 제31회

10. 지상권의 소멸시 지상권설정자가 상당한 가액을 제공하여 공작물 등의 매수를 청구한 때에는 지상권자는 정당한 이유 없이 이를 거절하지 못한다. (   ) 제28회

11. 채권담보를 위하여 토지에 저당권과 함께 무상의 담보지상권을 취득한 채권자는 특별한 사정이 없는 한 제3자가 토지를 불법점유하더라도 임료 상당의 손해배상청구를 할 수 없다. (   ) 제31회

12. 담보지상권의 경우, 토지소유자가 지상권의 목적인 토지에 건물의 축조로 토지의 교환가치가 피담보채권액 미만으로 하락하면 지상권자는 토지소유자에게 저당권침해를 이유로 손해배상을 청구할 수 있다. (   ) 제30회

13. 담보지상권은 담보물권이므로 그 피담보채무의 범위 확인을 구하는 청구는 적법하다.
(   ) 제30회

14. 담보목적의 지상권이 설정된 경우 피담보채권이 변제로 소멸하면 그 지상권도 소멸한다.
(   ) 제30회, 제32회, 제36회

15. 분묘기지권을 시효취득한 자는 토지소유자가 지료를 청구한 날 부터의 지료를 지급할 의무가 있다. (   ) 제32회

16. 분묘기지권은 봉분 등 외부에서 분묘의 존재를 인식할 수 있는 형태를 갖추고 등기하여야 성립한다. (   ) 제35회

17. 토지소유자의 승낙을 얻어 분묘를 설치함으로써 분묘기지권을 취득한 경우, 설치할 당시 토지소유자와의 합의에 의하여 정한 지료지급 의무의 존부나 범위의 효력은 그 토지의 승계인에게는 미치지 않는다. (   ) 제35회

18. 자기 소유 토지에 분묘를 설치한 사람이 그 토지를 양도하면서 분묘를 이장하겠다는 특약을 하지 않음으로써 분묘기지권을 취득한 경우, 분묘기지권자는 특별한 사정이 없는 한 분묘기지권이 성립한 때부터 지료를 지급할 의무가 있다. (   ) 제35회

◆ 정답
1. × 2. × 3. ○ 4. ○ 5. ○ 6. ○ 7. × 8. × 9. ○ 10. ○ 11. ○ 12. ○ 13. × 14. ○
15. ○ 16. × 17. × 18. ○

테마 34 | 법정지상권

1. 의 의

토지와 건물이 동일한 소유자에 속하였다가 나중에 토지와 건물의 소유자가 달라지게 되는 경우, 일정한 요건 하에 건물소유자를 위하여 당연히 인정되는 지상권을 말한다.

2. 저당권 실행으로 인한 법정지상권(제366조)

(1) **의 의**

① 동일인 소유인 토지와 건물 중 어느 하나에 또는 양쪽 모두에 설정된 저당권의 실행으로 토지와 건물의 소유자가 달라진 때에 당연히 인정되는 지상권을 말한다(제366조).
② 제366조는 강행규정이므로 법정지상권을 배제하는 특약은 무효이다.

(2) **성립요건**

① 저당권 설정당시 건물이 존재하고 또한 토지와 건물의 소유자가 동일하여야 한다.
② 그 후 저당권실행으로 토지와 건물의 소유자가 달라져야 한다.

(3) **성립여부**

성 립	불성립
① 무허가건물, 미등기건물도 가능	① 가설건축물은 건물의 요건을 갖추지 못하여 법정지상권 성립×
② 저당권설정 당시 토지와 건물이 동일인 소유였다가 그 후 저당권의 실행으로 토지가 매각되기 전에 건물이 제3자에게 양도된 경우	② 나대지(건물 없는 토지)에 저당권을 설정한 후 건물이 신축되었고 그 후 저당권이 실행된 경우
③ 저당권설정당시 건물이 건축 중이었고 건물의 규모·종류가 외형상 예상할 수 있는 정도까지 건축이 진전되어 있는 경우	③ 미등기건물을 대지와 함께 양수한 자가 그 대지에 관해서만 이전등기를 한 후 대지에 대하여 저당권설정 후 실행된 경우
④ 건물과 토지 중 토지에만 저당권설정 후 건물을 개축·증축·재축·신축한 경우(법정지상권의 범위와 내용은 구 건물기준으로 결정)	④ 동일인 소유에 속하는 건물 및 토지에 '공동저당권'이 설정된 후 그 지상건물이 철거되고 신축된 경우

3. 관습법상 법정지상권

(1) 의 의
토지와 건물이 동일인소유에 속하였다가 그 중 어느 하나가 매매, 증여 기타의 원인으로 양자의 소유자가 다르게 된 때, 그 건물을 철거한다는 등의 특약이 없는 한 관습법상 건물소유자에게 당연히 인정되는 지상권을 말한다.

(2) 성립요건
① **토지와 건물이 처분당시 동일인의 소유에 속할 것**
  ㉠ 처음부터 동일인의 소유에 속하였을 필요는 없고, 그 소유권이 유효하게 변동될 당시에 동일인이 토지와 그 지상 건물을 소유하였던 것으로 족하다.
  ㉡ 동일인에게 속하였는지 판단시기: 강제경매로 소유자가 달라지는 경우에는 가압류 또는 압류의 효력이 발생하는 때를 기준으로 토지와 그 지상 건물이 동일인에 속하였는지를 판단하여야 한다(매각대금 완납시×).
② 매매 기타의 원인(교환, 증여, 강제경매, 공유물분할 등)으로 소유자가 달라질 것 → 단, 환지처분은 성립×
③ **당사자 사이에 건물을 철거한다는 특약이 없을 것**
  ㉠ 토지와 건물의 소유자가 토지만을 타인에게 증여한 후 구건물을 철거하되 그 지상에 자신의 이름으로 건물을 다시 신축하기로 합의한 경우 → 관습법상의 법정지상권 배제효력×(법정지상권 취득○)
  ㉡ 대지상의 건물만을 매수하면서 대지에 대한 임대차계약을 체결 → 관습법상 법정지상권 포기○

(3) 관습법상 법정지상권 성립여부

성 립	불성립
① 무허가건물, 미등기건물도 가능 ② 처음에는 토지와 건물의 소유자가 달랐으나 처분 당시에 동일인이 토지와 그 지상 건물을 소유하였다가 처분으로 달라진 경우 ③ 토지와 건물의 소유자가 토지만을 타인에게 증여한 후 구건물을 철거하되 그 지상에 자신의 이름으로 건물을 다시 신축하기로 합의한 경우	① 나대지상에 환매특약의 등기 후에 대지 소유자가 그 지상에 건물을 신축하고 환매권을 행사한 경우 ② 대지와 건물이 함께 동일인에게 매도되었으나 대지에 대해서만 매수인 명의로 이전등기가 경료된 경우 ③ 乙이 甲의 승낙을 얻어 甲소유의 토지 위에 건물을 신축한 후, 丙에게 위 건물을 매도하고 그 소유권이전등기를 경료해준 경우 ④ 동일인에게 소유권귀속이 원인무효로 이루어졌다가 나중에 등기가 말소됨으로써 건물과 토지의 소유자가 달라지게 된 경우

4. (관습법상) 법정지상권의 효과

(1) 취득 및 양도

법정지상권은 법률규정에 의한 물권변동이므로 등기를 하지 않아도 성립하나, 법정지상권자가 그 지상권을 처분하려면 지상권취득의 등기를 해야 한다.

(2) 지 료

지료는 당사자의 협의에 의하고, 협의가 성립하지 않으면 신청에 의하여 법원이 결정한다. 이러한 방법으로 지료가 결정되지 않았다면, 2년 이상의 지료연체를 이유로 지상권소멸청구를 할 수 없다.

5. (관습법상) 법정지상권 성립 후 법률관계

(1) 토지가 양도된 경우

토지를 전득한 제3자에 대하여도 등기 없이 법정지상권을 주장할 수 있고, 지상권설정등기를 청구할 수 있다.

(2) 건물이 양도된 경우

① 지상권이 붙은 건물양수인은 법정지상권의 이전등기를 하지 않는 한 건물의 소유권을 취득한 사실만으로는 법정지상권을 취득하지 못한다.
② 법정지상권이 붙은 건물의 양수인은 법정지상권에 대한 등기를 하지 않았다 하더라도 법정지상권자인 양도인의 갱신청구권을 대위 행사할 수 있다.
③ 토지소유자는 건물양수인에 대하여 건물의 철거 및 토지인도를 청구할 수 없다.
④ 토지소유자는 건물양수인에 대하여 불법행위에 기한 손해배상청구는 할 수 없으나, 부당이득반환청구는 가능하다.
⑤ 다만, 경매로 건물을 취득한 경우에는 법정지상권에 대한 등기를 갖추지 않아도 지상권을 취득한다.

기출 OX

1. 乙 소유의 토지 위에 乙의 승낙을 얻어 신축한 丙 소유의 건물을 甲이 매수한 경우, 관습법상 법정지상권이 성립한다. (   ) 제33회
2. 乙 소유의 토지 위에 甲과 乙이 건물을 공유하면서 토지에만 저당권을 설정하였다가, 그 실행을 위한 경매로 丙이 토지소유권을 취득한 경우, 법정지상권이 성립한다. (   ) 제33회
3. 甲이 乙로부터 乙 소유의 미등기건물과 그 대지를 함께 매수하고 대지에 관해서만 소유권 이전등기를 한 후, 건물에 대한 등기 전 설정된 저당권에 의해 대지가 경매되어 丙이 토지소유권을 취득한 경우, 법정지상권이 성립한다. (   ) 제33회
4. 토지에 관한 저당권설정 당시 해당 토지에 일시사용을 위한 가설건축물이 존재하였던 경우, 법정지상권은 성립하지 않는다. (   ) 제35회, 제36회
5. 토지에 관한 저당권설정 당시 존재하였던 건물이 무허가건물인 경우, 법정지상권은 성립하지 않는다. (   ) 제35회, 제36회
6. 지상건물이 없는 토지에 저당권을 설정받으면서 저당권자가 신축 개시 전에 건축을 동의한 경우, 법정지상권은 성립하지 않는다. (   ) 제35회
7. 토지 또는 그 지상건물이 경매된 경우, 매각대금 완납시를 기준으로 토지와 건물의 동일인 소유 여부를 판단한다. (   ) 제29회
8. 관습상의 법정지상권이 성립된 후 토지소유자가 제3자에게 토지를 양도한 경우, 관습상의 법정지상권은 토지의 양수인에게는 등기를 하여야 관습상의 법정지상권을 주장할 수 있다. (   ) 제28회, 제36회
9. 법정지상권자가 지상건물을 제3자에게 양도한 경우, 제3자는 그 건물과 함께 법정지상권을 당연히 취득한다. (   ) 제29회, 제36회
10. 법정지상권이 성립한 토지의 소유자의 법정지상권이 있는 건물을 양수한 사람에 대한 건물철거 및 토지인도청구는 신의성실상의 원칙상 허용될 수 없다. (   ) 제28회
11. 법정지상권이 성립한 토지의 소유자의 법정지상권이 있는 건물을 양수한 사람에 대하여 부당이득반환청구를 할 수 있다. (   ) 제28회
12. 건물을 위한 법정지상권이 성립한 경우, 그 건물에 대한 저당권이 실행되면 경락인은 등기하여야 법정지상권을 취득한다. (   ) 제28회, 제29회

정답
1. × 2. ○ 3. × 4. ○ 5. × 6. ○ 7. × 8. × 9. × 10. ○ 11. ○ 12. ×

테마 35 지역권

1. 의 의

① 일정한 목적을 위하여 타인의 토지를 자기 토지의 편익에 이용하는 권리를 말한다.
② 지역권은 유상, 무상 가능하다. 지역권의 존속기간은 규정이 없으며 영구무한도 가능하다.
③ 편익을 받는 토지를 요역지라 하고, 편익을 주는 토지를 승역지라 한다.
④ 요역지는 반드시 1필지 전부이어야 하므로 토지의 일부를 위한 지역권은 인정되지 않으나, 승역지는 1필지 일부라도 무방하므로 1필의 토지의 일부에도 지역권을 설정할 수 있다.
⑤ 어느 토지에 대하여 통행지역권을 주장하려면 그 토지의 통행으로 편익을 얻는 요역지가 있음을 주장·증명해야 한다.
⑥ 지상권자나 전세권자도 그 토지를 위하여 또는 그 토지 위에 지역권을 설정할 수 있다.

2. 지역권의 성질

(1) 부종성, 수반성

① 지역권은 요역지와 분리하여 양도하거나 다른 권리(저당권)의 목적으로 하지 못한다.
② 지역권은 요역지 소유권에 부종하여 이전하며 또한 요역지에 대한 소유권 이외의 권리의 목적이 된다. 그러나 다른 특약이 있으면 그 약정에 의한다.

(2) 불가분성

① 공유자의 1인이 지역권을 취득한 때에는 다른 공유자도 이를 취득한다.
② 토지공유자의 1인은 지분에 관하여 그 토지를 위한 지역권 또는 그 토지가 부담한 지역권을 소멸하게 하지 못한다.
③ 요역지가 수인의 공유인 경우에 그 1인에 의한 지역권 소멸시효의 중단 또는 정지는 다른 공유자를 위하여 효력이 있다.
④ 점유로 인한 지역권의 취득시효의 중단은 지역권을 행사하는 모든 공유자에 대한 사유가 아니면 그 효력이 없다.
⑤ 토지의 분할이나 토지의 일부양도의 경우에는 지역권은 요역지의 각 부분을 위하여 또는 그 승역지의 각 부분에 존속한다.

3. 지역권의 시효취득

① 지역권은 계속되고 표현된 것에 한하여 시효취득할 수 있다.
② 통행지역권을 시효취득하기 위해서는 스스로 승역지상에 '통로'를 개설하여 승역지를 항시 사용하고 있는 객관적 사실이 계속되어야 한다.
③ 통행지역권을 취득시효한 경우에 그 '지료'는 요건이 아니지만, 요역지 소유자는 승역지 소유자가 입은 손해를 보상하여야 한다.
④ 토지의 불법점유자는 주위토지통행권이나 통행지역권을 취득할 수 없다.

4. 지역권의 효력

(1) 공작물의 공동사용

승역지의 소유자는 지역권의 행사를 방해하지 아니하는 범위 내에서 지역권자가 지역권의 행사를 위하여 승역지에 설치한 공작물을 사용할 수 있다. 이 경우에 승역지의 소유자는 수익정도의 비율로 공작물의 설치, 보존의 비용을 분담하여야 한다.

(2) 용수지역권

① 용수승역지의 수량이 요역지 및 승역지의 수요에 부족한 때에는 그 수요정도에 의하여 먼저 가용(家用)에 공급하고 다른 용도에 공급하여야 한다(임의규정).
② 승역지에 수 개의 용수지역권이 설정된 때에는 후순위의 지역권자는 선순위의 지역권자의 용수를 방해하지 못한다.

(3) 승역지소유자의 의무와 승계

① 계약에 의하여 승역지 소유자가 지역권 행사를 위하여 공작물의 설치 또는 수선의 의무를 부담한 때에는 승역지의 특별승계인도 그 의무를 부담한다.
② 승역지의 소유자는 지역권에 필요한 부분의 토지소유권을 지역권자에게 위기(委棄)하여 위 부담을 면할 수 있다.

(4) 물권적 청구권

지역권에 기한 반환청구권은 인정되지 않고, 방해배제청구권과 방해예방청구권만이 인정된다.

기출 OX

1. 통행지역권을 주장하는 사람은 통행으로 편익을 얻는 요역지가 있음을 주장·증명하여야 한다. (   ) 제29회, 제31회, 제34회
2. 1필의 토지 일부를 승역지로 하여 지역권을 설정할 수 있다. (   ) 제26회
3. 1필의 토지의 일부에는 지역권을 설정할 수 없다. (   ) 제32회
4. 요역지는 1필의 토지여야 한다. (   ) 제30회, 제33회
5. 요역지의 지상권자는 자신의 용익권 범위 내에서 지역권을 행사할 수 있다. (   ) 제30회, 제28회
6. 지역권은 요역지와 분리하여 양도하거나 다른 권리의 목적으로 하지 못한다. (   ) 제26회, 제27회, 제29회, 제32회, 제34회, 제35회
7. 요역지의 소유권이 양도되면 지역권은 원칙적으로 이전되지 않는다. (   ) 제31회, 제33회, 제35회, 제36회
8. 공유자 중 1인이 지역권을 취득한 때에는 다른 공유자도 지역권을 취득한다. (   ) 제26회, 제30회, 제31회, 제32회, 제34회, 제35회
9. 요역지 공유자 중 1인은 자신의 지분만에 대해서 지역권을 소멸시킬 수 있다. (   ) 제27회, 제28회, 제33회, 제35회
10. 요역지가 수인의 공유인 경우에 그 1인에 의한 지역권 소멸시효의 정지는 다른 공유자를 위하여 효력이 있다. (   ) 제28회
11. 점유로 인한 지역권취득기간의 중단은 지역권을 행사하는 모든 공유자에 대한 사유가 아니면 그 효력이 없다. (   ) 제31회, 제36회
12. 지역권은 계속되고 표현된 것에 한하여 시효취득의 대상이 된다. (   ) 제27회, 제32회, 제34회, 제35회
13. 요역지의 불법점유자는 통행지역권을 시효취득할 수 없다. (   ) 제30회, 제34회
14. 통행지역권을 시효취득하였다면, 특별한 사정이 없는 한 요역지 소유자는 도로설치로 인해 승역지 소유자가 입은 손실을 보상하지 않아도 된다. (   ) 제30회, 제31회
15. 요역지의 소유자는 지역권에 필요한 부분의 토지소유권을 지역권설정자에게 위기(委棄)하여 공작물의 설치나 수선의무의 부담을 면할 수 있다. (   ) 제26회
16. 지역권에 기한 승역지 반환청구권은 인정되지 않는다. (   ) 제29회, 제32회, 제33회

◆ 정답
1. ○ 2. ○ 3. × 4. ○ 5. ○ 6. ○ 7. × 8. ○ 9. × 10. ○ 11. ○ 12. ○ 13. ○ 14. × 15. × 16. ○

테마 36 　전세권

1. 서 설

(1) 의 의

전세권이란 전세권자가 전세금을 지급하고 타인의 부동산을 점유하여 그 부동산의 용도에 좇아 사용·수익하며, 그 부동산 전부에 대하여 후순위권리자 기타 채권자보다 전세금의 우선변제를 받을 권리를 말한다.

(2) 법적 성질 및 전세권의 객체

① 전세권은 용익물권적 성격과 담보물권적 성격을 겸비한 것으로서, 전세권의 존속기간이 만료되면 전세권의 용익물권적 권능은 전세권설정등기의 말소 없이도 당연히 소멸하고, 담보물권적 권능의 범위 내에서 전세금의 반환시까지 그 전세권설정등기의 효력이 존속한다.
② 농경지는 전세권의 목적이 될 수 없다.
③ 1필의 토지 또는 1동의 건물의 일부도 전세권의 목적이 될 수 있다.

2. 전세권의 취득

① 전세권설정계약 + 전세금 지급 + 등기
② 전세금의 지급은 전세권 성립의 요소이나 전세금은 반드시 현실적으로 수수되어야 하는 것은 아니고 기존의 채권으로 갈음할 수 있다.
③ 전세권자와 전세권설정자 및 제3자 사이에 합의가 있으면 그 전세권자의 명의를 제3자로 하는 전세권설정등기도 유효하다.
④ 전세권존속기간이 시작되기 전에 마친 전세권설정등기는 원칙적으로 유효이다.
⑤ 목적부동산의 인도는 전세권의 성립요건이 아니다. 따라서 당사자가 주로 채권담보의 목적으로 전세권을 설정하였고 그 설정과 동시에 목적물을 인도하지 않은 경우라 하더라도 장차 전세권자가 목적물을 사용·수익하는 것을 완전히 배제하는 것이 아니라면 그 전세권의 효력을 부인할 수 없다(전세권의 사용·수익 권능을 배제하고 채권담보만을 위해 전세권을 설정하는 것은 허용되지 않는다).

3. 전세권의 존속기간

(1) 존속기간을 약정한 경우
① 전세권의 존속기간은 10년을 넘지 못한다. 당사자의 약정기간이 10년을 넘는 때에는 이를 10년으로 단축한다.
② 건물에 대한 전세권의 존속기간을 1년 미만으로 정한 때에는 이를 1년으로 한다.

(2) 존속기간을 정하지 않은 경우
전세권의 존속기간을 약정하지 아니한 때에는 각 당사자는 언제든지 상대방에 대하여 전세권의 소멸을 통고할 수 있고 상대방이 이 통고를 받은 날로부터 6월이 경과하면 전세권은 소멸한다.
※ 지상권의 경우 존속기간을 정하지 않은 경우에는 지상물의 종류와 구조에 따라 최단존속기간(30년, 15년, 5년)으로 본다.

(3) 존속기간의 갱신
① **약정갱신**: 그 기간은 갱신한 날로부터 10년을 넘지 못한다.
② **법정갱신(묵시적 갱신)**
  ㉠ 건물의 전세권설정자가 만료 전 6월부터 1월 사이에 갱신거절의 통지 등을 하지 않은 경우, 전 전세권과 동일한 조건으로 다시 전세권을 설정한 것으로 본다.
  ㉡ 전세권의 법정갱신은 건물전세권에만 인정되고 토지전세권에는 적용되지 않는다.
  ㉢ 전 전세권과 동일한 조건으로 갱신되지만 존속기간은 정함이 없는 것으로 본다.
  ㉣ 전세권자는 등기 없이도 전세권설정자나 제3자에 대하여 그 권리를 주장할 수 있다.

4. 전세권의 효력

① 전세권성립 후 목적물의 소유권이 이전한 경우 신소유자가 전세금반환채무를 부담하고 구소유자의 전세금반환채무는 소멸한다. 따라서 전세권이 성립한 후 전세목적물의 소유권 중 일부 지분을 이전받은 새로운 공유자도 전세권자에 대하여 공동 전세권설정자의 지위에서 전세금 반환의무를 부담한다.
② 전세권자(전세권설정자×)는 목적물의 현상을 유지하고 그 통상의 관리에 속한 수선을 하여야 한다. → 따라서 필요비상환청구권 인정×, 단, 유익비상환청구권 인정○
③ 전세권과 점유권에 기한 물권적 청구권, 상린관계 인정
④ 건물전세권의 효력은 그 건물 소유를 목적으로 한 지상권·임차권에도 미친다. 이 경우 전세권설정자는 전세권자의 동의 없이 지상권 또는 임차권을 소멸하게 하는 행위를 하지 못한다.

⑤ 대지와 건물이 동일한 소유자에 속한 경우에 건물에 전세권을 설정한 때에는 그 대지 소유권의 특별승계인은 전세권설정자(전세권자×)에 대하여 지상권을 설정한 것으로 본다(법정지상권).

5. 전세권의 처분

(1) **전세권 처분의 자유와 제한**

① 전세권자는 전세권을 전세권설정자의 동의 없이 타인에게 양도 또는 담보로 제공할 수 있고 그 목적물을 타인에게 전전세 또는 임대할 수 있다.

② 그러나 당사자는 설정행위로 처분금지를 약정할 수 있는데 이를 등기하면 이로써 제3자에게 대항할 수 있다.

(2) **전세금반환청구권**(전세금반환채권)**의 양도**

① 전세권이 존속하는 동안은 전세권을 존속시키기로 하면서 전세금반환채권만을 전세권과 분리하여 확정적으로 양도하는 것은 허용되지 않으며 전세권존속 중에는 장래에 그 전세권이 소멸하는 경우에 전세금반환채권이 발생하는 것을 조건으로 그 장래의 조건부채권을 양도할 수 있을 뿐이다.

② 그러나 전세권의 존속기간이 만료되거나 전세계약의 합의해지 등으로 담보물권적 권능만 남은 전세권을 전세금반환채권과 함께 양도하거나 전세권과는 별도로 전세금반환채권만의 양도도 가능하다.

(3) **전세권의 담보제공**

전세권에 대하여 저당권이 설정된 경우 전세권의 존속기간이 만료되면 전세권은 당연히 소멸하므로 더 이상 전세권 자체에 대하여 저당권을 실행할 수 없다.

(4) **전전세**(원전세권 범위 내에서 가능)

① 전세권자(전전세설정자)와 전전세권자의 합의와 등기(전세권설정자의 동의 불요)

② 전전세권이 설정되더라도 원전세권은 소멸하지 않고, 원전세권자는 전전세권이 존속하는 동안 원전세권을 소멸시키지 못한다.

③ 전세권자는 전전세하지 아니하였으면 면할 수 있는 불가항력 손해도 책임이 있다.

④ 전전세권자는 전전세권과 원전세권이 소멸하고, 전전세금과 원전세금의 반환을 지체하고 있는 경우에만 목적부동산에 대하여 경매를 청구할 수 있다.

6. 전세권의 소멸

(1) 소멸사유

① **전세권설정자의 소멸청구**: 전세권자가 계약 또는 그 목적물의 성질에 의하여 정하여진 용법으로 이를 사용, 수익하지 아니한 경우에는 전세권설정자는 전세권의 소멸을 청구할 수 있다.

② **소멸통고**: 전세권의 존속기간을 정하지 않은 경우 각 당사자는 언제든지 통고할 수 있고 통고받은 후 6월이 경과하면 전세권 소멸한다.

③ **목적물의 멸실**
  ㉠ 전세권의 목적물의 전부 또는 일부가 불가항력으로 인하여 멸실된 때에는 그 멸실된 부분의 전세권은 소멸한다.
  ㉡ 불가항력으로 일부멸실의 경우에 전세권자가 그 잔존부분으로 전세권의 목적을 달성할 수 없는 때에는 전세권설정자에 대하여 전세권 전부의 소멸을 통고할 수 있다.

(2) 전세권소멸의 효과

① **동시이행**: 전세권설정자의 전세금반환의무와 전세권자의 목적물의 인도 및 전세권설정등기의 말소등기에 필요 서류 교부의무는 동시이행 관계이다.

② 전세권자의 경매청구권, 전세금의 우선변제권

③ **건물 일부에 전세권이 설정된 경우**
  ㉠ 전세권자는 건물의 일부에 대하여 경매신청이 불가능하다고 하더라도 건물 전부(전세권의 목적물이 아닌 나머지 건물부분)에 대하여 경매를 신청할 수는 없다.
  ㉡ 그러나 만일 제3자에 의해 그 부동산 전부가 경매되면 그 '전부'의 경매대금으로부터 우선변제를 받을 수 있다.

④ **부속물매수청구권**
  ㉠ 전세권설정자가 전세권이 소멸한 때에 전세권자에 대해 부속물의 매수를 청구한 때에는 전세권자는 정당한 이유 없이 거절하지 못한다.
  ㉡ 전세권자는 전세권설정자의 동의를 얻어 부속시킨 것 또는 전세권설정자로부터 매수한 것인 때에 한하여 전세권설정자에 대해 부속물매수청구를 할 수 있다.

⑤ **지상물매수청구권**: 토지임차인의 지상물매수청구권의 규정은 토지 전세권에도 유추적용된다.

기출 OX

1. 존속기간의 만료로 전세권이 소멸하면, 전세권의 용익물권적 권능은 소멸한다.
( ) 제28회

2. 전세금의 지급은 반드시 현실적으로 수수되어야 하고, 기존의 채권으로 갈음할 수 없다.
( ) 제27회, 제28회, 제31회

3. 합의한 전세권 존속기간이 시작되기 전에 전세권설정등기가 마쳐진 경우, 그 등기는 특별한 사정이 없는 한 무효로 추정된다. ( ) 제31회

4. 당사자가 주로 채권담보의 목적을 갖는 전세권을 설정하였더라도 장차 전세권자의 목적물에 대한 사용수익권을 완전히 배제하는 것이 아니라면 그 효력은 인정된다.
( ) 제27회, 제32회

5. 전세권의 사용·수익 권능을 배제하고 채권담보만을 위해 전세권을 설정하는 것은 허용된다. ( ) 제34회

6. 전세권존속기간을 15년으로 정하더라도 그 기간은 10년으로 단축된다. ( ) 제31회

7. 토지전세권의 존속기간을 1년 미만으로 정한 때에는 1년으로 한다. ( ) 제33회

8. 토지전세권의 존속기간을 약정하지 않은 경우, 각 당사자는 6개월이 경과해야 상대방에게 전세권의 소멸통고를 할 수 있다. ( ) 제28회

9. 토지전세권의 설정은 갱신할 수 있으나 그 기간은 갱신한 날부터 10년을 넘지 못한다.
( ) 제33회

10. 건물에 대한 전세권이 법정갱신되는 경우 그 존속기간은 2년으로 본다.
( ) 제26회, 제30회

11. 건물전세권이 법정갱신된 경우, 전세권자는 이를 등기해야 그 목적물을 취득한 제3자에게 대항할 수 있다. ( ) 제28회, 제31회, 제32회, 제34회

12. 전세권이 존속하는 동안에는 특별한 사정이 없는 한 전세권을 존속시키면서 전세금반환채권만을 확정적으로 양도할 수 없다. ( ) 제36회

13. 전세권의 존속기간 중 전세목적물의 소유권이 양도되면 그 양수인이 전세권설정자의 지위를 승계한다. ( ) 제32회, 제36회

14. 전세권의 목적인 건물의 소유권이 제3자에게 양도된 후 존속기간이 만료되면 전세권자는 전세권설정자에 대하여 전세금반환을 청구할 수 없다. ( ) 제30회

15. 전세권자는 특약이 없는 한 목적물의 현상을 유지하기 위해 지출한 필요비의 상환을 청구할 수 있다. ( ) 제26회, 제30회, 제34회, 제35회

16. 타인의 토지에 있는 건물에 전세권을 설정한 경우, 전세권의 효력은 그 건물의 소유를 목적으로 한 지상권에 미친다. ( ) 제31회, 제34회

17. 건물전세권설정자는 특별한 사정이 없는 한 전세권자의 동의 없이 그 건물의 소유를 목적으로 한 지상권을 소멸시킬 수 없다. ( ) 제36회

18. 대지와 건물을 소유한 자가 건물에 대해서만 전세권을 설정한 후 대지를 제3자에게 양도한 경우, 제3자는 전세권설정자에 대하여 대지에 대한 지상권을 설정한 것으로 본다.
( ) 제35회

19. 원전세권자가 소유자의 동의 없이 전전세를 하면 원전세권은 소멸한다. (　) ᴾ²⁶회
20. 전전세권자는 원전세권이 소멸하지 않은 경우에도 전전세권의 목적부동산에 대해 경매를 신청할 수 있다. (　) 제26회
21. 전세금의 반환은 전세권말소등기에 필요한 서류를 교부하기 전에 이루어져야 한다.
(　) 제35회
22. 건물 일부에 대한 전세권자는 건물 전부의 경매를 청구할 수 없다.
(　) 제27회, 제30회, 제32회
23. 전세권자가 전세권의 목적물을 전세권설정계약으로 정한 용법에 따라 사용하지 않더라도 이를 이유로 전세권설정자는 전세권소멸을 청구할 수 없다. (　) 제36회

● 정답
1. ○ 2. × 3. × 4. ○ 5. × 6. ○ 7. × 8. × 9. ○ 10. × 11. × 12. ○ 13. ○ 14. ○ 15. × 16. ○ 17. ○ 18. ○ 19. × 20. × 21. × 22. ○ 23. ×

Chapter 05 담보물권

> **미리보기** 담보물권의 공통적 성질
>
> 1. **부종성**
>   ① 피담보채권이 성립하지 않으면 담보물권도 성립하지 않는다.
>   ② 피담보채권이 소멸하면 담보물권도 소멸한다.
>   ③ 피담보채권과 분리하여 담보물권만 양도할 수 없다.
> 2. **수반성**
>   ① 피담보채권이 이전되면 담보물권도 따라서 이전되는 것을 말한다.
>   ② 다만, 수반성은 절대적인 것은 아니므로 담보권과 분리하여 피담보채권만 양도할 수 있다.
> 3. **불가분성**
>   피담보채권 전부의 변제가 있을 때까지 목적물의 전부에 대하여 담보물권의 효력이 미치는 것을 말한다.

테마 37 유치권(留置權)

1. 서 설

(1) **의 의**

유치권이란 타인의 물건을 점유한 자가 그 물건에 관하여 생긴 채권이 변제기에 있는 경우에 변제를 받을 때까지 그 물건을 유치할 수 있는 권리를 말한다(예 자동차 수리비 지급받을 때까지 그 자동차 유치).

(2) **법적 성질**

① **법정담보물권**
  ㉠ 유치권은 법정담보물권이므로 부동산의 경우 등기대상이 아니며, 당사자 약정에 의하여 유치권을 성립시킬 수 없다.
  ㉡ 유치권도 담보물권이므로 부종성·수반성·불가분성을 갖는다. 따라서 채무자가 피담보채무의 일부를 변제하더라도 유치권은 유치물 전부에 존속한다.
② **인정되지 않는 효력**: 우선변제권×, 물상대위×, 유치권에 기한 물권적 청구권×(단, 점유권에 기한 물권적 청구권은○)

2. 유치권의 성립요건

(1) **타인의 물건**(유치권의 목적물)
① 채무자 이외의 제3자의 소유물에도 유치권이 성립할 수 있다. 또한 부동산의 일부에도 성립할 수 있다.
② 수급인의 재료와 노력으로 건축된 기성부분은 수급인의 소유이므로 수급인은 이에 대해 유치권을 가질 수 없다.
③ 또한 유치권의 목적물은 독립한 물건이어야 하므로 토지에 설치된 독립한 건물이라고 볼 수 없는 정착물에 대하여 유치권을 행사할 수 없다.

(2) **적법한 점유**
① 점유는 유치권의 성립요건이자 존속요건이므로 점유를 상실하면 유치권도 소멸한다.
② 유치권자의 점유는 직접점유이든 간접점유이든 불문하지만 채무자를 직접점유자로 하는 간접점유는 유치권이 성립되지 않는다.
③ 점유가 적법한 점유이어야 한다.
④ 점유자가 점유물에 대하여 행사하는 권리는 적법하게 보유하는 것으로 추정되므로, 점유가 불법행위로 인한 것임을 상대방 당사자(유치권을 배척하려는 자)의 주장·증명이 있어야 한다.

(3) **물건에 관하여 생긴 채권**(채권과 목적물사이의 견련관계)
① **유치권이 성립되는 채권**: 비용(필요비, 유익비)상환청구권, 수급인의 공사대금채권, 목적물의 수리비채권, 목적물로부터 받은 손해배상청구권
② **유치권이 성립되지 않는 채권**: 권리금반환청구권, 보증금반환청구권, 매매대금채권, 부속물(지상물)매수청구권, 계약명의신탁에서 명의신탁자의 매매대금 상당의 부당이득반환청구권, 건축자재대금채권, 임대인이 건물시설을 아니하기 때문에 임차인에게 건물을 임차목적대로 사용 못한 것을 이유로 하는 손해배상청구권
③ 채권이 목적물의 점유 중에 발생할 것을 요하지 않는다. 따라서 목적물을 점유하기 전 채권이 발생하고 그 후 그 물건을 점유한 경우에도 유치권은 성립한다.

(4) **채무의 변제기의 도래**
따라서 유익비에 대해 법원의 상환기간 허여시 유치권은 성립하지 않는다.

(5) **유치권 배제 특약의 부존재**
① 유치권은 법정담보물권이기는 하나 이를 포기하는 특약은 유효하다.
② 유치권 배제 특약에 따른 효력은 특약의 상대방뿐 아니라 그 밖의 사람도 주장할 수 있다. 또한 유치권배제특약에도 조건을 붙일 수 있다.

3. 유치권의 효력

(1) 유치권자의 권리

① 목적물의 유치
  ㉠ 모든 사람에 대해서 유치권 주장할 수 있다.
  ㉡ 부동산의 경우 유치권자는 경락인에 대해 유치목적물인 부동산의 인도를 거절할 수 있을 뿐이고 그 피담보채권의 변제를 청구할 수는 없다.
  ㉢ 부동산에 경매개시결정의 기입등기 전(압류의 효력이 발생하기 전)에 유치권을 취득한 경우에는 경매절차의 매수인에게 대항할 수 있다.
  ㉣ 그러나 부동산에 경매개시결정의 기입등기가 되어 압류의 효력이 발생한 이후에 성립한 유치권으로 경매절차의 매수인에게 대항할 수 없다. 따라서 채무자소유의 부동산에 강제경매개시결정의 기입등기가 경료되어 압류의 효력이 발생한 이후에 채무자가 부동산에 관한 공사대금채권자에게 그 점유를 이전함으로써 유치권을 취득하게 한 경우, 점유자가 유치권을 내세워 경매절차의 매수인에게 대항할 수 없다.

② 경매청구권 및 간이변제충당권
  ㉠ 유치권자는 채권의 변제를 받기 위하여(우선변제×) 유치물을 경매할 수 있다.
  ㉡ 정당한 이유있는 때에는 유치권자는 감정인의 평가에 의하여 유치물로 직접변제에 충당할 것을 법원에 청구할 수 있다(간이변제충당). 법원이 간이변제충당 허가를 결정하면 유치권자는 등기없이 유치물의 소유권을 취득한다.

③ 과실수취에 의한 변제충당
  유치권자는 유치물의 과실을 수취하여 다른 채권보다 먼저 그 채권의 변제에 충당할 수 있다(먼저 이자에 충당하고 잉여가 있으면 원본에 충당).

④ 비용상환청구권
  ㉠ 유치권자가 유치물에 관하여 필요비나 유익비를 지출한 때에는 소유자에게 그 상환을 청구할 수 있다.
  ㉡ 유치권자의 비용상환청구권은 목적물에 관해 생긴 채권이므로 유치권자는 이를 피담보채권으로 해서 새로운 유치권을 행사할 수 있다.

⑤ 유치권 주장과 소멸시효
  ㉠ 유치권의 행사는 채권의 소멸시효의 진행에 영향을 미치지 아니한다(유치권을 행사하더라도 채권의 소멸시효는 진행한다).
  ㉡ 재판에서 피고가 유치권을 주장하는 경우에는 채권의 변제와 상환으로 그 물건의 인도를 명하는 상환이행판결을 하여야 한다(원고패소판결×).

(2) 유치권자의 의무
① **선관주의의무**: 유치권자는 선량한 관리자의 주의로 유치물을 점유하여야 한다.
② **유치물의 사용, 대여, 담보제공 금지**
㉠ 유치권자는 유치물의 사용, 대여 또는 담보제공을 하지 못한다.
㉡ 따라서 소유자의 동의 없이 유치물을 임대한 경우 임차인은 소유자나 경매로 인한 매수인에게 대항할 수 없다.
㉢ 그러나 채무자의 승낙이 있거나, 승낙이 없더라도 유치물의 보존에 필요한 사용은 할 수 있다.
㉣ 유치권자가 유치물인 주택에 거주하며 사용하는 것은 특별한 사정이 없는 한 유치물의 보존에 필요한 사용에 해당하여 적법하지만, 차임에 상당한 이득은 소유자에게 반환할 의무가 있다.

4. 유치권의 소멸

① 목적물의 멸실, 혼동, 공용수용, 포기, 피담보채권의 소멸 등으로 소멸한다.
② 점유를 상실한 경우도 유치권은 소멸하나, 점유침탈에 대해 유치권자가 점유회수청구권을 행사하여 반환받은 경우에는 유치권은 소멸하지 않는다.
③ 유치권자의 의무위반(유치물의 사용, 대여 또는 담보제공 등)에 따른 유치권 소멸청구로 소멸한다. 하나의 채권을 피담보채권으로 하여 여러 필지의 토지에 대하여 유치권을 취득한 유치권자가 그중 일부 토지에 대하여 선량한 관리자의 주의의무를 위반하였다면 특별한 사정이 없는 한 위반행위가 있었던 필지의 토지에 대하여만 유치권소멸청구가 가능하다.
④ 채무자나 유치물의 소유자는 상당한 담보를 제공하고 유치권의 소멸을 청구할 수 있다. 이때 채무자나 소유자가 제공하는 담보는 유치물 가액이 피담보채권액보다 많을 경우에는 피담보채권액에 해당하는 담보를 제공하면 되고, 유치물 가액이 피담보채권액보다 적을 경우에는 유치물 가액에 해당하는 담보를 제공하면 된다.
⑤ 제3자에게의 유치물 보관, 소유자의 목적물 양도 등은 유치권 소멸사유가 아니다.

기출 OX

1. 건물신축공사를 도급받은 수급인이 사회통념상 독립한 건물이 되지 못한 정착물을 토지에 설치한 상태에서 공사가 중단된 경우, 그 토지에 대해 유치권을 행사할 수 없다. ( ) 제34회, 제35회

2. 수급인이 건물의 수급인으로서 소유권을 갖는다면, 수급인의 그 건물에 대한 유치권은 인정되지 않는다. ( ) 제27회

3. 채권자가 채무자를 직접점유자로 하여 간접점유하는 경우에도 유치권은 성립할 수 있다. ( ) 제26회, 제27회, 제33회

4. 유치권자로부터 유치물의 유치방법으로 그 보관을 위탁받은 자는 특별한 사정이 없는 한 소유자의 소유물반환청구를 거부할 수 있다. ( ) 제36회

5. 보증금반환청구권은 유치권의 피담보채권이 될 수 있다. ( ) 제28회, 제32회

6. 권리금반환청구권은 유치권의 피담보채권이 될 수 있다. ( ) 제28회, 제31회, 제32회, 제35회

7. 필요비상환채무의 불이행으로 인한 손해배상청구권은 유치권의 피담보채권이 될 수 있다. ( ) 제28회

8. 가축이 타인의 농작물을 먹어 발생한 손해에 관한 배상청구권에 기해 그 타인이 그 가축에 대한 유치권을 주장하는 경우, 유치권 성립을 위한 견련관계가 인정된다. ( ) 제32회

9. 임대차종료 후 법원이 임차인의 유익비상환청구권에 유예기간을 인정한 경우, 임차인은 그 기간 내에는 유익비상환청구권을 담보하기 위해 임차목적물을 유치할 수 없다. ( ) 제26회, 제34회

10. 토지전세권자의 지상물매수청구권을 피담보채권으로 하는 유치권은 성립할 수 없다. ( ) 제36회

11. 유치권 발생을 배제하는 특약은 무효이다. ( ) 제34회

12. 유치권자와 유치물의 소유자 사이에 유치권을 포기하기로 특약한 경우, 제3자는 특약의 효력을 주장할 수 없다. ( ) 제31회

13. X건물에 위 압류의 효력이 발생한 후에 甲이 X건물의 점유를 이전받은 경우, 甲은 경매절차의 매수인 丙에게 유치권을 행사할 수 있다. ( ) 제29회

14. X건물에 위 압류의 효력이 발생하기 전에 甲이 유치권을 취득하였지만, 乙의 저당권이 甲의 유치권보다 먼저 성립한 경우, 甲은 경매절차의 매수인 丙에게 유치권을 행사할 수 있다. ( ) 제29회

15. 유치권자는 유치물의 과실인 금전을 수취하여 다른 채권보다 먼저 피담보채권의 변제에 충당할 수 있다. ( ) 제33회

16. 유권자는 유치물에 관해 지출한 필요비를 소유자에게 상환 청구할 수 없다. ( ) 제33회

17. 유치권자는 채권의 변제를 받기 위하여 유치물을 경매할 수 있다. ( ) 제31회, 제33회, 제34회

18. 유치권에 의한 경매가 목적 부동산 위의 부담을 소멸시키는 법정매각조건으로 실시된 경우, 그 경매에서 유치권자는 일반채권자보다 우선하여 배당을 받을 수 있다. ( ) 제35회

19. 유치권자는 유치물의 보존에 필요하더라도 채무자의 승낙 없이는 유치물을 사용할 수 없다. ( ) 제26회

20. 공사대금채권에 기하여 유치권을 행사하는 자가 스스로 유치물인 주택에 거주하며 사용하는 것은 특별한 사정이 없는 한 유치물의 보존에 필요한 사용에 해당한다. ( ) 제35회

◆ 정답
1. ○ 2. ○ 3. × 4. ○ 5. × 6. × 7. ○ 8. ○ 9. ○ 10. ○ 11. × 12. ○ 13. × 14. ○ 15. ○ 16. × 17. ○ 18. × 19. × 20. ○

테마 38 저당권

1. 저당권의 성립

(1) 저당권의 설정계약

① 저당권자는 원칙적으로 채권자에 한한다. 다만, 채권자와 채무자 및 제3자 사이에 합의가 있고, 채권이 그 제3자에게 실질적으로 귀속되었다고 볼 수 있는 특별한 사정이 있는 경우에는 제3자 명의의 저당권설정등기도 유효하다.

② 저당권설정자는 채무자 또는 제3자(물상보증인)가 될 수 있다. 다만, 저당권설정행위는 처분행위이므로 처분권을 가진 자만이 저당권을 설정할 수 있다.

(2) 저당권의 설정등기

① 특별한 사정이 없으면, 저당권이전을 부기등기 하는 방법으로 무효인 저당권등기를 다른 채권자를 위한 담보로 유용할 수 있다.

② 저당권설정등기가 불법말소된 경우 등기는 물권의 효력발생요건이고 효력존속요건은 아니므로 저당권의 효력에는 영향이 없다. 따라서 회복등기를 할 수 있다.

③ 다만, 저당권설정등기가 불법말소된 후, 그 부동산이 경매 절차에서 경락되면 모든 저당권은 당연히 소멸하는 것이므로, 말소회복등기를 청구할 수 없다.

④ 피담보채권 소멸 후 저당권이전의 부기등기를 받은 자는 저당권을 취득할 수 없다.

(3) 저당권의 객체 및 피담보채권

① 부동산, 지상권, 전세권이 저당권의 객체가 된다.
② 공유지분에는 저당권을 설정할 수 있으나 부동산의 일부에는 저당권을 설정할 수 없다.
③ 피담보채권의 종류에는 제한이 없다. 따라서 반드시 금전채권일 필요가 없다.

(4) 법정저당권

토지임대인이 변제기를 경과한 최후 2년의 차임채권에 의하여 그 지상에 있는 임차인 소유의 건물을 압류한 때에는 저당권과 동일한 효력이 있다.

2. 저당권의 효력

(1) 피담보채권의 범위

① 저당권은 원본, 이자, 위약금, 채무불이행으로 인한 손해배상(지연배상은 이행기일을 경과한 후의 1년분) 및 저당권의 실행비용을 담보한다.
② 저당목적물의 하자로 인한 손해배상금은 저당권의 피담보채권의 범위에 속하지 않는다.

(2) 저당권의 효력이 미치는 목적물의 범위

① 저당권의 효력은 저당부동산에 부합된 물건과 종물에 미친다(제360조). 그러나 법률에 특별한 규정 또는 설정행위에 다른 약정이 있으면 그러하지 아니하다(임의규정).
② 부합물과 종물은 저당권설정의 전후를 불문하고 저당권의 효력이 미친다.
③ 저당권의 목적인 건물의 증축부분이 독립적 효용이 없는 경우, 토지소유자가 토지에 매설한 유류저장탱크는 부합물이므로 저당권의 효력이 미친다.
④ 저당부동산에 대한 경매절차에서 부합물·종물이 경매목적물로 평가되지 않았다고 해도 저당권의 효력이 그에 미치므로, 경락인은 그에 대한 소유권을 취득한다.
⑤ 입목법상의 입목, 성숙한 농작물, 건물은 토지 저당권의 효력이 미치지 않는다.
⑥ 저당권의 효력은 종된 권리에도 미치므로 건물에 대한 저당권은 그 건물의 소유를 목적으로 하는 지상권, 전세권, 임차권에 미친다. 따라서 건물에 설정된 저당권이 실행된 경우 경매절차의 매수인은 특별한 사정이 없는 한 건물의 소유를 위해 인정된 지상권, 전세권, 임차권을 등기 없이 취득한다.
⑦ 구분건물의 전유부분에 대한 저당권의 효력은 대지사용권에도 미친다.
⑧ 그러나 과실(차임채권 등)의 경우에는 저당부동산에 대한 압류가 있은 후에 저당권설정자가 그 부동산으로부터 수취한 과실 또는 수취할 수 있는 과실에 미친다.

(3) **물상대위**
  ① 물상대위란 담보물의 멸실·훼손 또는 공용징수로 인해 담보권설정자가 받을 금전 등의 대상물에 담보물권의 효력이 미치는 것을 말한다.
  ② 화재보험금청구권, 수용보상금청구권 등은 물상대위의 객체가 될 수 있으나, 매매대금이나 「공익사업을 위한 토지 등의 취득 및 보상에 관한 법률」상 협의취득에 따른 보상금은 물상대위의 객체가 될 수 없다.
  ③ 전세권을 저당권의 목적으로 한 경우에도 저당권자에게 물상대위권이 인정된다.
  ④ 물상대위권을 행사하려면 그 목적물 소유자가 금전 또는 물건을 인도받기 전에 압류를 하여야 한다. 다만, 저당권자가 아닌 제3자가 압류를 한 경우도 가능하다.
  ⑤ 저당권자가 물상대위권을 행사하지 아니한 경우, 다른 채권자가 이득을 얻었다고 하더라도 저당권자는 이를 부당이득으로서 반환청구 할 수 없다.
  ⑥ 저당권자가 압류하기 전에 저당목적물 소유자가 금전 등을 수령한 경우, 저당목적물 소유자는 피담보채권액 상당의 부당이득을 반환할 의무를 부담한다.

(4) **저당권의 침해에 대한 구제방법**
  ① **물권적 청구권**: 저당권자가 피담보채권의 만족을 얻을 수 있다고 하더라도 행사할 수 있으며, 저당권에 기한 반환청구권은 인정되지 않는다.
  ② **손해배상청구권**: 저당목적물의 훼손으로 인하여 그 잔존가치가 피담보채권액에 미달되는 경우에 손해배상을 청구할 수 있다.
  ③ **담보물보충청구권**: 저당권설정자가 책임 있는 사유로 저당물의 가액이 현저히 감소된 때에는 저당권자는 그 원상회복 또는 상당한 담보제공을 청구할 수 있다.
  ④ **기한이익의 상실과 즉시변제청구권**: '채무자'가 담보를 손상·감소 또는 멸실하게 한 때에는 기한의 이익을 상실하여 저당권자는 즉시변제청구를 할 수 있다.

(5) **저당권과 용익권과의 관계**
  ① 저당목적물상의 모든 저당권은 경매로 인하여 소멸한다. 따라서 제3자의 용익권이 저당권의 실행으로 소멸하느냐의 여부는 그 부동산 위의 최선순위저당권과의 우열로 정하여진다.
  ② 최선순위 저당권설정 이전에 대항력 있는 용익권(지상권, 전세권, 대항력 있는 임차권 등)은 경매로 소멸하지 않는다. 다만, 선순위 전세권의 경우 전세권자가 배당요구를 하면 소멸한다.
  ③ 최선순위 저당권설정 이후에 설정된 용익권은 경매로 소멸한다.

3. 제3취득자의 지위

(1) 제3취득자의 의의
① 제3취득자란 저당권이 설정된 후 저당부동산의 소유권, 지상권 또는 전세권을 취득한 자를 말한다. 제3취득자에는 경매신청 후에 소유권, 지상권 또는 전세권을 취득한 자도 포함된다.
② (근)저당부동산에 대하여 후순위(근)저당권을 취득한 자는 제3취득자에 해당하지 않는다.

(2) 제3취득자의 보호
① 제3취득자는 경락인(경매인)이 될 수 있다.
② 제3취득자는 채권을 변제하고 저당권의 소멸을 청구할 수 있다.
③ 제3취득자(물상보증인×)가 필요비 또는 유익비를 지출한 경우 저당물의 경매대가로부터 우선변제를 받을 수 있다. 다만, 이를 근거로 제3취득자가 직접 저당권설정자, 저당권자 또는 경매절차의 매수인에 대하여 비용상환을 청구할 수 있는 권리가 인정될 수 없다. 따라서 제3취득자는 민법 제376조에 의한 비용상환청구권을 피담보채권으로 주장하면서 유치권을 행사할 수 없다.

4. 저당토지 위의 건물에 대한 일괄경매청구권

(1) 요 건
① 토지에 저당권설정 당시에 지상에 건물이 없을 것
② 저당권설정 후에 건물을 축조하여 경매당시에 저당권설정자(토지소유자)가 건물도 소유하고 있을 것
  ㉠ 나대지에 저당권설정 후 설정자가 건물을 신축하여 그 소유권을 제3자에게 양도한 경우 → 일괄경매×
  ㉡ 저당권설정자로부터 저당토지에 대한 용익권을 취득한 자가 그 토지에 건물을 축조한 경우 → 일괄경매×
  ㉢ 저당권설정자로부터 저당토지에 대한 용익권을 취득한 자가 그 토지에 건물을 축조한 후 저당권설정자가 그 건물의 소유권을 취득한 경우 → 일괄경매○

(2) 효 과
① 일괄경매의무를 정한 것이 아니므로, 토지만에 대하여 경매를 신청하여 토지의 매수인이 건물의 철거를 구하는 것이 위법하다 할 수 없다.
② 저당권자가 우선변제를 받는 범위는 토지의 매각대금에 한하고, 건물의 경매대가에 대하여는 우선변제를 받을 권리가 없다.

5. 저당권의 처분 및 소멸

(1) 저당권의 처분

저당권은 채권과 분리하여 타인에게 양도하거나 다른 채권의 담보로 하지 못하지만, 채권은 저당권과 분리하여 양도할 수 있다.

(2) 저당권의 소멸

① 물권의 일반적 소멸사유인 목적물의 멸실, 혼동, 공용수용, 포기, 몰수 등에 의하여 소멸한다.
② 저당권으로 담보한 채권이 시효의 완성 기타 사유로 인하여 소멸한 때에는 저당권도 소멸한다.

기출 OX

1. 저당목적물의 하자로 인한 손해배상금은 저당권의 피담보채권의 범위에 속하지 않는다. ( ) 제29회
2. 저당권 설정 이전의 저당부동산의 종물로서 분리·반출되지 않은 것에 저당권의 효력이 미친다. ( ) 제28회, 제30회
3. 저당부동산의 종물에는 저당권의 효력이 미치지 않는다는 약정은 등기하지 않더라도 제3자에 대해 효력이 있다. ( ) 제26회, 제32회
4. 저당권은 특별한 사정이 없는 한 저당권설정 후에 저당목적물에 부합된 물건에는 그 효력이 미치지 않는다. ( ) 제36회
5. 건물의 소유를 목적으로 한 토지임차인이 건물에 저당권을 설정한 경우의 토지임차권에 저당권의 효력이 미친다. ( ) 제27회, 제29회, 제32회
6. 구분건물의 전유부분에 관하여 저당권이 설정된 후, 전유부분의 소유자가 취득하여 전유부분과 일체가 된 대지사용권에 저당권의 효력이 미친다. ( ) 제27회
7. 토지에 저당권이 설정된 후 토지소유자가 그 토지에 매설한 유류저장탱크에 저당권의 우선적 효력이 미친다. ( ) 제33회
8. 저당부동산에 대한 압류 이전에 저당부동산으로부터 발생한 저당권설정자의 차임채권에 저당권의 효력이 미친다. ( ) 제29회, 제30회, 제32회, 제33회
9. 토지에 저당권이 설정된 후 토지의 전세권자가 그 토지에 식재하고 등기한 입목에 저당권의 우선적 효력이 미친다. ( ) 제33회
10. 토지에 저당권이 설정된 후 그 토지 위에 완공된 건물에 저당권의 우선적 효력이 미친다. ( ) 제33회
11. 저당권자는 저당목적물의 소실로 인하여 저당권설정자가 취득한 화재보험금청구권에 대하여 물상대위권을 행사할 수 있다. ( ) 제27회, 제34회, 제36회

12. 저당권이 설정된 토지가 「공익사업을 위한 토지 등의 취득 및 보상에 관한 법률」에 따라 협의취득된 경우, 저당권자는 토지소유자가 수령할 보상금에 대하여 물상대위를 할 수 없다. ( ) 제26회, 제27회, 제32회
13. 대위할 물건이 제3자에 의하여 압류된 경우에는 물상대위성이 없다. ( ) 제27회, 제32회
14. 전세권을 저당권의 목적으로 한 경우 저당권자에게 물상대위권이 인정되지 않는다. ( ) 제27회
15. 저당부동산에 대한 후순위저당권자는 저당부동산의 피담보채권을 변제하고 그 저당권의 소멸을 청구할 수 있는 제3취득자에 해당하지 않는다. ( ) 제32회
16. 저당부동산의 제3취득자는 부동산의 보존·개량을 위해 지출한 비용을 그 부동산의 경매대가에 우선상환을 받을 수 없다. ( ) 제28회, 제29회, 제32회, 제34회
17. 저당부동산의 제3취득자는 저당권을 실행하는 경매에 참가하여 매수인이 될 수 있다. ( ) 제29회, 제32회, 제36회
18. 피담보채권을 변제하고 저당권의 소멸을 청구할 수 있는 제3취득자에는 경매신청 후에 소유권, 지상권 또는 전세권을 취득한 자도 포함된다. ( ) 제32회
19. 甲이 저당권을 취득하기 전, 이미 X토지 위에 乙의 Y건물이 존재한 경우, 甲은 X토지와 Y건물에 대해 일괄경매를 청구할 수 있다. ( ) 제31회
20. 甲이 乙소유 X토지에 저당권을 취득한 후, 乙이 X토지 위에 Y건물을 축조하여 소유하고 있는 경우, 甲은 X토지와 Y건물에 대해 일괄경매를 청구할 수 있다. ( ) 제31회
21. 甲이 乙소유 X토지에 저당권을 취득한 후, 丙이 X토지에 지상권을 취득하여 Y건물을 축조하고 乙이 그 건물의 소유권을 취득한 경우, 甲은 X토지와 Y건물에 대해 일괄경매를 청구할 수 있다. ( ) 제31회
22. 민법 제365조에 따라 토지와 건물의 일괄경매를 청구한 토지 저당권자는 그 건물의 경매대가에서 우선변제를 받을 수 있다. ( ) 제34회
23. 저당권자는 목적물 반환청구권을 갖지 않는다. ( ) 제26회
24. 저당권은 그 담보하는 채권과 분리하여 양도하거나 다른 채권의 담보로 하지 못한다. ( ) 제26회, 제28회, 제29회, 제34회
25. 저당권으로 담보한 채권이 시효완성으로 소멸하면 저당권도 소멸한다. ( ) 제28회, 제34회

◆ 정답
1. ○ 2. ○ 3. × 4. × 5. ○ 6. ○ 7. ○ 8. × 9. × 10. × 11. ○ 12. ○ 13. × 14. ×
15. ○ 16. × 17. ○ 18. ○ 19. × 20. ○ 21. ○ 22. × 23. ○ 24. ○ 25. ○

테마 39 공동저당

예제

甲은 乙에게 3억원을 빌려주면서 이 채권의 담보를 위해 乙소유 X토지와 Y토지에 1순위 저당권을 설정하였고, X토지에는 丙이 1억 8,000만원의 피담보채권으로 후순위 저당권을 설정하였다. 그 후 X토지와 Y토지가 모두 경매되어 경락대금은 각각 X토지 3억원과 Y토지 2억원이다.

① 甲이 동시배당을 실시할 경우 X토지와 Y토지로부터 배당받을 수 있는 금액은 각각 얼마인가?
② 만일 Y토지는 물상보증인 丁의 소유인 경우, 甲이 동시배당을 실시할 경우 甲이 X토지와 Y토지로부터 배당받을 수 있는 금액은 각각 얼마인가?

◆ 정답 ① X토지(1억 8000만원), Y토지(1억 2000만원) ② X토지(3억원), Y토지(0원)

1. 의 의

① 동일한 채권 담보를 위해 수 개의 부동산 위에 설정된 저당권을 공동저당이라 한다.
② 공동담보부동산이 5개 이상인 때에 등기관은 공동담보목록(共同擔保目錄)을 작성해야 한다.

2. 동시배당의 경우

① **모두 채무자 소유의 부동산에 공동저당권이 설정된 경우**
　㉠ 각 부동산의 경매대가에 비례하여 그 채권의 분담을 정한다.
　㉡ 이러한 동시배당의 제한은 후순위자의 존재여부와 상관없이 적용된다.
② **채무자와 물상보증인 소유의 부동산에 공동저당권이 설정된 경우**
　채무자 소유 부동산의 경매대가에서 우선적으로 배당을 받고, 부족분이 있는 경우에 한하여 물상보증인 소유 부동산의 경매대가에서 추가로 배당을 받는다.

테마 40 근저당

1. 의 의

① 근저당이란 계속적 거래관계로부터 발생하는 다수의 불특정 채권을 결산기에서 일정한 한도(최고액)까지의 담보하기 위한 저당권을 말한다.
② 근저당권이 유효하기 위하여 근저당권설정행위와 별도로 피담보채권을 성립시키는 법률행위가 필요하다.
③ 근저당권의 경우 채권의 최고액과 채무자는 반드시 등기하여야 한다.

2. 근저당권의 효력

① 근저당권의 효력은 채권최고액의 범위 안에서 현존하는 채권액의 전부에 미치며, 최고액을 초과한 피담보채권은 담보되지 않는다.
② 채권최고액은 우선변제를 받을 수 있는 한도액을 의미하고, 책임의 한도액을 의미하는 것이 아니다.
③ 근저당권의 효력은 원본, 이자, 위약금, 지연배상이 담보된다. 다만, '지연배상'은 1년분에 한하지 않고 최고액의 한도에서 모두 담보된다.
④ 실행비용은 최고액에 포함되지 않는다.

3. 피담보채권(채무)의 확정 전의 효과

① **부종성 및 수반성의 완화**: 피담보채권(채무) 확정될 때까지의 채무의 소멸 또는 이전은 저당권에 영향을 미치지 아니한다. 따라서 피담보채권이 일시적으로 소멸하더라도 근저당권은 소멸하지 않고, 채권의 일부를 양도하여도 근저당권은 이전하지 않는다.
② **근저당권의 변경**: 피담보채권이 확정되기 전에는 최고액·존속기간의 변경, 채권자·채무자의 변경 등 근저당권의 변경이 가능하다. 채무의 범위나 채무자가 변경된 경우에는 당연히 변경 후의 범위에 속하는 채권이나 채무자에 대한 채권만이 당해 근저당권에 의해 담보된다.

4. 피담보채권(채무)의 확정

(1) 확정사유

① 근저당권의 피담보채권은 결산기의 도래, 존속기간의 만료, 기본계약 또는 근저당권 설정계약의 해지·해제, 채무자에 대하여 파산선고 등으로 확정된다.
② 경매신청의 경우 근저당권자가 스스로 경매를 신청하는 경우에는 경매신청시에 확정되지만, 후순위권리자 또는 일반채권자가 경매를 신청하는 경우에는 경락대금완납시에 확정된다.
③ 경매개시결정이 있은 후에 경매신청이 취하되었다고 하더라도 채무확정의 효과가 번복되는 것은 아니다.

(2) 확정의 효과

① 피담보채권이 확정되면 근저당권은 보통의 저당권과 동일하게 되므로 확정 이후에 새로 발생한 원본채권은 그 근저당권에 의하여 담보되지 아니한다.
② 그러나 확정 전에 발생한 원본채권에 관하여 확정 후에 발생하는 이자나 지연손해금 채권은 채권최고액의 범위 내에서 근저당권에 의하여 여전히 담보된다.

(3) 확정된 채무액이 채권최고액을 초과하는 경우

① 채권총액이 근저당권의 채권최고액을 초과하는 경우 채무자 겸 근저당권설정자는 채무 전액을 변제해야 근저당권 말소청구를 할 수 있다.
② 그러나 물상보증인이나 근저당부동산의 제3취득자는 채권의 최고액만을 변제하면 근저당권설정등기의 말소청구를 할 수 있다.

기출 OX

1. 채권자가 아닌 제3자 명의의 근저당권설정등기는 특별한 사정이 없는 한 무효이다.
   ( ) 제31회
2. 근저당권이 성립하기 위해서는 그 설정행위와 별도로 피담보채권을 성립시키는 법률행위가 있어야 한다. ( ) 제26회
3. 1년분이 넘는 지연배상금이라도 채권최고액의 한도 내라면 전액 근저당권에 의해 담보된다. ( ) 제26회
4. 근저당권에 의해 담보될 채권최고액에 채무의 이자는 포함되지 않는다.
   ( ) 제31회, 제34회, 제35회
5. 근저당권의 실행비용은 채권최고액에 포함되지 않는다. ( ) 제29회
6. 피담보채무의 확정 전에는 채무자를 변경할 수 없다. ( ) 제26회, 제34회, 제35회
7. 근저당권설정자가 적법하게 기본계약을 해지하면 피담보채권은 확정된다. ( ) 제31회
8. 후순위 근저당권자가 경매를 신청한 경우 선순위 근저당권의 피담보채권은 매각대금이 완납된 때에 확정된다. ( ) 제26회, 제28회
9. 근저당권자가 피담보채무의 불이행을 이유로 경매신청을 한 경우에는 경매신청시에 피담보채권액이 확정된다. ( ) 제31회, 제34회
10. 근저당권자가 피담보채무의 불이행을 이유로 경매신청한 후에 새로운 거래관계에서 발생한 원본채권은 그 근저당권에 의해 담보되지 않는다. ( ) 제29회
11. 선순위 근저당권의 확정된 피담보채권액이 채권최고액을 초과하는 경우, 후순위 근저당권자가 그 채권최고액을 변제하더라도, 선순위 근저당권의 소멸을 청구할 수 없다.
    ( ) 제26회
12. 물상보증인은 채권최고액을 초과하는 부분의 채권액까지 변제할 의무를 부담한다.
    ( ) 제29회, 제34회

◆ 정답
1. ○ 2. ○ 3. ○ 4. × 5. ○ 6. × 7. ○ 8. ○ 9. ○ 10. ○ 11. ○ 12. ×

PART

03

계약법

Chapter 01 계약법 총칙

테마 41 계약의 종류

1. 유상계약 · 무상계약

① **유상계약**: 쌍방이 서로 대가적 의미를 갖는 경제적 출연을 하는 계약(매매, 교환, 임대차, 고용, 현상광고 등)
② **무상계약**: 일방만이 경제적 출연을 하는 계약(증여, 사용대차 등)
③ 유상계약은 매매에 관한 규정이 준용되므로 담보책임은 유상계약에서만 문제된다.

2. 쌍무계약 · 편무계약

① **쌍무계약**: 당사자 쌍방이 서로 대가적 의미를 갖는 채무를 부담하는 계약(매매, 교환, 임대차, 고용, 도급 등)
② **편무계약**: 당사자 일방만이 채무를 부담하거나, 쌍방이 채무를 부담하더라도 그것이 대가적 의미를 갖지 않는 계약(증여, 사용대차, 현상광고 등)
③ 동시이행의 항변권, 위험부담은 원칙적으로 쌍무계약에서만 문제된다.
④ 쌍무계약은 모두 유상계약이지만, 유상계약이 반드시 쌍무계약인 것은 아니다.

3. 낙성계약 · 요물계약

① **낙성계약**: 당사자간의 의사표시의 합치만으로 성립하는 계약(민법상 전형계약 중 현상광고를 제외한 나머지 모두가 낙성계약)
② **요물계약**: 당사자 간의 합의 외에 목적물의 인도 기타 급부를 하여야 성립하는 계약(현상광고, 계약금계약, 보증금계약, 대물변제 등)

4. 일시적 계약 · 계속적 계약

① **일시적 계약**: 어떤 시점에서 채무를 이행하면 계약의 목적을 달성하는 계약(매매, 교환, 증여 등)
② **계속적 계약**: 일정기간 동안 계속하여 채무의 내용인 급부가 이루어져야 하는 계약(임대차, 고용 등)

테마 42 계약의 성립

1. 계약의 성립요건으로서의 합의(合意)

(1) 의사의 합치(합의)

① 객관적 합치(내용의 합치)와 주관적 합치(상대방에 대한 합치)가 있어야 한다.
② 매매계약의 경우 매매목적물과 대금은 반드시 계약체결 당시에 구체적으로 특정할 필요는 없고 이를 사후에라도 구체적으로 특정할 수 있는 방법과 기준이 정하여져 있으면 족하다.

(2) (숨은)불합의

불합의가 있으면 계약은 성립하지 않는다. 따라서 착오로 인한 취소의 문제가 발생하지 않는다.

2. 청약과 승낙에 의한 계약의 성립

(1) 청약

① 청약은 승낙만 있으면 곧 계약이 성립하는 구체적·확정적 의사표시이다.
② '청약의 유인'은 확정적 의사표시 없이 상대방으로 하여금 청약을 하게 하려는 행위로써 계약의 내용이 되지 않는다(상가나 아파트의 분양광고 하도급계약에서 견적서 제출).

> **심화 학습**
>
> 1. 다만, 아파트 분양광고의 내용 중 아파트의 외형·재질·구조 등에 관한 것은 특별한 사정이 없는 한 이러한 사항은 분양자와 수분양자 사이의 묵시적 합의에 의하여 분양계약의 내용으로 된다고 할 것이다.
> 2. 그러나 선시공·후분양의 방식으로 분양되는 경우에는 완공된 아파트 등 그 자체가 분양계약의 목적물로 된다고 봄이 상당하므로 분양광고 등에만 표현되어 있는 아파트 등의 외형·재질 등에 관한 사항은 특별한 사정이 없는 한 이를 분양계약의 내용으로 하기로 하는 묵시적 합의가 있었다고 보기는 어렵다.

③ 청약의 의사표시 속에 청약자가 명시적으로 표시될 필요 없다.
④ 청약의 상대방은 불특정다수인에 대한 청약도 가능하다.
⑤ 청약은 상대방에게 도달한 때 효력이 발생한다. 또한 청약의 의사표시를 발송한 후 상대방에게 도달하기 전에 청약자가 사망하거나 제한능력자가 되어도 청약의 효력에는 영향을 미치지 아니한다.
⑥ 청약은 청약의 효력이 발생한 경우(도달 후) 철회하지 못한다.

(2) 청약의 존속기간(승낙기간)

① 승낙기간이 정해져 있는 경우
  ㉠ 승낙의 기간을 정한 계약의 청약은 청약자가 그 기간 내에 승낙의 통지를 받지 못한 때에는 그 효력을 잃는다(계약 불성립).
  ㉡ 승낙의 통지가 기간 후에 도달한 경우에 보통 그 기간 내에 도달할 수 있는 발송인 때에는 청약자는 지체없이 상대방에게 그 연착의 통지를 하여야 한다(계약성립×).
  ㉢ 청약자가 연착의 통지를 하지 아니한 때에는 승낙의 통지는 연착되지 아니한 것으로 본다(계약성립○).
② 승낙의 기간을 정하지 아니한 경우에는 청약자가 상당한 기간 내에 승낙의 통지를 받지 못한 때에는 그 효력을 잃는다.

(3) 승 낙

① 승낙은 불특정다수인에게는 불가능(특정의 청약자에게 하여야 한다.)
② 청약의 상대방은 승낙여부에 대하여 회답할 의무가 있는 것은 아니므로 청약에 대한 회답이 없으면 승낙한 것으로 간주한다는 내용의 청약을 한 경우라도 상대방은 이에 구속되지 않는다(계약성립×).
③ 연착된 승낙은 청약자가 새로운 청약으로 볼 수 있다.
④ 새로운 조건을 붙이거나 변경을 가한 승낙은 청약의 거절과 동시에 새로운 청약으로 본다.

(4) 승낙의 효력발생시기(계약성립시기)

① 격지자간의 계약은 승낙의 통지를 발송한 때에 성립한다.
② 대화자간에는 승낙의 의사표시가 청약자에게 도달한 때에 계약이 성립한다.

3. 기타의 방법에 의한 계약의 성립

(1) 교차청약에 의한 계약성립

당사자간에 동일한 내용의 청약이 상호교차된 경우에는 양청약이 상대방에게 도달한 때에 계약이 성립한다.

(2) 의사실현에 의한 계약성립

① 청약자의 의사표시나 관습에 의하여 승낙의 통지가 필요하지 아니한 경우에는 계약은 승낙의 의사표시로 인정되는 사실이 있는 때에 성립하고, 청약자가 이러한 사실을 알았는지 여부는 문제되지 않는다.
② 예를 들면 주문받은 물건을 송부하는 행위, 유료주차장에 차를 세워둔 경우

기출 OX

1. 계약의 본질적인 내용에 대하여 무의식적 불합의가 있는 경우, 계약을 취소할 수 있다. (　) 제27회
2. 청약은 그에 대한 승낙만 있으면 계약이 성립하는 구체적·확정적 의사표시이어야 한다. (　) 제28회
3. 아파트 분양광고는 청약의 유인의 성질을 갖는 것이 일반적이다. (　) 제28회, 제32회
4. 청약의 유인을 받은 자가 청약의 유인에 대응하는 의사표시를 하면 계약은 즉시 성립한다. (　) 제36회
5. 선시공·후분양이 되는 아파트의 경우, 준공 전 그 외형·재질에 관하여 분양광고에만 표현된 내용은 특별한 사정이 없는 한 분양계약의 내용이 된다. (　) 제35회
6. 불특정 다수인에 대하여도 청약이 가능하다. (　) 제26회, 제27회, 제29회, 제32회
7. 격지자간의 청약은 이를 자유로이 철회할 수 있다. (　) 제26회, 제29회, 제32회
8. 청약자가 청약의 의사표시를 발송한 후 제한능력자가 되어도 청약의 효력에 영향을 미치지 않는다. (　) 제29회
9. 청약자가 그 통지를 발송한 후 도달 전에 사망한 경우, 청약은 효력을 상실한다. (　) 제26회, 제31회
10. 승낙기간을 정하여 청약을 하였으나 청약자가 승낙의 통지를 그 기간 내에 받지 못한 경우, 원칙적으로 청약은 효력을 상실한다. (　) 제26회, 제27회
11. 청약자가 미리 정한 기간 내에 이의를 하지 아니하면 승낙한 것으로 본다는 뜻을 청약 시 표시하였더라도 이는 특별한 사정이 없는 한 상대방을 구속하지 않는다. (　) 제28회, 제29회, 제31회
12. 승낙자가 청약에 대하여 조건을 붙여 승낙한 때에는 그 청약의 거절과 동시에 새로 청약한 것으로 본다. (　) 제28회, 제33회, 제35회, 제36회
13. 격지자간의 계약은 승낙의 통지가 도달한 때에 성립한다. (　) 제26회, 제27회, 제29회, 제35회
14. 당사자간에 동일한 내용의 청약이 상호교차된 경우, 양 청약이 상대방에게 발송한 때에 계약이 성립한다. (　) 제28회, 제32회, 제35회, 제36회
15. 관습에 의하여 승낙의 통지가 필요하지 않는 경우, 계약은 승낙의 의사표시로 인정되는 사실이 있는 때에 성립한다. (　) 제35회

❶ 정답
1. ×　2. ○　3. ○　4. ×　5. ×　6. ○　7. ×　8. ○　9. ×　10. ○　11. ○　12. ○　13. ×　14. ×
15. ○

테마 43 계약체결상의 과실책임·위험부담

1. 불능의 종류와 법적문제

(1) **원시적 불능**

① **전부불능**: 무효, 다만 계약체결상의 과실책임문제가 생길 수 있다.
② **일부불능**: 일부무효법리 적용, 단, 매매 등 유상계약은 유효이고 담보책임문제

(2) **후발적 불능**: 유효

① 채무자 귀책사유(고의 또는 과실)이면 채무불이행책임(이행불능) → 계약해제, 손해배상
② 채무자의 귀책사유가 없으면 위험부담 문제(해제×, 손해배상×)

2. 계약체결상의 과실책임

(1) **요 건**

① 계약내용의 전부가 원시적 불능이어서 그 계약 전부가 무효여야 한다(제535조). 따라서 부동산매매계약에 있어서 실제면적이 계약면적에 미달하는 경우나 계약이 의사의 불합치로 성립하지 아니한 경우에는 계약체결상의 과실에 따른 책임의 이행을 구할 수 없다.
② 배상의무자는 원시적 불능에 대하여 알았거나 알 수 있었어야 한다.
③ 상대방(청구권자)은 선의·무과실이어야 한다.

(2) **효 과**

① 과실 있는 당사자(채무자)는 상대방이 그 계약의 유효를 믿었음으로 인하여 받은 손해(신뢰이익)를 배상하여야 한다.
② 그러나 그 배상액은 계약이 유효함으로 인하여 생길 이익액(이행이익)을 넘지 못한다.

(3) **계약교섭단계에서의 부당파기**

어느 일방이 계약의 교섭단계에서 상대방의 신뢰를 위배하여 상당한 이유 없이 계약의 체결을 거부하여 손해를 입혔다면 이는 불법행위를 구성한다.

3. 위험부담

(1) 의 의

위험부담이란 쌍무계약에서 일방의 채무가 채무자의 책임 없는 사유로 인해 후발적 불능이 되어 소멸한 경우에 타방의 채무가 소멸하는가, 존속하는가의 문제이다.

(2) **채무자 위험부담**(원칙)

① 당사자의 일방의 채무가 당사자 쌍방의 책임 없는 사유로 이행할 수 없게 된 때에는 채무자는 상대방의 이행을 청구하지 못한다(상대방의 채무도 소멸).
② 따라서 계약관계는 해소되고 이미 이행한 급부(계약금, 중도금 등)가 있으면 채무자는 부당이득을 이유로 반환하여야 한다.
③ 만일 상대방이 주택을 인도받아 사용하고 있었던 경우에는 임료상당의 부당이득을 반환하여야 한다.
④ **대상청구권**
　㉠ 대상청구권은 이행을 불능하게 하는 동일한 원인으로 채무자가 이행의 목적물에 대신하는 이익을 얻는 경우에 채권자가 그 이익을 청구할 수 있는 권리이다.
　㉡ 가령 토지가 수용된 경우, 채권자(매수인)는 채무자인 매도인에게 수용보상금청구권의 양도나 수용보상금의 반환을 청구할 수 있다.
　㉢ 쌍무계약의 당사자 일방이 대상청구권을 행사하려면 상대방에 대하여 반대급부를 이행할 의무가 있다. 그러나 반대급부를 완납하였다고 하여 수용보상금청구권 자체가 채권자(매수인)에게 귀속되는 것은 아니다.
　㉣ 대상청구권은 채권자의 권리이지 의무가 아니므로, 채권자는 제537조(채무자위험부담)에 의하여 자신의 채무를 면할 수도 있고, 또 대상청구권을 행사할 수도 있다.

(3) **채권자 위험부담**(예외)

① 채권자의 귀책사유로 이행이 불가능하게 되거나 채권자의 수령지체 중에 당사자 쌍방의 귀책사유 없이 이행이 불가능하게 된 경우에는 채무자는 상대방의 이행을 청구할 수 있다.
② 채무자는 자기의 채무를 면함으로써 이익을 얻은 때(양도소득세 등)에는 이를 채권자에게 상환하여야 한다.

기출 OX

1. 계약이 의사의 불합치로 성립하지 않는다는 사실을 알지 못하여 손해를 입은 당사자는 계약체결 당시 그 계약이 불성립될 수 있다는 것을 안 상대방에게 계약체결상의 과실책임을 물을 수 있다. (　) 제35회
2. 부동산 수량지정 매매에서 실제 면적이 계약면적에 미달하는 경우, 그 부분의 원시적 불능을 이유로 계약체결상의 과실책임을 물을 수 없다. (　) 제35회
3. 계약체결 전에 이미 매매목적물이 전부 멸실된 사실을 과실없이 알지 못하여 손해를 입은 계약당사자는 계약체결 당시 그 사실을 안 상대방에게 계약체결상의 과실책임을 물을 수 있다. (　) 제35회
4. 후발적 불능이 당사자 쌍방에게 책임없는 사유로 생긴 때에는 위험부담의 문제가 발생한다. (　) 제30회
5. 편무계약의 경우 원칙적으로 위험부담의 법리가 적용되지 않는다. (　) 제30회
6. 매도인의 소유권이전채무가 쌍방의 귀책사유 없이 불능이 된 경우, 매도인은 매수인에게 매매대금의 지급을 청구할 수 없다. (　) 제27회, 제35회
7. 당사자 쌍방의 귀책사유 없는 이행불능으로 매매계약이 종료된 경우, 매도인은 이미 지급받은 계약금을 반환하지 않아도 된다. (　) 제27회, 제30회, 제34회, 제35회
8. 계약당사자는 위험부담에 관하여 민법 규정과 달리 정할 수 있다. (　) 제31회, 제36회
9. 채무자의 책임 있는 사유로 후발적 불능이 발생한 경우, 위험부담의 법리가 적용된다. (　) 제31회
10. 매매목적물이 이행기 전에 강제수용된 경우, 매수인이 대상청구권을 행사하면 매도인은 매매대금 지급을 청구할 수 있다. (　) 제30회, 제31회
11. 매도인의 소유권이전채무가 매수인의 과실로 불능이 된 경우, 매도인은 매수인에게 매매대금의 지급을 청구할 수 있다. (　) 제27회, 제31회, 제34회
12. 매수인의 수령지체 중에 쌍방의 귀책사유 없이 매도인의 소유권이전채무가 불능이 된 경우, 매도인은 매수인에게 대금지급을 청구할 수 없다. (　) 제27회, 제31회, 제34회, 제35회

◆ 정답
1. × 2. ○ 3. ○ 4. ○ 5. × 6. ○ 7. × 8. ○ 9. × 10. ○ 11. ○ 12. ×

테마 44 동시이행의 항변권

1. 의 의

쌍방이 서로 대가적 의미 있는 채무를 부담하고 있는 경우에 당사자 일방이 자기의 채무를 이행제공을 하지 아니한 채 상대방의 채무의 이행을 청구할 때에 상대방이 자기의 채무이행을 거절할 수 있는 연기적 항변권(延期的 抗辯權)이다.

2. 동시이행관계(동시이행항변권) 인정 여부

(1) **인정되는 경우**
① 원칙적으로 쌍방의 채무가 동일한 쌍무계약으로부터 발생한 것이어야 한다.
② 동시이행의 관계에 있는 쌍방의 채무가 채무의 동일성이 유지되는 한 인정(채권양도, 채권압류 및 전부·추심, 이행불능으로 인한 손해배상채무 등)
③ 수령지체에 빠진 자도 그 후의 상대방의 단순청구에 대해서는 동시이행의 항변권을 행사할 수 있다.
④ 전세권설정자의 전세금반환의무와 전세권자의 목적물인도 및 전세권등기말소의무
⑤ 모든 임대인의 보증금반환의무와 임차인의 목적물반환의무
⑥ 가등기담보에서 채권자의 청산금지급의무와 채무자의 목적부동산에 대한 본등기 및 인도의무
⑦ 가압류있는 부동산매매에서 소유권이전등기 및 가압류등기말소 의무와 대금지급의무
⑧ 계약의 해제·무효·취소로 인한 원상회복의무·부당이득반환의무 및 손해배상의무
⑨ 구분소유적 공유관계가 해소되는 경우, 공유지분권자 상호간의 지분이전등기의무
⑩ 선이행의무자는 상대방의 이행이 곤란할 현저한 사유가 있는 때 또는 선이행의무자가 이행지체 중 상대방의 변제기가 도래 한 경우에는 동시이행항변권을 행사할 수 있다.
⑪ 매수인이 매도인을 상대로 매매목적 부동산 중 일부에 대해서만 소유권이전등기의무의 이행을 구하고 있는 경우에도 매도인은 특별한 사정이 없는 한 그 매매잔대금 전부에 대하여 동시이행의 항변권을 행사할 수 있다.

(2) **부정되는 경우**
① 당사자 쌍방이 각각 별개의 약정(다른 법률상 원인에 의해)으로 상대방에 대하여 채무를 지게 된 경우에는 동시이행의 항변권이 생기지 않는다(특약으로 가능).
② 채무변제와 담보권(저당권, 가등기담보, 양도담보)등기의 말소(변제가 선이행)
③ 임차권등기명령에 의한 임차권등기의 말소와 임대인의 보증금반환의무
④ 매도인의 토지거래허가신청절차 협력의무와 매수인의 대금지급의무

⑤ 근저당권실행을 위한 경매가 무효가 된 경우, 낙찰자의 채무자에 대한 소유권 이전등기말소의무와 근저당권자의 낙찰자에 대한 배당금반환의무
⑥ 상가건물 임차인의 임차목적물 반환의무와 임대인의 권리금 회수 방해로 인한 손해배상의무

3. 동시이행항변권의 효과

① **이행지체책임의 면제**: 동시이행항변권을 행사하지 않더라도 지체책임×
② **소송상 원용**: 당사자가 원용하여야 법원에서 심리(법원 직권×)
③ **소송상의 효과**: 일부승소의 판결(상환급부판결)
④ **상계의 금지**: 동시이행의 항변권이 붙어있는 채권은 자동채권으로 상계금지
⑤ 동시이행의 항변권은 소멸시효의 진행에 영향을 미치지 않는다.

> **기출 OX**
>
> 1. 계약해제로 인한 당사자 쌍방의 원상회복의무는 동시이행관계에 있다. (　) 제29회
> 2. 구분소유적 공유관계를 해소하기 위한 공유지분권자 상호간의 지분이전등기의무는 동시이행관계에 있다. (　) 제29회, 제32회, 제35회
> 3. 전세권이 소멸한 때에 전세권자의 목적물인도 및 전세권설정등기말소의무와 전세권설정자의 전세금반환의무는 동시이행관계에 있다. (　) 제29회
> 4. 근저당권 실행을 위한 경매가 무효인 경우, 낙찰자의 채무자에 대한 소유권이전등기말소의무와 근저당권자의 낙찰자에 대한 배당금반환의무는 동시이행관계에 있다. (　) 제29회, 제36회
> 5. 임대차 종료시 임차보증금 반환의무와 임차물 반환의무는 동시이행관계에 있다. (　) 제31회, 제32회
> 6. 「주택임대차보호법」상 임차권등기명령에 따라 행해진 임차권등기의 말소의무와 임대차보증금 반환의무는 동시이행관계에 있다. (　) 제33회
> 7. 피담보채권을 변제할 의무와 근저당권설정등기 말소의무는 동시이행관계에 있다. (　) 제31회
> 8. 채무를 담보하기 위해 채권자 명의의 소유권이전등기가 된 경우, 피담보채무의 변제의무와 그 소유권이전등기의 말소의무는 동시이행관계에 있다. (　) 제35회, 제36회
> 9. 매도인의 토지거래허가 신청절차에 협력할 의무와 매수인의 매매대금지급의무는 동시이행관계에 있다. (　) 제31회, 제32회
> 10. 토지임차인이 건물매수청구권을 행사한 경우, 토지임차인의 건물인도 및 소유권이전등기의무와 토지임대인의 건물대금지급의무는 동시이행관계에 있다. (　) 제31회
> 11. 임대차계약 종료에 따른 임차인의 임차목적물 반환의무와 임대인의 권리금 회수 방해로 인한 손해배상의무는 동시이행관계에 있다. (　) 제32회, 제36회

12. 동시이행관계에 있는 쌍방의 채무 중 어느 한 채무가 이행불능이 되어 손해배상채무로 바뀌는 경우, 동시이행의 항변권은 소멸한다. (　) 제26회
13. 선이행의무자가 이행을 지체하는 동안에 상대방의 채무의 변제기가 도래한 경우, 특별한 사정이 없는 한 쌍방의 의무는 동시이행관계가 된다. (　) 제26회
14. 양 채무의 변제기가 도래한 쌍무계약에서 수령지체에 빠진 자는 이후 상대방이 자기 채무의 이행제공 없이 이행을 청구하는 경우, 동시이행의 항변권을 행사할 수 있다. (　) 제35회
15. 임대차 종료 후 보증금을 반환받지 못한 임차인이 동시이행의 항변권에 기하여 임차목적물을 점유하는 경우, 불법점유로 인한 손해배상책임을 진다. (　) 제26회
16. 동시이행의 항변권은 당사자의 주장이 없어도 법원이 직권으로 고려할 사항이다. (　) 제26회

❶ 정답
1. ○　2. ○　3. ○　4. ×　5. ○　6. ×　7. ×　8. ×　9. ×　10. ○　11. ×　12. ×　13. ○　14. ○
15. ×　16. ×

테마 45　제3자를 위한 계약

1. 서 설

(1) 의 의

① 예컨대, 매도인 甲과 매수인 乙이 계약을 하면서 그 대금을 丙에게 지급하기로 약정하는 경우를 말한다.
② 위의 경우 채권자인 甲을 요약자, 채무자인 乙을 낙약자, 제3자인 丙을 수익자라 한다.
③ 채무자와 인수인의 계약으로 체결되는 병존적 채무인수는 제3자를 위한 계약으로 볼 수 있다.

(2) 출연의 원인관계

① 요약자(甲)와 낙약자(乙)의 관계를 기본관계(보상관계)라고 하며, 이 기본관계는 제3자를 위한 계약의 내용을 이루므로 그 의사표시의 하자·흠결은 계약의 효력에 영향을 미친다.
② 요약자(甲)와 수익자(丙)의 관계를 대가관계라 하며, 대가관계는 제3자를 위한 계약의 내용을 이루지 않으며 그 의사표시의 하자·흠결은 제3자를 위한 계약의 성립이나 효력에 영향을 미치지 않는다. 따라서 요약자는 대가관계의 부존재나 효력의 상실을 이유로 자신이 기본관계에 기하여 낙약자에게 부담하는 채무의 이행을 거부할 수 없다.

(3) **제3자를 위한 계약의 성립요건**
① 계약의 당사자인 요약자와 낙약자 사이에 계약이 유효하게 성립하고 있어야 한다.
② 요약자(甲)와 낙약자(乙)는 계약의 당사자로서 수익자의 동의 없이 취소권이나 해제권을 행사할 수 있으며, 그로 인한 반환청구권도 당사자간(요약자와 낙약자)에만 행사할 수 있고 제3자인 수익자에게는 청구할 수 없다.
③ 계약의 당사자가 제3자에 대하여 가진 채권에 관하여 그 채무를 면제하는 계약도 제3자를 위한 계약에 준하는 것으로 유효하다.
④ 제3자에게 권리뿐만 아니라 부수적인 의무를 부담하게 하는 것도 가능하다.
⑤ 제3자는 계약 당시에 현존하거나 특정하지 않아도 무방하다.

2. 제3자(수익자, 丙)에 대한 효과

(1) **제3자의 지위**
① **계약의 당사자×**: 취소권·해제권 행사×, 원상회복이나 부당이득반환 당사자×
② **제3자 보호규정에서의 제3자×**: 당사자 간의 계약이 무효·취소·해제되어 제3자가 보호받는 경우에도 수익자는 제3자에 해당하지 않는다(보호×).

(2) **제3자의 권리취득**
① 제3자(수익자)의 권리는 제3자가 채무자(낙약자)에 대하여 수익의 의사를 표시한 때에 생긴다(계약시에 소급×).
② 제3자의 수익의 의사표시는 제3자를 위한 계약의 성립요건이 아니고 제3자의 권리발생요건이다.
③ 수익의 의사표시 후에는 요약자와 낙약자는 제3자의 권리를 변경 또는 소멸시키지 못한다. 따라서 甲과 乙이 계약을 합의해제할 수 없고, 합의해제하더라도 특별한 사정이 없는 한 丙에게는 효력이 없다. 다만, 제3자의 권리를 변경·소멸시킬 수 있음을 미리 유보하였거나 제3자의 동의가 있는 경우에는 가능하다.
④ 수익의 의사표시를 한 제3자는 낙약자에 대해 직접 자기에게 이행할 것을 청구할 수 있다. 또한 채무자(낙약자)의 채무불이행이 있으면 제3자는 계약을 해제 할 수는 없으나 채무자에 대한 손해배상을 청구할 수 있다.

3. 낙약자(채무자, 乙)에 대한 효과

① 낙약자(채무자)는 제3자에게 상당한 기간을 정하여 계약의 이익의 향수여부의 확답을 최고할 수 있고, 낙약자가 그 기간 내에 확답을 받지 못한 때에는 제3자가 계약의 이익을 받을 것을 거절한 것으로 본다.

② 낙약자는 요약자와의 계약(기본관계, 보상관계)에 기한 항변으로 제3자에게 대항(거절)할 수 있다. 그러나 낙약자는 요약자와 수익자 사이의 법률관계(대가관계)에 기한 항변으로 제3자에게 대항하지 못한다.

> **기출 OX**
>
> 1. 채무자와 인수인의 계약으로 체결되는 병존적 채무인수는 제3자를 위한 계약으로 볼 수 있다. ( ) 제28회, 제32회
> 2. 계약당사자가 제3자에 대하여 가진 채권에 관하여 그 채무를 면제하는 계약도 제3자를 위한 계약에 준하는 것으로서 유효하다. ( ) 제28회
> 3. 제3자를 위한 계약의 당사자는 요약자, 낙약자, 수익자이다. ( ) 제33회
> 4. 수익자는 계약의 해제권이나 해제를 원인으로 한 원상회복청구권이 없다.
>   ( ) 제26회, 제27회, 제28회, 제31회, 제32회, 제33회, 제34회
> 5. 수익자는 계약의 해제를 원인으로 한 원상회복청구권이 없다. ( ) 제29회
> 6. 수익자는 요약자의 제한행위능력을 이유로 계약을 취소하지 못한다. ( ) 제29회, 제35회
> 7. 낙약자의 채무불이행이 있으면, 요약자는 수익자의 동의 없이 계약을 해제할 수 있다.
>   ( ) 제29회, 제34회, 제35회
> 8. 수익자가 대금을 수령하였으나 매매계약이 무효인 것으로 판명된 경우, 특별한 사정이 없는 한 낙약자는 수익자에게 대금반환을 청구할 수 없다.
>   ( ) 제26회, 제30회, 제31회, 제34회, 제35회
> 9. 낙약자는 요약자와의 계약(기본관계)에서 발생한 항변으로 수익자에게 대항할 수 있다.
>   ( ) 제28회, 제29회, 제33회
> 10. 요약자와 낙약자간의 계약이 요약자의 착오로 취소된 경우, 수익자는 착오취소로써 대항할 수 없는 제3자의 범위에 속한다. ( ) 제30회
> 11. 낙약자는 요약자와의 계약에 기한 동시이행의 항변으로 제3자에게 대항할 수 없다.
>   ( ) 제27회
> 12. 요약자가 낙약자에게 매매계약에 따른 이행을 하지 않더라도, 낙약자는 특별한 사정이 없는 한 수익자에게 대금지급을 거절할 수 없다. ( ) 제26회, 제31회
> 13. 요약자와 낙약자의 매매계약이 적법하게 취소된 경우, 제3자의 급부청구권은 소멸한다.
>   ( ) 제26회
> 14. 낙약자는 요약자와 수익자 사이(대가관계)의 채무부존재의 항변으로 수익자에게 대항할 수 없다. ( ) 제34회
> 15. 요약자와 수익자의 법률관계가 무효인 경우, 특별한 사정이 없는 한 낙약자는 수익자에게 대금지급을 거절할 수 있다. ( ) 제35회
> 16. 甲은 대가관계의 부존재를 이유로 자신이 기본관계에 기하여 乙에게 부담하는 채무의 이행을 거부할 수 없다. ( ) 제30회
> 17. 제3자는 계약체결 당시에 현존·특정되어 있어야 한다. ( ) 제27회, 제33회

18. 제3자의 권리는 그 제3자가 채무자에 대해 수익의 의사표시를 하면 계약의 성립시에 소급하여 발생한다. (　) 제32회
19. 수익의 의사표시를 한 수익자는 낙약자에게 직접 그 이행을 청구할 수 있다.
(　) 제28회, 제30회, 제32회
20. 제3자의 수익의 의사표시 후 특별한 사정이 없는 한, 계약당사자의 합의로 제3자의 권리를 소멸이나 변경시킬 수 없다. (　) 제26회, 제27회
21. 요약자와 낙약자가 계약을 체결할 때 수익자의 권리를 변경시킬 수 있음을 유보한 경우, 요약자와 낙약자는 수익자의 권리를 변경시킬 수 있다. (　) 제35회
22. 제3자가 수익의 의사표시를 한 후 요약자가 수익자의 채무불이행을 이유로 계약을 해제하면, 제3자는 낙약자에게 그 채무불이행으로 자기가 입은 손해의 배상을 청구할 수 있다. (　) 제30회, 제31회, 제34회
23. 낙약자가 상당한 기간을 정하여 제3자에게 수익 여부의 확답을 최고하였음에도 그 기간 내에 확답을 받지 못한 때에는 제3자가 수익의 의사를 표시한 것으로 본다.
(　) 제27회

◆ 정답
1. ○ 2. ○ 3. × 4. ○ 5. ○ 6. ○ 7. ○ 8. ○ 9. ○ 10. × 11. × 12. ○ 13. ○ 14. ○ 15. × 16. ○ 17. × 18. × 19. ○ 20. ○ 21. ○ 22. ○ 23. ×

테마 46 계약의 해제

1. 의 의

① 계약의 해제는 유효하게 성립하고 있는 계약의 효력을 해제권자의 일방적 의사표시에 의하여 처음부터 계약이 성립하지 않았던 것과 같은 상태로 복귀시키는 것을 말한다 (상대방 있는 단독행위, 해제권은 형성권).
② 해제권은 발생사유에 따라 법률의 규정에 의해 발생하는 '법정해제권'과 당사자 간의 약정으로 해제권이 발생하는 것으로 미리 유보해둔 '약정해제권'이 있다.

> **넓혀 보기**
>
> **각종 해제의 특성**
> 1. 해제의 의사표시를 하여야 해제의 효과발생(자동으로 해제×)
> 2. 소급하여 계약효력 소멸(소유권은 자동으로 복귀, 제3자 보호)
> 3. 서로 영향을 미치지 않음

2. 법정해제권의 발생(채무불이행)

(1) 이행지체로 인한 해제권의 발생

① 당사자 일방이 이행지체인 때에는 상대방은 상당한 기간을 정하여 그 이행을 최고하고 그 기간 내에 이행하지 아니한 때에는 계약을 해제할 수 있다.

② 기간이 상당하지 않거나 기간을 정하지 않은 경우에도 최고로서 유효하고, 이 경우에는 최고 후 객관적으로 상당한 기간이 지나면 해제권이 발생한다.

③ 과다최고의 경우에는 채무의 동일성이 인정되는 한 본래의 급부범위 내에서 최고의 효력이 인정되지만, 본래의 급부보다 과다한 정도가 현저하고 채권자가 청구한 금액을 제공하지 않으면 그것을 수령하지 않을 것이라는 의사가 분명한 경우에는 그 최고는 부적법하여 최고로서의 효력이 없다.

④ **최고를 요하지 않는 경우**
   ㉠ 채무자가 미리 이행하지 아니할 의사를 명백히 표시한 경우에는 최고를 요하지 않고, 반대채무의 이행제공할 필요 없이 해제할 수 있다.
   ㉡ 그러나 이행거절의 의사표시가 적법하게 철회된 경우에는 상대방으로서는 자기 채무의 이행을 제공하고 상당한 기간을 정하여 이행을 최고한 후에 계약을 해제할 수 있다.
   ㉢ 계약의 성질 또는 당사자의 의사표시에 의하여 일정한 시일 또는 일정한 기간 내에 이행하지 아니하면 계약의 목적을 달성할 수 없을 경우(정기행위: 결혼식에 입을 예복의 주문 등)에 당사자 일방이 그 시기에 이행하지 아니한 때에는 상대방은 최고하지 아니하고 계약을 해제할 수 있다(해제의사표시 없이 해제×).

(2) 이행불능으로 인한 해제권의 발생

① 이행불능이 있으면 이행기를 기다리지 않고, 해제권자의 이행제공을 필요 없이, 최고 없이 해제할 수 있다.

② 이행불능이 채무자의 책임 있는 사유로 인한 것이어야 한다. 따라서 매도인의 소유권이전의무가 매수인의 귀책사유로 이행불능이 된 경우에 매수인은 이행불능을 이유로 계약을 해제할 수 없다.

③ 쌍무계약에서 당사자의 일방이 이행을 제공하더라도 상대방이 채무를 이행할 수 없음이 명백한지의 여부는 계약해제시를 기준으로 판단하여야 한다.

④ 일부가 이행 불능인 경우에는 나머지 부분만으로 계약의 목적을 달성할 수 있는 때에는 그 불능부분에 대해서만 해제권이 발생한다. 그러나 이행이 가능한 나머지 부분만의 이행으로 계약의 목적을 달할 수 없을 때에만 계약 전부를 해제할 수 있다.

(3) 부수적 의무의 불이행과 해제권 발생 여부

특별한 사정이 없는 한 부수적 채무(토지거래허가에서 협력의무)를 불이행한 데에 지나지 않은 경우에는 계약을 해제할 수 없다.

3. 해제권의 행사(해제의 의사표시)

① 해제는 상대방에 대한 의사표시이므로 상대방에게 도달한 때에 효력이 발생하고, 단독행위이므로 원칙적으로 조건이나 기한을 붙이지 못한다.
② 다만, 상당한 기간을 정한 이행최고와 함께 그 기간 내에 이행이 없을 것을 정지조건으로 하여 미리 해제의 의사표시를 하는 경우에는 그로부터 상당기간이 경과함으로써 위 매매계약은 적법하게 해제되었다.
③ 해제의 의사표시를 소제기에 의한 경우 그 소장(訴狀)이 피고에게 송달됨으로써 해제권을 행사하였다 할 것이고, 그 후에 원고가 그 소송을 취하하였다 하여 위 해제의 효력에 아무런 영향도 미치지 않는다.
④ 당사자의 쌍방 또는 일방이 수인인 경우 그 전원으로부터 또는 전원에 대하여 하여야 한다. 따라서 매도인이 공동매수인 중 1인의 대금지체를 이유로 그 1인에 대하여만 해제권을 행사하였더라도 특별한 사정이 없는 한 해제의 효력은 발생하지 않는다.
⑤ 다만, 공유자가 공유토지에 대한 매매계약을 체결한 경우. 특별한 사정이 없는 한 공유자 중 1인은 다른 공유자와 별개로 자신의 지분에 관하여 매매계약을 해제할 수 있다.
⑥ 수인의 당사자 중 1인에 대하여 해제권이 소멸한 때에는 다른 당사자에 대하여도 소멸한다.

4. 법정해제의 효과

(1) 계약의 소급적 실효

① 일방당사자의 계약위반을 이유로 계약이 해제되었음에도 상대방이 계약상 의무의 이행을 구하는 경우 계약을 위반한 당사자도 해제를 이유로 그 이행을 거절할 수 있다.
② 계약이 해제되면 그 계약의 이행으로 변동이 생겼던 물권은 당연히 그 계약이 없었던 원상태로 복귀한다(원상회복청구권은 소유권에 기한 물권적 청구권).
③ 제3자 보호
  ㉠ 계약해제의 효력은 제3자의 권리를 해하지 못한다(제548조 제1항 단서).
  ㉡ 여기서 제3자라 함은 해제된 계약으로부터 새로운 이해관계를 가졌을 뿐 아니라 등기·인도 등으로 완전한 권리 또는 대항력을 취득한 자를 말한다.

제3자에 해당하는 경우	제3자에 해당하지 않는 경우
① 매매계약에서 매수인의 채권자로 그 부동산을 가압류한 자 ② 매매계약에서 그 부동산에 대하여 소유권이전등기, 저당권설정등기, 전세권설정등기, 가등기를 한 자 ③ 매매계약의 해제로 인하여 소유권을 상실하게 된 매수인으로부터 그 계약이 해제되기 전에 주택을 임차하여 대항요건을 갖춘 임차인	① 해제로 인하여 소멸되는 계약상의 채권 양수인, 채권을 압류, 가압류한 자 ② 계약이 해제되기 전에 계약상의 채권을 양수하여 이를 피보전권리로 하여 처분금지가처분결정을 받은 자 ③ 매매계약에 기한 매수인의 소유권이전등기청구권을 가압류한 자 ④ 미등기 무허가건물의 매수인으로부터 무허가건물을 다시 매수하고 무허가건물관리대장에 소유자로 등재한 자 ⑤ 토지를 매도했다가 그 매매계약을 해제한 경우에 있어서 그 토지 위에 신축한 건물의 매수인

ⓒ 해제 전에는 제3자의 선의·악의를 불문하고 보호되지만, 해제 후에 당사자와 양립되지 아니하는 법률관계를 가지게 된 제3자는 선의만 보호되고 악의는 보호되지 않는다.

☑ 보호되는 제3자 비교

구 분	비정상 의사표시의 제3자	해제에서의 제3자
법규정	선의의 제3자에게 대항하지 못한다.	제3자의 권리를 해하지 못한다.
개 념	비정상의사표시를 기초로 실질적으로 새로운 이해관계를 맺은 자 예 ① 부동산에 대하여 가압류한 자 ○ ② 채권에 대하여 가압류한 자 ○	새로운 이해관계를 가졌을 뿐 아니라 등기·인도 등으로 완전한 권리를 취득한 자 예 ① 부동산에 대하여 가압류한 자 ○ ② 채권에 대하여 가압류한 자 ×
선의여부	선의의 경우만 보호	해제 전에는 선의·악의 불문 보호, 해제 후에는 선의만 보호

(2) 원상회복의무

① 계약이 해제되면 각 당사자는 받은 이익의 현존 여부나 선의·악의를 불문하고 받은 이익의 전부를 반환하여야 한다.
② 금전인 경우에는 반환할 금전에는 그 받은 날로부터 이자를 가하여야 한다. 이자의 반환은 이행지체로 인한 손해배상이 아니라 부당이득반환의 성질을 가지는 것이다.
③ 물건이 급부되어 있는 경우에는 선악불문하고 과실(사용이익)도 반환하여야 한다.

(3) 손해배상청구

① 계약의 해제는 손해배상의 청구에 영향을 미치지 아니한다. 즉, 계약을 해제한 자는 원상회복을 청구하면서 손해가 발생한 경우에는 손해배상도 함께 청구할 수 있다.
② 쌍방이 부담하는 원상회복의무, 손해배상의무는 동시이행관계이다.

5. 해제권의 특수한 소멸원인

① 해제권은 형성권이므로 10년의 제척기간이 경과하면 소멸한다.
② 해제권자의 고의나 과실로 인하여 계약의 목적물이 현저히 훼손되거나 이를 반환할 수 없게 된 때 또는 가공이나 개조로 인하여 다른 종류의 물건으로 변경된 때에는 해제권은 소멸한다.

6. 합의해제(해제계약)

(1) 의 의

① 합의해제는 기존의 계약의 효력을 소멸시킬 것을 내용으로 하는 새로운 계약이다.
② 합의해제는 묵시적으로도 가능하므로 매도인이 수령한 계약금과 중도금을 공탁하였는데 매수인이 이의 없이 수령한 경우, 계약 후 당사자 쌍방의 계약실현 의사의 결여 또는 포기로 인하여 쌍방 모두 장기간 이를 방치한 경우 등은 묵시적 합의해제가 인정된다.
③ 계약을 합의해제 한 후 그 합의해제를 무효화 시키고 해제된 매매계약을 부활시키는 약정도 계약자유의 원칙상 허용된다.

(2) 합의해제의 효과

① 합의해제의 효력은 그 합의해제의 내용에 의하여 다루어지는 것이고, 이에는 해제에 관한 민법의 규정은 적용되지 않는다. 따라서 계약이 합의해제된 경우에는 특약이 없는 한 채무불이행으로 인한 손해배상을 청구할 수 없으며, 반환할 금전에 그 받은 날로부터 이자를 가산할 의무도 없다.
② 그러나 합의해제로 계약은 소급적으로 소멸하므로, 이전되었던 소유권은 당연히 매도인에게 복귀하게 되고, 합의해제로 제3자의 권리를 해할 수 없다.

> **넓혀 보기**
>
> **해 지**
> 1. 해지는 계속적 채권계약(소비대차·사용대차·임대차·고용 등)에서 계약의 효력을 장래에 향하여 소멸시키는 계약당사자의 일방적 의사표시이다.
> 2. 계약의 당사자가 수인인 경우에 해지권의 행사는 전원으로부터 전원에 대하여 하여야 한다.
> 3. 당사자 일방이 계약을 해지한 때에는 계약은 장래에 대하여 그 효력을 잃는다.
> 4. 따라서 계약이 해지되면 원상회복의무는 없고, 청산의무가 발생한다.
> 5. 계약의 해지는 손해배상의 청구에 영향을 미치지 않는다(손해배상 청구 가능).

기출 OX

1. 이행의 최고는 반드시 미리 일정기간을 명시하여 최고하여야 하는 것은 아니다.
   (   ) 제28회

2. 성질상 일정한 기간 내에 이행하지 않으면 그 목적을 달성할 수 없는 계약에서 당사자 일방이 그 시기에 이행하지 않으면 해제의 의사표시가 없더라도 해제의 효과가 발생한다.
   (   ) 제26회, 제28회

3. 이행불능으로 계약을 해제하는 경우, 채권자는 동시이행관계에 있는 자신의 급부를 제공할 필요가 없다. (   ) 제31회

4. 일부 이행불능의 경우, 계약목적을 달성할 수 없으면 계약 전부의 해제가 가능하다.
   (   ) 제31회

5. 토지매매계약체결 후에 매도인의 채권자가 해당 토지를 가압류하면, 매수인은 이를 이유로 계약을 즉시 해제할 수 있다. (   ) 제35회

6. 당사자의 쌍방이 수인인 경우, 계약의 해제는 그 1인에 대하여 하더라도 효력이 있다.
   (   ) 제26회, 제28회, 제29회

7. 계약의 해제 전 매수인으로부터 매매대상 토지를 매수하여 그에 기한 소유권이전청구권보전을 위한 가등기를 마친 자는 계약해제의 소급효로부터 보호되는 제3자에 해당한다.
   (   ) 제27회, 제35회

8. 토지매매계약의 해제 전 해당 토지상 매수인의 신축 건물을 매수한 자는 계약해제의 소급효로부터 보호되는 제3자에 해당한다. (   ) 제27회

9. 계약해제 전 그 계약상의 채권을 양수하고 이를 피보전권리로 하여 처분금지가처분결정을 받은 채권자는 계약해제의 소급효로부터 보호되는 제3자에 해당한다. (   ) 제30회

10. 매매계약에 의하여 매수인 명의로 이전등기 된 부동산을 계약해제 전에 가압류 집행한 자는 계약해제의 소급효로부터 보호되는 제3자에 해당한다. (   ) 제30회, 제35회

11. 계약해제 전 그 계약상의 채권을 압류한 자는 계약해제의 소급효로부터 보호되는 제3자에 해당한다. (　　) 제30회
12. 주택의 매매계약이 적법하게 해제된 경우, 매수인의 소유권이전등기청구권을 압류한 자는 계약해제의 소급효로부터 보호되는 제3자에 해당한다. (　　) 제35회
13. 계약이 해제(합의해제)되면 그 계약의 이행으로 변동이 생겼던 물권은 당연히 그 계약이 없었던 원상태로 복귀한다. (　　) 제31회, 제33회, 제36회
14. 계약이 채무불이행으로 해제된 경우, 매도인은 매수인으로부터 받은 계약금에 이자를 가산하여 반환할 의무를 진다. (　　) 제35회
15. 토지매매계약이 채무불이행으로 해제된 경우, 토지를 인도받아 사용·수익하고 있던 매수인은 매도인에게 토지와 그 사용이익을 반환할 의무가 있다. (　　) 제35회
16. 매도인이 잔금기일 경과 후 해제를 주장하며 수령한 대금을 공탁하고 매수인이 이의 없이 수령한 경우, 특별한 사정이 없는 한 합의해제된 것으로 본다. (　　) 제31회, 제32회
17. 계약이 합의해제된 경우, 다른 사정이 없는 한 채무불이행으로 인한 손해배상을 청구할 수 없다. (　　) 제29회, 제30회, 제31회, 제36회
18. 매도인은 다른 약정이 없으면 합의해제로 인하여 반환할 금전에 그 받은 날로부터 이자를 가산하여야 할 의무가 있다. (　　) 제26회, 제29회, 제30회, 제31회, 제32회
19. 합의해제의 경우에도 법정해제의 경우와 마찬가지로 제3자의 권리를 해하지 못한다. (　　) 제30회, 제31회, 제32회, 제36회
20. 합의해제를 무효화시키고 해제된 매매계약을 부활시키는 약정은 원칙적으로 당사자 사이에서도 그 효력이 없다. (　　) 제36회

◆ 정답
1. ○ 2. × 3. ○ 4. ○ 5. × 6. × 7. ○ 8. × 9. × 10. ○ 11. × 12. × 13. ○ 14. ○ 15. ○ 16. ○ 17. ○ 18. × 19. ○ 20. ×

Chapter 02 매 매

테마 47 계약금

1. 계약금계약

① 계약금계약은 매매 등의 주된 계약에 부수하여 행해지는 종된 계약이다. 따라서 주된 계약이 무효이거나 취소·해제되면 계약금계약도 효력을 잃는다. 다만, 반드시 주된 계약과 동시에 할 필요는 없고, 주된 계약 이후에도 가능하다.
② 계약금계약은 요물계약이다. 따라서 계약금을 지급하기로 약정은 하였으나 그 전부 또는 일부를 현실로 지급하지 않은 상태에서는 '계약금계약'이 성립하지 않으므로 임의로 주계약을 해제를 할 수 없다.

2. 계약금의 성질(기능)

① **증약금** : 최소한의 당연한 성질(계약금은 언제나 증약금의 성질)
② **해약금** : 당사자 사이의 특별한 약정이 없는 한 해약금으로 추정한다(당사자는 해약금 배제특약 가능).
③ **위약금** : 계약금을 위약금으로 한다는 약정이 있는 경우에는 위약금의 성질을 가진다 (손해배상액의 예정으로 추정되어 매수인이 계약을 위반하면 매도인은 계약금을 손해배상금으로 몰수). 따라서 위약금의 특약이 없는 이상 계약이 일방의 귀책사유로 해제되었다 하더라도 상대방은 계약불이행으로 입은 실제 손해만을 배상받을 수 있을 뿐 계약금이 상대방에게 당연히 귀속되는 것은 아니다.

3. 해약금에 의한 계약의 해제(임의규정)

> **제565조【해약금】** ① 매매의 당사자 일방이 계약당시에 금전 기타 물건을 계약금, 보증금 등의 명목으로 상대방에게 교부한 때에는 당사자간에 다른 약정이 없는 한 당사자의 일방이 이행에 착수할 때까지 교부자는 이를 포기하고 수령자는 그 배액을 상환하여 매매계약을 해제할 수 있다.

(1) **해제의 시기**(이행에 착수할 때까지)
　① 이행의 준비만으로는 이행의 착수에 해당×, 매수인이 잔대금의 전부를 준비하고서 소유권이전등기를 청구하는 경우, 중도금의 지급이나 중도금지급에 갈음하여 매수인의 제3자에 대한 대여금채권을 매도인에게 양도하기로 약정하고 그 자리에 제3자도 참석한 경우 등은 이행의 착수에 해당○
　② 이행기의 약정이 있다 하더라도 특별한 사정이 없는 한 그 이행기 전에 이행에 착수할 수도 있다. 다만, 계약에서 정한 매매대금의 이행기가 매도인을 위해서도 기한의 이익을 부여하는 것이라고 볼 수 있는 경우, 채무자는 이행기 전에 이행에 착수할 수 없다.
　③ 매도인이 매수인에 대하여 매매잔대금의 지급을 구하는 소송을 제기한 것만으로는 이행에 착수하였다고 볼 수 없으므로 매수인은 계약금을 포기하고 계약을 해제할 수 있다.
　④ 계약금만 수수한 상태에서 당사자가 토지거래허가신청을 하여 그 허가를 받았다 하더라도, 그러한 사정만으로는 아직 이행의 착수가 있다고 할 수 없어 매도인으로서는 계약금의 배액을 상환하여 매매계약을 해제할 수 있다.

(2) **해제의 방법**
　① 교부자는 이를 포기하고 수령자는 그 배액을 상환하여 매매계약을 해제할 수 있다.
　② 계약금 수령자(매도인)가 해제하는 경우에는 계약금의 배액을 제공해야하나 상대방이 이를 수령하지 않는다 하여 이를 공탁해야 하는 것은 아니다.
　③ 계약금의 일부만 지급된 경우 매도인이 매매계약을 해제할 수 있다 하여도 해약금의 기준이 되는 금원은 실제로 교부받은 금원이 아니라 '약정 계약금'이다.

(3) **해약금에 의한 해제의 효과**
　① 계약을 소급적으로 소멸케 하지만 아직 이행이 있기 전이므로 원상회복의무는 생기지 않고, 채무불이행에 의한 해제가 아니므로 손해배상청구권은 발생하지 않는다.
　② 해약금계약이 있더라도 다른 약정사유나 채무불이행 등의 법정사유에 의한 해제를 방해하지 않는다. 즉, 약정해제권이나 법정해제권이 발생하면 그에 따른 해제도 가능하다.

기출 OX

1. 계약금계약은 계약에 부수하여 행해지는 종된 계약이다. (　) 제27회, 제28회, 제29회
2. 매수인이 계약금의 전부를 지급하지 않으면, 계약금계약은 성립하지 않는다. (　) 제29회
3. 계약금은 별도의 약정이 없는 한 해약금으로 추정된다. (　) 제26회, 제30회, 제31회
4. 계약금을 위약금으로 약정한 경우, 손해배상액의 예정으로 추정한다. (　) 제27회, 제28회, 제31회
5. 계약금을 포기하고 행사할 수 있는 해제권은 당사자의 합의로 배제할 수 있다. (　) 제27회, 제28회
6. 매수인이 이행기 전에 중도금을 지급한 경우, 매도인은 특별한 사정이 없는 한 계약금의 배액을 상환하여 계약을 해제할 수 없다. (　) 제27회, 제29회, 제30회, 제31회, 제34회
7. 토지거래허가구역 내 토지에 관한 매매계약을 체결하고 계약금만 지급한 상태에서 거래허가를 받은 경우, 다른 약정이 없는 한 매도인은 계약금의 배액을 상환하고 계약을 해제할 수 없다. (　) 제26회, 제31회
8. 계약금만 수령한 매도인이 매수인에게 계약의 이행을 최고하고 매매잔금의 지급을 청구하는 소송을 제기한 경우, 다른 약정이 없는 한 매수인은 계약금을 포기하고 계약을 해제할 수 있다. (　) 제26회
9. 매수인이 계약 당시 중도금의 지급에 갈음하여 자신의 제3자에 대한 대여금채권을 매도인에게 양도하기로 약정하고 그 자리에 제3자도 참석하였다면, 매도인은 계약금의 배액을 상환하더라도 계약을 해제할 수 없다. (　) 제34회
10. 매도인이 계약금의 배액을 상환하여 계약을 해제하는 경우, 그 이행의 제공을 하면 족하고 매수인이 이를 수령하지 않더라도 공탁까지 할 필요는 없다. (　) 제30회
11. 매매계약시 계약금의 일부만을 먼저 지급하고 잔액은 나중에 지급하기로 한 경우, 매도인은 실제 받은 일부금액의 배액을 상환하고 매매계약을 해제할 수 있다. (　) 제28회, 제31회
12. 해약금에 기해 계약을 해제하는 경우에는 원상회복의 문제가 생기지 않는다. (　) 제26회
13. 계약금 포기에 의한 계약해제의 경우, 상대방은 채무불이행을 이유로 손해배상을 청구할 수 없다. (　) 제27회, 제28회

● 정답
1. ○　2. ○　3. ○　4. ○　5. ○　6. ○　7. ×　8. ○　9. ○　10. ○　11. ×　12. ○　13. ○

테마 48 　매매의 예약과 매매의 효력

1. 매매의 예약

① 매매의 예약은 항상 채권계약이고, 매매의 일방예약은 상대방이 매매를 완결할 의사를 표시하는 때에 매매의 효력이 생긴다.
② 예약완결권(일방적 의사표시로 본계약을 성립시키는 권리)은 양도할 수 있고, 가등기도 가능하다.
③ 예약완결권은 형성권으로 당사자 사이에 그 행사기간을 약정한 때에는 그 기간 내에, 그러한 약정이 없으면 상대방이 예약목적물인 부동산을 인도받은 경우라도 예약이 성립한 때부터 10년 제척기간의 경과로 소멸한다.
④ 예약이 성립되려면 본계약의 요소가 되는 내용(매매목적물, 매매대금 및 지급방법) 등이 확정되어 있거나 확정될 수 있어야 한다. 따라서 본계약 성립 전에 일방이 예약내용을 변경하는 것은 특별한 사정이 없는 한 허용되지 않는다.

2. 매매의 효력

① 매매계약에 관한 비용(목적물측량비용·계약서작성비용·중개보수 등)은 당사자 쌍방이 균분하여 부담한다.
② 매매계약이 있은 후 목적물의 인도 전에 목적물에서 발생하는 과실은 매도인에게 속한다. 그러나 매수인이 이미 매매대금을 완납한 경우에는 매도인이 목적물을 인도하지 않는 동안의 과실은 매수인에게 속한다.
③ 매매의 목적물의 인도와 동시에 대금을 지급할 경우에는 그 인도장소에서 이를 지급하여야 한다.
④ 매수인은 대금지급 전 목적물의 인도를 받은 날로부터 대금의 이자를 지급하여야 한다. 그러나 대금의 지급에 대하여 기한이 있는 때에는 그러하지 아니하다.
⑤ 매매의 당사자 일방에 대한 의무이행의 기한이 있는 때에는 상대방의 의무이행에 대하여도 동일한 기한이 있는 것으로 추정한다.
⑥ 매매의 목적물에 대하여 권리를 주장하는 자가 있는 경우에 매수인이 매수한 권리의 전부나 일부를 잃을 염려가 있는 때에는 매수인은 그 위험의 한도에서 대금의 전부나 일부의 지급을 거절할 수 있다.

기출 OX

1. 매매의 일방예약은 물권계약이다. ( ) 제28회
2. 일방예약이 성립하려면 본계약인 매매계약의 요소가 되는 내용이 확정되어 있거나 확정할 수 있어야 한다. ( ) 제34회, 제36회
3. 매매의 일방예약은 상대방이 매매를 완결할 의사를 표시하는 때에 매매의 효력이 생긴다. ( ) 제28회
4. 일방이 예약체결시로부터 1년 뒤에 예약완결권을 행사한 경우, 매매는 예약체결시로 소급하여 그 효력이 발생한다. ( ) 제33회
5. 일방이 예약완결권을 행사하더라도 상대방의 승낙이 있어야 비로소 매매계약은 그 효력이 발생한다. ( ) 제33회
6. 당사자 사이에 행사기간을 정하지 않은 매매의 예약완결권은 그 예약이 성립한 때로부터 10년 내에 행사하여야 한다. ( ) 제28회, 제26회
7. 예약완결권의 행사기간 도과 전에 예약완결권자가 예약 목적물인 부동산을 인도받은 경우, 그 기간이 도과되더라도 예약완결권은 소멸되지 않는다. ( ) 제34회, 제36회
8. 예약완결권을 행사기간 내에 행사하였는지에 관해 당사자의 주장이 없다면 법원은 이를 고려할 수 없다. ( ) 제28회, 제33회, 제36회
9. 예약당사자는 예약완결권의 행사기간에 대하여 특별한 제한없이 약정할 수 있다. ( ) 제36회
10. 지상권은 매매의 대상이 될 수 없다. ( ) 제26회
11. 매매목적물의 인도와 동시에 대금을 지급할 경우, 그 인도장소에서 대금을 지급하여야 한다. ( ) 제26회
12. 매매목적물이 인도되지 않고 대금도 완제되지 않은 경우, 목적물로부터 생긴 과실은 매도인에게 속한다. ( ) 제26회, 제30회
13. 매매목적물이 인도되지 않았다면 매수인이 대금을 완제하더라도 특별한 사정이 없는 한 매매목적물에서 발생하는 과실은 매도인에게 귀속된다. ( ) 제30회, 제34회
14. 매매계약이 취소된 경우, 선의의 점유자인 매수인의 과실취득권이 인정되는 이상 선의의 매도인도 지급받은 대금의 운용이익 내지 법정이자를 반환할 의무가 없다. ( ) 제34회

● 정답
1. × 2. ○ 3. ○ 4. × 5. × 6. ○ 7. × 8. × 9. ○ 10. × 11. ○ 12. ○ 13. × 14. ○

테마 49 매도인의 담보책임

1. 의 의

① 매도인의 담보책임이란 매매의 목적인 권리나 물건에 하자가 있는 경우에 매도인이 매수인에 대해 부담하는 책임을 말한다.
② 매도인의 담보책임은 매도인은 고의·과실이 없더라도 책임을 지는 무과실책임이다.
③ 당사자 간의 담보책임을 면제, 감경, 가중하는 특약은 유효하다. 그러나 담보책임을 면하는 특약을 한 경우에도 매도인이 알고 고지하지 아니한 사실(하자) 및 제3자에게 권리를 설정 또는 양도한 행위에 대하여는 책임을 면하지 못한다.
④ 계약 자체가 유효인 경우에 담보책임의 문제가 발생한다.

2. 권리하자에 대한 담보책임

(1) 권리의 전부가 타인에게 속하는 경우

① **선의의 매수인**: 계약해제 및 손해배상청구(이행이익 배상)
② **악의의 매수인**: 계약해제○, 손해배상청구×
③ **제척기간**(행사기간): 규정×
④ **선의의 매도인 보호**
  ㉠ 선의의 매도인은 매수인에게 손해를 배상하고 계약을 해제할 수 있다.
  ㉡ 매수인이 악의인 때에는 매도인은 매수인에 대하여 그 권리를 이전할 수 없음을 통지하고 계약을 해제할 수 있다.

(2) 권리의 일부가 타인에게 속하는 경우

> 甲이 토지 1000m²를 乙에게 매도하였는데 그 중에서 200m²은 丙의 소유였고 丙이 그 200m²의 매도를 거부하여 甲이 그 200m²를 乙에게 이전할 수 없는 경우

① **선의의 매수인**: 잔존한 부분만이면 매수인이 이를 매수하지 아니하였을 때에는 선의의 매수인은 계약전부를 해제하고 손해배상을 청구(이행이익 배상)할 수 있지만, 그렇지 않은 경우에는 대금감액과 손해배상을 청구할 수 있다.
② **악의의 매수인**: 대금감액청구○, 계약해제×, 손해배상청구×
③ **제척기간**(행사기간): 매수인이 선의인 경우에는 사실을 안 날로부터 1년내, 악의인 경우에는 계약한 날로부터 1년내에 행사하여야 한다.

(3) 목적물의 수량부족 · 일부멸실의 경우

> 甲이 토지 1000m²를 m²당 10만원으로 하여 乙과 1억원에 계약을 체결하였는데 토지를 측량한 결과 100m²가 부족한 경우(수량부족) 또는 이미 100m²가 하천부지로 되어있는 경우(일부멸실)

① 수량을 지정한 매매란 당사자가 매매의 목적인 특정물이 일정한 수량(면적)을 가지고 있다는 데 중점을 두고, 대금도 이 수량(면적)을 기준으로 정한 경우이다.
② 수량부족이나 일부멸실의 경우, 그 부분의 원시적 불능을 이유로 민법 제535조가 규정하는 계약체결상의 과실에 따른 책임의 이행을 구할 수 없다.
③ **선의의 매수인**: 잔존한 부분만이면 매수인이 이를 매수하지 아니하였을 때에는 선의의 매수인은 계약전부를 해제하고 손해배상을 청구할 수 있지만, 그렇지 않은 경우에는 대금감액과 손해배상을 청구할 수 있다.
④ 매수인이 악의인 경우에는 담보책임 발생×
⑤ **제척기간**(행사기간): 선의 매수인은 안 날로부터 1년 내에 행사하여야 한다.

(4) 용익권(지상권, 지역권, 전세권, 질권, 유치권, 등기된 임차권)에 의한 제한

> 甲과 乙이 甲소유의 X토지에 대한 매매계약을 체결하였는데, X토지 위에 이 토지를 목적으로 하는 丙의 지상권이 설정되어 있어 乙이 X토지를 사용 · 수익할 수 없게 된 경우

① 선의의 매수인은 목적을 달성할 수 없는 경우에는 계약해제 및 손해배상을 청구할 수 있고, 목적달성할 수 있는 경우에는 손해배상만 청구할 수 있다.
② 매수인이 악의인 경우에는 담보책임 발생×
③ 부동산을 위하여 존재할 지역권이 없는 경우에도 준용한다.
④ **제척기간**(행사기간): 선의 매수인은 안 날로부터 1년 내에 행사하여야 한다.

(5) 저당권 · 전세권의 행사로 소유권 상실

① 저당권이 설정되어 있다는 것만으로는 담보책임이 발생하지 않는다.
② 매수인이 피담보채무의 이행을 인수하면서 채권액을 대금에서 공제하였다면, 저당권의 실행으로 소유권을 상실하더라도 매도인에게 담보책임을 추궁할 수 없다.
③ 저당권 · 전세권의 실행으로 매수인이 소유권을 상실한 경우에 매수인의 선의 · 악의 불문하고 계약을 해제하고 손해배상을 청구할 수 있다.
④ 또는 매수인(선의 · 악의 불문)의 출재(변제)로 저당권 또는 전세권을 소멸케 하여 그 소유권을 보존한 때에는 그 출재상환청구와 함께 손해배상을 청구할 수 있다.
⑤ 가등기에 기한 본등기로 소유권을 상실한 경우나 가압류에 기한 강제집행으로 소유권 상실의 경우에도 동일하다.
⑥ **제척기간**(행사기간): 규정×

> **심화학습** 악의의 매수인에게 인정되는 담보책임
>
> 1. **전부 타인 권리**: 해제권
> 2. **일부 타인 권리**: 대금감액청구권
> 3. **저당권, 전세권 행사**: 손해배상청구권, 해제권, 출재액상환청구권

3. 물건하자에 대한 담보책임(하자담보책임)

① 건축을 목적으로 매매된 토지에 대하여 건축허가를 받을 수 없는 법률적 제한은 '매매 목적물의 하자'에 해당하고, 그 하자의 존부는 매매계약 성립시를 기준으로 판단한다.
② 매도인의 하자담보책임에 기한 손해배상의 범위를 정함에 있어, 하자의 발생 및 그 확대에 가공한 매수인의 잘못을 참작할 수 있다.
③ 매수인은 선의·무과실이어야 한다.
④ **담보책임의 내용**
  ㉠ 특정물(특정 건물) 매매: 목적을 달성할 수 없는 경우에는 계약을 해제하고 손해배상을 청구할 수 있지만 목적달성이 가능한 경우에는 손해배상청구만 할 수 있다.
  ㉡ 종류물(에어컨 등) 매매: 매매의 목적물을 종류로 지정한 경우에도 그 후 특정된 목적물에 하자가 있는 때에는 위 ㉠과 동일하다. 다만, 매수인은 계약의 해제 또는 손해배상의 청구를 하지 아니하고 하자 없는 물건을 청구할 수 있다.
⑤ 매수인은 그 사실을 안 날로부터 6개월 내에 행사하여야 한다.

4. 경매에 있어서의 담보책임

① 권리의 하자의 경우에만 발생(물건의 하자인 경우에는 발생×)
② 1차적으로 채무자 또는 물상보증인에게 계약의 해제 또는 대금감액청구하고 채무자가 자력이 없는 경우에는 경락인은 2차적으로 배당을 받은 채권자에 대하여 그 대금 전부나 일부의 반환을 청구할 수 있다.
③ 채무자가 흠결을 알고 고지하지 않거나 채권자가 이를 알고 경매를 청구한 때에는 경락인은 그 흠결을 안 채무자나 채권자에 대하여 손해배상을 청구할 수 있다.
④ 경매절차가 무효인 경우에는 담보책임의 문제가 발생하지 않는다.

5. 채권매도인의 담보책임

① 변제기에 도달한 채권의 매도인이 채무자의 자력을 담보한 때에는 매매계약당시의 자력을 담보한 것으로 추정한다.
② 변제기에 도달하지 아니한 채권의 매도인이 채무자의 자력을 담보한 때에는 변제기의 자력을 담보한 것으로 추정한다.

기출 OX

1. 타인의 권리를 매도한 자가 그 전부를 취득하여 매수인에게 이전할 수 없는 경우, 악의의 매수인은 계약을 해제할 수 없다. (   ) 제26회, 제33회
2. 권리의 일부가 타인에게 속하여 그 권리의 일부를 매수인에게 이전할 수 없는 경우, 악의의 매수인은 대금감액을 청구할 수 있다. (   ) 제33회
3. 권리의 일부가 타인에게 속한 경우, 선의의 매수인이 갖는 손해배상청구권은 계약한 날로부터 1년 내에 행사되어야 한다. (   ) 제26회
4. 부동산매매계약이 수량지정매매인데, 그 부동산의 실제면적이 계약면적에 미치지 못한 경우, 선의의 매수인은 대금감액을 청구할 수 없다. (   ) 제28회
5. 부동산매매계약이 수량지정매매인데, 그 부동산의 실제면적이 계약면적에 미치지 못한 경우, 악의의 매수인은 손해배상을 청구할 수 없다. (   ) 제28회
6. 수량을 지정한 매매의 목적물의 일부가 멸실된 경우, 악의의 매수인은 대금감액과 손해배상을 청구할 수 있다. (   ) 제32회, 제36회
7. 저당권이 설정된 부동산의 매수인이 저당권의 행사로 그 소유권을 취득할 수 없는 경우, 악의의 매수인은 특별한 사정이 없는 한 계약을 해제하고 손해배상을 청구할 수 있다. (   ) 제26회, 제33회
8. 매매목적인 권리의 전부가 타인에게 속하여 권리의 전부를 이전할 수 없게 된 경우, 매도인은 선의의 매수인에게 신뢰이익을 배상하여야 한다. (   ) 제26회
9. 매매목적 부동산에 전세권이 설정된 경우, 계약의 목적 달성 여부와 관계없이, 선의의 매수인은 계약을 해제할 수 있다. (   ) 제26회
10. 건축의 목적으로 매수한 토지에 대한 법적 제한으로 건축허가를 받을 수 없어 건축이 불가능한 경우, 이는 매매목적물의 하자에 해당한다. (   ) 제28회
11. 매도인이 매매목적물에 하자가 있다는 사실을 알면서 이를 매수인에게 고지하지 않고 담보책임 면제의 특약을 맺은 경우 그 책임을 면할 수 없다. (   ) 제28회
12. 매도인의 담보책임은 무과실책임이므로 하자의 발생 및 그 확대에 가공한 매수인의 잘못을 참작하여 손해배상범위를 정할 수 없다. (   ) 제28회
13. 불특정물의 하자로 인해 매도인의 담보책임이 성립한 경우, 매수인에게 대금감액청구권은 인정되지 않는다. (   ) 제31회
14. 특정물하자로 인한 담보책임은 경매의 경우에도 적용된다. (   ) 제36회

◆ 정답
1. × 2. ○ 3. × 4. × 5. ○ 6. × 7. ○ 8. × 9. × 10. ○ 11. ○ 12. × 13. ○ 14. ×

테마 50 환매

1. 의의

① 환매란 매도인이 매매계약과 동시에 매수인과의 특약으로 환매할 권리(환매권)를 보류한 경우에 일정한 기간 내에 그 환매권을 행사하여 그 매매목적물을 다시 사오는 것을 말한다.
② 환매특약은 매매계약과 반드시 동시에 하여야 한다.
③ 환매특약은 매매계약에 종된 계약이므로 매매계약이 무효·취소·해제되면 환매특약도 실효된다.

2. 환매특약등기

① 부동산에 관하여 매매등기와 아울러 환매특약의 등기(소유권이전등기에 부기등기)를 한 때에는 제3자에 대하여 효력이 있다.
② 다만, 환매특약의 등기에는 처분금지효력이 없으므로 매수인은 자신으로부터 토지를 매수한 자의 소유권이전등기청구를 거절할 수 없다.

3. 환매기간 및 환매의 효력

① 환매기간은 부동산은 5년, 동산은 3년을 초과하지 못하며, 이를 초과한 경우 각각 5년, 3년으로 단축된다. 또한 환매기간을 정한 때에는 다시 이를 연장하지 못한다.
② 환매대금은 매매대금 및 매수인이 부담한 매매비용으로 하지만 당사자 간의 약정이 있으면 그 약정에 의한다.
③ 환매목적물의 과실과 대금의 이자는 특별한 약정이 없으면 이를 상계한 것으로 본다. 따라서 환매대금에 대금의 이자는 포함되지 않는다.
④ 매도인은 기간 내에 대금과 매매비용을 매수인에게 제공하지 아니하면 환매할 권리를 잃는다(환매기간 내에 환매권을 행사하여야 한다는 것이지 환매로 인한 소유권이전등기청구권을 환매기간 내에 행사하여야 한다는 의미는 아니다).

기출 OX

1. 환매특약은 매매계약과 동시에 하여야 한다. ( ) 제27회, 제30회, 제33회, 제34회
2. 매매계약이 취소되어 효력을 상실하면 그에 부수하는 환매특약도 효력을 상실한다. ( ) 제33회, 제34회
3. 부동산에 대한 매매등기와 동시에 환매권 보류를 등기하지 않더라도 제3자에게 대항할 수 있다. ( ) 제27회
4. 환매등기는 소유권이전등기에 대한 부기등기의 형식으로 한다. ( ) 제32회, 제34회
5. 부동산에 대한 환매기간을 7년으로 정한 때에는 5년으로 단축된다. ( ) 제27회, 제30회, 제32회, 제33회
6. 환매기간을 정한 때에는 다시 이를 연장하지 못한다. ( ) 제30회, 제34회
7. 특별한 약정이 없는 한, 환매대금에는 매수인이 부담한 매매비용이 포함된다. ( ) 제27회
8. 매매등기와 환매특약등기가 경료된 이후, 그 부동산 매수인은 그로부터 다시 매수한 제3자에 대하여 환매특약의 등기사실을 들어 소유권이전등기절차 이행을 거절할 수 없다. ( ) 제30회, 제32회
9. 매도인이 환매기간 내에 환매의 의사표시를 하면 그는 그 환매에 의한 권리취득의 등기를 하지 않아도 그 부동산을 가압류 집행한 자에 대하여 권리취득을 주장할 수 있다. ( ) 제30회
10. 만일 환매등기 후 제3자가 목적토지에 저당권을 설정하였다면, 매도인이 적법하게 환매권을 행사하여 토지의 소유권이전등기를 마친 경우 제3자의 저당권은 소멸한다. ( ) 제32회
11. 환매시 목적물의 과실과 대금의 이자는 특별한 약정이 없으면 이를 상계한 것으로 본다. ( ) 제33회
12. 환매기간을 정한 경우, 환매권의 행사로 발생한 소유권이전등기청구권은 특별한 사정이 없는 한 그 환매기간 내에 행사하지 않으면 소멸한다. ( ) 제33회
13. 환매권은 양도할 수 없는 일신전속권이다. ( ) 제34회

◆ 정답
1. ○ 2. ○ 3. × 4. ○ 5. ○ 6. ○ 7. ○ 8. × 9. × 10. ○ 11. ○ 12. × 13. ×

Chapter 03 교 환

테마 51 교 환

(1) 교환은 당사자 쌍방이 금전 이외의 재산권을 상호이전할 것을 약정함으로써 그 효력이 생긴다(낙성·쌍무·유상·불요식의 계약).

(2) 유상계약이므로 매매에 관한 규정이 준용되고(담보책임 등), 쌍무계약이므로 동시이행의 항변권 및 위험부담에 관한 규정이 준용된다.

(3) 당사자 일방이 보충금지급의 특약을 한 경우에는 그 보충금에 관해서는 매매대금에 관한 규정이 준용된다(매매계약으로 전환이 아님).

(4) 교환계약에서 당사자가 자기 소유 목적물의 시가를 묵비하여 상대방에게 고지하지 않은 경우, 특별한 사정이 없는 한 상대방의 의사결정에 불법적인 간섭을 한 것이 아니다. 즉, 사기가 아니다.

(5) 교환계약의 당사자 일방이 보충금의 지급에 갈음하여 상대방으로부터 이전받을 교환목적물에 관한 근저당권의 피담보채무를 인수하기로 약정한 경우, 특별한 사정이 없는 한 채무를 인수한 일방은 위 보충금을 제외한 나머지 재산권을 상대방에게 이전하여 줌으로써 교환계약상의 의무를 다한 것이 된다. 그리고 위 피담보채무를 인수한 교환계약의 당사자 일방이 인수한 근저당권의 피담보채무의 변제를 게을리함으로써 채무를 인수한 일방이 보충금을 지급하지 아니한 것으로 평가할 수 있는 특별한 사정이 있는 경우에는, 상대방은 교환계약을 해제할 수도 있다.

임대차

테마 52 임대차의 성립

> **제618조 【임대차의 의의】** 임대차는 당사자 일방(임대인)이 상대방에게 목적물을 사용·수익하게 할 것을 약정하고 상대방(임차인)이 이에 대하여 차임을 지급할 것을 약정함으로써 그 효력이 생긴다.

1. 임대차의 의의

① 낙성·유상·쌍무·불요식의 채권계약이다.
② 차임은 임대차의 요소이나 반드시 금전에 한하는 것은 아니다.
③ 임대인이 목적물의 소유권이나 처분권을 가지고 있을 필요 없다(의무부담행위).

2. 임대차보증금

① 보증금이란 임대차에서 임차인이 부담하는 차임 기타 채무를 담보하기 위하여 임차인 또는 제3자가 임대인에게 교부하는 금전을 말한다. 보증금은 임대차의 요소는 아니므로 보증금 없는 임대차도 가능하다.
② 임대차계약에서 보증금을 지급하였다는 입증책임은 보증금의 반환을 구하는 임차인이 부담한다.
③ 임차보증금반환채권은 임차목적물에 관하여 생긴 채권이라 할 수 없으므로 유치권을 행사할 수 없다. 다만, 임대차종료시 임차인의 임차목적물반환의무와 임대인의 임대차보증금반환채무와는 동시이행의 관계에 있다. 따라서 임차인이 동시이행의 항변권에 기하여 임차목적물을 점유하는 경우 그 점유는 불법점유라 할 수 없다.
④ 임차인의 채무(차임연체채무 등)는 임대차관계의 종료 후 목적물이 반환될 때에 특별한 사정이 없는 한 임대인은 임대차보증금에서 그 피담보채무를 공제한 나머지만을 임차인에게 반환할 의무를 진다.
⑤ 차임채권에 관하여 압류 및 추심명령이 있었다 하더라도, 당해 임대차계약이 종료되어 목적물이 반환될 때에는 잔존하는 차임채권 상당액도 임대보증금에서 당연히 공제된다.
⑥ 임대인의 지위를 승계한 임차건물의 양수인이 임차인에게 임대차보증금을 반환해야 하는 경우, 임대인의 지위를 승계하기 전까지 발생한 연체차임이나 관리비 등이 채권양도의 요건을 갖추지 않았더라도 임대차보증금에서 당연히 공제된다.

⑦ 임대차계약이 종료하지 않은 경우, 특별한 사정이 없는 한 임차인은 보증금의 존재를 이유로 차임의 지급을 거절하거나 그 연체에 따른 책임을 면할 수 없다.

3. 임대차의 존속기간

(1) 민법상의 임대차의 경우 최장기간이나 최단기의 제한을 받지 않고 당사자가 자유롭게 존속기간을 약정할 수 있다.

(2) **기간의 약정이 없는 경우**
임대차기간의 약정이 없는 때에는 당사자는 언제든지 계약해지의 통고를 할 수 있다.

(3) **임대차의 갱신**
① **약정갱신**: 횟수 제한 없이 갱신 가능하다.
② **법정(묵시적)갱신**
  ㉠ 임대차기간이 만료한 후 임차인이 임차물의 사용·수익을 계속하는 경우에 임대인이 상당한 기간 내에 이의를 하지 아니한 때에는 전임대차와 동일한 조건으로 다시 임대차한 것으로 본다. 이러한 묵시의 갱신이 있는 경우에는 기간의 약정이 없는 경우와 같이 당사자는 언제든지 해지의 통고를 할 수 있다.
  ㉡ 임대차기간 만료 후 임대인이 민법 제628조의 차임증액청구권을 행사한 경우, 민법 제628조의 차임증액청구권은 임대차계약이 존속하고 있음을 전제로 행사하는 권리이므로, 더 이상 임대차관계를 지속하지 않겠다는 의사에 기하여 이의를 하였다고 보기 어렵다.
  ㉢ 묵시적 갱신의 경우 제3자가 제공한 담보는 기간의 만료로 인하여 소멸한다.

> **기출 OX**
>
> 1. 임대인이 목적물을 임대할 권한이 없어도 임대차계약은 유효하게 성립한다.
> ( ) 제32회, 제34회
> 2. 임차기간을 영구로 정한 임대차약정은 특별한 사정이 없는 한 허용된다. ( ) 제34회
> 3. 임대차가 묵시의 갱신이 된 경우, 전임대차에 대해 제3자가 제공한 담보는 원칙적으로 소멸하지 않는다. ( ) 제34회
> 4. 토지임대차가 묵시적으로 갱신된 경우, 임차인은 언제든지 해지통고할 수 있으나, 임대인은 그렇지 아니하다. ( ) 제26회
> 5. 임대차계약에서 보증금을 지급하였다는 사실에 대한 증명책임은 임차인이 부담한다.
> ( ) 제33회

6. 임대차계약이 종료하지 않은 경우, 특별한 사정이 없는 한 임차인은 보증금의 존재를 이유로 차임의 지급을 거절할 수 없다. (   ) 제33회, 제35회
7. 임대차 종료 후 보증금이 반환되지 않고 있는 한, 임차인의 목적물에 대한 점유는 적법점유이므로 임차인이 목적물을 계속하여 사용·수익하더라도 부당이득 반환의무는 발생하지 않는다. (   ) 제33회
8. 임대인의 지위를 승계한 양수인이 이미 발생한 연체차임채권을 양수하지 않았다면 보증금에서 이를 공제할 수 없다. (   ) 제35회
9. 임대차목적물을 반환할 때까지 잔존하는 임대인의 차임채권은 압류가 되었더라도 보증금에서 당연히 공제된다. (   ) 제35회

◆ 정답
1. ○ 2. ○ 3. × 4. × 5. ○ 6. ○ 7. × 8. × 9. ○

테마 53 임대차의 효력

1. 임대인의 사용·수익하게 할 의무

① 임대인은 목적물을 임차인에게 인도하고 계약존속 중 그 사용·수익에 필요한 상태를 유지하게 할 의무를 부담한다.
② 통상의 임대차에서 임대인은 임차인의 안전을 배려하여 주는 등의 보호의무까지 부담한다고 볼 수 없다.
③ 그러나 숙박계약은 일종의 일시사용을 위한 임대차계약이고 숙박업자는 고객의 안전을 배려해야 할 보호의무를 부담한다.
④ 임대인은 임대인의 귀책사유를 불문하고 목적물을 유지·수선의무가 있다.
⑤ 그러나 임대인은 특약이 없는 한 임차인의 특별한 용도를 위한 사용·수익에 적합한 구조를 유지하게 할 의무까지는 없다
⑥ 임대인이 수선의무를 위반하면 임차인은 차임의 전부 또는 일부의 지급을 거절할 수 있다.

2. 임차인의 임차권

① 임차권은 채권으로 원칙적으로 대항력이 없다. 그러나 부동산임차인은 반대의 약정이 없으면 임대인에 대하여 임대차 등기절차에 협력하여 줄 것을 청구할 수 있고, 이를 등기하면 그 때부터 제3자에게 대항할 수 있다.
② 건물의 소유를 목적으로 하는 토지임대차의 경우에는 그 지상건물을 등기한 때에는 토지임차권은 대항력을 가진다. 그러나 건물이 임대차기간 만료 전에 멸실 또는 후폐한 때에는 대항력을 잃는다.

3. 임차인의 비용상환청구권

① 필요비는 임대차 종료와 관계없이 지출 즉시 청구할 수 있다. 임차인은 지출한 필요비 금액의 한도에서 차임의 지급을 거절할 수 있다.
② 유익비는 임대차 종료시에 가액증가가 현존하는 때에 한하여 청구할 수 있다. 이 경우 법원은 임대인의 청구에 의하여 상당한 상환기간을 허여할 수 있다.
③ 적법한 임차인은 비용상환청구권에 관하여 유치권을 가진다. 다만, 유익비의 경우 법원이 상당한 기간을 허여한 경우에는 유치권은 행사할 수 없다.
④ 임대인이 목적물을 반환받은 날로부터 6개월 내에 필요비와 유익비의 상환을 청구해야 한다.
⑤ 당사자 특약으로 배제가능(임의규정) → 임차인이 임차목적물을 반환할 때에 원상복구하기로 약정한 경우 또는 건물임차인이 자신의 비용을 들여 증축한 부분을 임대인 소유로 귀속시키기로 하는 약정은 임차인의 유익비상환청구권을 포기하기로 특약한 것으로 유효하다.

☑ 임차인의 권리 비교

구 분	행사주체	규정 성질	권리성질	임차인 채무불이행시	유치권행사
비용상환청구권	모든 임차인	임의규정	청구권	행사 가능	○
부속물매수청구권	건물임차인	강행규정	형성권	행사 불가	×
지상물매수청구권	토지임차인	강행규정	형성권	행사 불가	×

4. 건물임차인의 부속물매수청구권

① 임대인의 동의를 얻어 임차물에 부속한 물건 또는 임대인으로부터 매수한 부속물에 대하여 임대차 종료시에 임대인에 대하여 그 부속물의 매수를 청구할 수 있다.
② 부속물은 임차인 소유에 속하는 건물의 구성부분이 아닌 독립된 물건으로서 건물의 객관적 편익을 가져오게 하는 물건이어야 하고, 임차인의 '특수목적'에 사용하기 위해 부속된 것은 매수대상인 부속물에 해당하지 않는다.
③ 임차인의 지위와 분리하여 부속물매수청구권만을 양도할 수 없으며, 부속물매수청구권은 형성권으로 임차인의 일방적 의사표시로 효력이 발생한다.
④ 임차인이 적법한 부속물매수청구권을 행사한 후에 임대인이 부속물 매매대금 지급의무를 이행하거나 이행제공을 하지 않는 이상 임차인이 목적물을 계속 점유하는 것을 불법점유라고 할 수 없다.
⑤ 부속물매수청구권에 기하여 유치권은 성립하지 않으며, 임차인의 채무불이행으로 해지된 경우에는 행사할 수 없다.
⑥ 부속물매수청구권에 관한 규정은 편면적 강행규정으로 이에 위반하는 약정으로 임차인에게 불리한 것은 무효이다. 다만, 부속물매수청구권을 포기하는 대신 임대차계약의 보증금 및 차임을 파격적으로 저렴하게 하는 등 특약의 내용이 임차인에게 불리하지 않은 것은 유효이다.
⑦ 일시사용을 위한 임대차에는 인정되지 않는다.

5. 토지임차인의 갱신청구권 및 지상물매수청구권

(1) 의의 및 법규정의 성격

① 건물 등 소유 목적의 토지임차인은 기간만료시 그 지상물이 현존하는 경우에 임대인에 대하여 갱신청구를 할 수 있으며, 임대인이 이를 거절한 경우에는 지상물매수를 청구할 수 있다. 갱신청구권은 청구권이나, 매수청구권은 형성권이다.
② 기간의 약정이 없는 임대차에서 임대인이 해지통고를 하여 임대차가 종료된 경우 갱신청구 없이 곧바로 지상물매수청구를 할 수 있다.
③ 지상물매수청구권에 관한 규정은 편면적 강행규정으로 임대차기간 만료시 임차인이 지상건물을 철거하거나 지상시설 일체를 포기하기로 약정한 경우는 무효이다.

(2) 지상물매수청구의 대상

① 건물이 임차지 외에 다른 토지에 걸쳐있는 경우에는 임차지상에 있는 건물 부분 중 구분소유의 객체가 될 수 있는 부분에 한하여 매수청구대상○
② 지상건물은 임대인의 동의여부 불문, 무허가건물, 객관적으로 가치 있는지 여부, 임대인에게 소용이 있는 지 여부 불문, 근저당권이 설정되어 있는 건물도 매수청구 대상○

(3) 청구권자

① 지상물매수청구권은 지상물의 소유자인 임차인에 한하여 행사할 수 있다. 따라서 임차인이 지상물의 소유권을 타인에게 이전한 경우, 임차인은 지상물매수청구권을 행사할 수 없다.
② 종전 임차인으로부터 미등기 무허가건물을 매수하여 점유하고 있는 임차인도 지상물매수청구권을 행사할 수 있다.
③ 다만, 임차인의 채무불이행으로 계약 종료시에는 행사할 수 없다.

(4) 행사의 상대방

① 원칙적으로 임차권소멸 당시 토지소유자인 임대인이다. 따라서 토지소유자가 아닌 제3자가 토지를 임대한 경우에 임대인은 특별한 사정이 없는 한 지상물매수청구권의 상대방이 될 수 없다. 또한 임대인이 임차권 소멸 당시에 이미 토지소유권을 상실한 경우에는 그에게 지상물매수청구권을 행사할 수 없다.
② 다만, 토지임차인이 건물에 관해 토지임차인 명의의 소유권등기가 되어 있는 경우 등 대항력을 갖춘 경우에는 임차권소멸 후에 그 토지를 양수한 자에 대해서도 매수청구권을 행사할 수 있다.

(5) 행사방식 및 행사시기

① 행사에 특정의 방식을 요하지 않으므로 재판상·재판 외에서도 행사할 수 있다.
② 그 행사의 시기에 제한이 없으므로 임대인이 제기한 토지인도 및 건물철거청구소송에서 임차인이 패소하였다 하더라도, 그 판결에 의하여 건물철거가 집행되지 아니한 이상 임차인은 건물매수청구권을 청구할 수 있다.

(6) 행사효과

① 형성권이므로 그 행사로 지상물에 관한 매매가 성립한다(임대인의 승낙 불요).
② 매매가액은 매수청구권 행사 당시의 시가 상당액이다. 따라서 건물에 근저당권이 설정되어 있더라도 여기에서 근저당권의 채권최고액이나 피담보채무액을 공제한 금액을 매수가격으로 정할 것은 아니다.
③ 토지임차인의 건물명도 및 그 소유권이전등기의무와 토지임대인의 건물대금지급의무는 동시이행관계에 있지만, 유치권을 행사할 수는 없다.
④ 토지임차인이 매수청구권을 행사한 경우 임차인은 지상건물 등의 점유·사용을 통하여 그 부지를 계속하여 점유·사용하는 한 그로 인한 부당이득으로서 부지의 임료 상당액을 반환해야 할 의무가 있다.

6. 임차인의 차임지급의무

① 임차인의 차임 지급의무는 그가 임대인으로부터 목적물을 인도받았는지와 무관하게 임대차계약의 효력으로서 발생한다. 다만 임대인이 이러한 의무를 불이행하여 목적물의 사용·수익에 지장이 있으면 임차인은 지장이 있는 한도에서 차임 지급을 거절할 수 있다.
② 차임연체액이 2기의 차임액에 달하는 경우 임대인은 계약을 해지할 수 있다(편면적 강행규정).
③ 수인이 공동하여 물건을 차용한 때에는 연대하여 그 의무를 부담한다.

7. 경제사정의 변경과 당사자의 차임증감청구권

① 차임의 증액을 청구하였을 때에 법원이 결정해 주는 차임의 효력은 재판시를 표준으로 할 것이 아니고 그 청구시에 발생한다.
② 편면적 강행규정(차임증액금지특약은 유효, 차임감액금지특약은 무효)

기출 OX

1. 건물소유를 목적으로 한 토지임대차를 등기하지 않았더라도, 임차인이 그 지상건물의 보존등기를 하면, 토지임대차는 제3자에 대하여 효력이 생긴다. (   ) 제26회, 제32회
2. 임차물에 필요비를 지출한 임차인은 임대차 종료시 그 가액증가가 현존한 때에 한하여 그 상환을 청구할 수 있다. (   ) 제26회
3. 임차인은 특별한 사정이 없는 한 자신이 지출한 임차물의 보존에 관한 필요비 금액의 한도에서 차임의 지급을 거절할 수 있다. (   ) 제34회
4. 건물임차인이 자신의 비용을 들여 증축한 부분을 임대인 소유로 하기로 한 약정이 유효한 때에도 임차인의 유익비상환청구가 허용된다. (   ) 제29회
5. 부속물매수청구권은 토지 내지 건물의 임차인에게 인정된다. (   ) 제30회
6. 매수청구권의 대상인 부속물은 임차인이 임대인의 동의를 얻어 부속하거나 임대인으로부터 매수한 것이어야 한다. (   ) 제29회, 제30회
7. 건물임차인이 그 사용의 편익을 위해 임대인으로부터 부속물을 매수한 경우, 임대차 종료 전에도 임대인에게 그 매수를 청구할 수 있다. (   ) 제26회
8. 임차목적물의 구성부분은 부속물매수청구권의 객체가 될 수 없다. (   ) 제27회, 제29회
9. 오로지 임차인의 특수목적을 위해 부속된 물건은 매수 청구의 대상이 아니다.
   (   ) 제30회
10. 임대차계약이 임차인의 채무불이행으로 해지된 경우, 부속물매수청구권은 인정되지 않는다. (   ) 제29회, 제31회

11. 임대차 기간 중에 부속물매수청구권을 배제하는 당사자의 약정은 임차인에게 불리하더라도 유효하다. ( ) 제27회, 제30회
12. 일시사용을 위한 것임이 명백한 임대차의 임차인은 부속물의 매수를 청구할 수 있다. ( ) 제27회
13. 건물소유를 목적으로 한 토지임대차의 기간이 만료된 경우, 임차인은 계약갱신의 청구 없이도 매도인에게 건물의 매수를 청구할 수 있다. ( ) 제26회, 제30회, 제36회
14. 기간의 정함이 없는 임대차에서 임대인의 해지통고에 의하여 임차권이 소멸된 경우, 임차인은 매수청구권을 행사할 수 없다. ( ) 제35회
15. 임차인의 지상물매수청구가 유효하려면 임대인의 승낙을 요한다. ( ) 제30회
16. 건축허가를 받은 건물이 아니라면 토지임차인은 매수청구를 하지 못한다. ( ) 제30회, 제34회, 제36회
17. 임차인은 저당권이 설정된 건물에 대해서는 매수청구권을 행사할 수 없다. ( ) 제35회
18. 임차인소유 건물이 임대인이 임대한 토지와 제3자 소유의 토지위에 걸쳐서 건립된 경우, 임차인은 건물 전체에 대하여 매수청구를 할 수 있다. ( ) 제30회, 제34회
19. 임대차가 임차인의 채무불이행 때문에 기간 만료 전에 종료되었다면, 임차인은 매수청구를 할 수 없다. ( ) 제30회, 제34회
20. 지상 건물을 타인에게 양도한 임차인도 매수청구권을 행사할 수 있다. ( ) 제35회
21. 토지소유자가 아닌 제3자가 토지를 임대한 경우, 임대인은 특별한 사정이 없는 한 매수청구권의 상대방이 될 수 없다. ( ) 제35회
22. 임대인이 임차권 소멸 당시에 이미 토지소유권을 상실하였더라도 임차인은 그에게 매수청구권을 행사할 수 있다. ( ) 제35회
23. 임대차기간이 만료되면 임차인이 건물을 철거하기로 한 약정은 특별한 사정이 없는 한 무효이다. ( ) 제34회, 제36회

◆ 정답
1. ○ 2. × 3. ○ 4. × 5. × 6. ○ 7. × 8. ○ 9. ○ 10. ○ 11. × 12. × 13. × 14. ×
15. × 16. × 17. × 18. × 19. ○ 20. × 21. ○ 22. × 23. ○

테마 54 │ 임차권의 양도와 임차물의 전대

1. 임대인의 동의 없는 양도·전대

(1) 임대인(甲)과 임차인(乙)과의 관계

① 임차인은 임대인의 동의 없이 그 권리를 양도하거나 임차물을 전대할 수 없으며, 이를 위반한 경우 임대인은 임대차계약을 해지할 수 있다. 다만, 임대인이 임대차계약을 해지하지 않는 한 임대차관계는 소멸하지 않는다.

② 다만, 그 위반행위가 임대인에 대한 배신적 행위라고 인정할 수 없는 특별한 사정이 있는 경우에는 해지권은 발생하지 않는다. 즉, 임차인과 그 양수인이 부부로서 임차건물에 동거하면서 함께 영업을 하고 있는 때에는 임대인의 해지권은 발생하지 않는다.

③ 또한 임차건물의 소부분을 타인에게 사용하게 하는 경우에는 임대인의 동의를 요하지 않으므로 임대인은 이를 이유로 해지할 수 없다.

(2) 임차인(乙)과 전차인 또는 양수인(丙)의 관계

① 전대차(양도)계약은 유효하게 성립한다.

② 임차인은 임대인의 동의를 받아줄 의무를 부담한다. 임대인의 동의를 얻지 못한 경우에 임차인은 전차인(또는 양수인)에 대하여 담보책임을 진다.

(3) 임대인(甲)과 전차인 또는 양수인(丙)의 관계

① 전차인(또는 양수인)은 임대인에 대하여 대항하지 못하므로 전차인의 점유는 불법점유가 되어 임대인은 방해배제청구를 할 수 있다.

② 임대차계약이 존속하는 한도 내에서는 임대인은 제3자에게 불법점유를 이유로 한 차임상당의 손해배상청구나 부당이득반환청구를 할 수 없다.

2. 임대인의 동의 있는 전대

(1) 임대인(甲)과 임차인(乙)과의 관계

임대인과 임차인과의 관계는 전대차로 인하여 아무런 영향을 받지 않는다. 따라서 임대인은 임차인에 대하여 차임청구를 하면 족하다.

(2) 임차인(乙)과 전차인(丙)과의 관계

임차인과 전차인의 관계는 전대차계약의 내용에 따라 정해진다. 따라서 전차인은 임차인에 대하여 전차인으로서의 권리·의무를 갖는다.

(3) 임대인(甲)과 전차인(丙)과의 관계
① 전차인은 전대차관계를 가지고 임대인에게 대항할 수 있으나 임대인과 전차인 사이에 직접 임대차관계가 성립하지는 않는다.
② 그러나 임대인 보호를 위해서 전차인은 임대인에 대하여 직접 의무만을 부담하고, 직접 권리는 갖지 않는다. 따라서 전차인(丙)이 임대인(甲)에게 직접 차임을 지급하면 그 한도에서 임차인(乙)에 대한 차임채무를 면하나, 전대차계약상 차임지급시기 전에 임차인(乙)에 대한 차임의 지급으로 임대인(甲)에게 대항하지 못한다.

(4) 전차인 보호를 위한 특칙
① 원칙적으로 임차인의 임차권이 소멸하면 전차인의 전차권도 소멸하지만, 임대인과 임차인의 합의로 임대차계약을 종료한 후에는 전차인의 권리는 소멸하지 않는다.
② 임대차계약이 해지의 통고로 인하여 종료된 경우에 임대인은 전차인에 대하여 그 사유를 통지하지 않으면 해지로써 전차인에게 대항하지 못한다.
③ 그러나 임차인의 2기의 차임연체로 임대인이 임대차계약을 해지하는 경우에는 전차인에 대하여 그 사유를 통지하지 않더라도 해지로써 전차인에게 대항할 수 있다.
④ 임대차 기간 및 전대차 기간이 모두 만료된 경우에 전차인은 목적물을 임대인에게 직접 명도함으로써 임차인(전대인)에 대한 목적물 명도의무를 면한다.
⑤ **건물전차인의 부속물매수청구권**: 건물 기타 공작물의 전차인이 임대인의 동의를 얻어 이에 부속한 물건이나 임대인으로부터 매수한 부속물에 대하여 임대인에게 매수할 것을 청구할 수 있다.
⑥ **토지전차인의 임대청구권과 지상물매수청구권**: 임대차 및 전대차의 기간이 동시에 만료되고 건물 등이 현존한 때에는 전차인은 임대인에 대하여 임대할 것을 청구할 수 있다. 이 때 임대인이 임대할 것을 원하지 않으면 전차인은 상당한 가액으로 지상물의 매수를 청구할 수 있다.

01 甲은 자신의 X건물을 乙에게 임대하였고, 乙은 甲의 동의 없이 X건물을 丙에게 전대(임차권을 丙에게 양도)하였다. 틀린 것을 모두 고르시오. 제26회, 제27회, 제29회, 제36회

① 특별한 사정이 없는 한, 甲은 무단전대를 이유로 임대차계약을 해지할 수 있다.
② 만약 丙이 乙의 배우자이고 X건물에서 동거하면서 함께 가구점을 경영하고 있다면, 甲은 임대차계약을 해지할 수 없다.
③ 乙이 건물의 소부분을 丙에게 사용하게 한 경우에 甲은 이를 이유로 임대차계약을 해지할 수 있다.
④ 乙과 丙사이의 임차권 양도계약은 유동적 무효이다.
⑤ 乙은 丙에게 甲의 동의를 받아 줄 의무가 있다.
⑥ 甲은 乙과의 임대차계약이 존속하는 동안에는 丙에게 불법점유를 이유로 손해배상을 청구할 수 있다.
⑦ 甲은 乙과의 임대차계약이 존속하는 동안에는 丙에게 불법점유를 이유로 부당이득반환을 청구할 수 없다.

해설 ③ 건물의 소부분을 타인에게 사용하게 하는 경우에는 임대인의 동의가 필요 없다.
④ 유효이다.
⑥ 청구할 수 없다.

◆ 정답 ③, ④, ⑥

02 乙은 甲소유의 건물 전체를 임차하고 있던 중 甲의 동의를 얻어 이를 다시 丙에게 전대(轉貸)하였다. 틀린 것을 모두 고르시오. 제26회, 제32회, 제36회

① 丙은 전대차계약상 차임지급시기 전에 乙에 대한 차임의 지급으로 甲에게 대항하지 못한다.
② 甲이 乙과 임대차계약을 합의해지하면 丙의 전차권도 따라서 소멸한다.
③ 乙의 차임연체액이 2기의 차임액에 달하여 甲이 임대차계약을 해지하는 경우, 甲은 丙에 대해 그 사유의 통지 없이도 해지로써 대항할 수 있다.
④ 丙이 건물상용의 편익을 위하여 甲의 동의를 얻어 건물에 물건을 부속했다면, 丙은 전대차종료시 甲에게 그 매수를 청구할 수 있다.
⑤ 임대차와 전대차 기간이 모두 만료된 경우, 丙은 건물을 甲에게 직접 명도해도 乙에 대한 건물명도의무를 면하지 못한다.
⑥ 전대차 기간이 만료한 경우 丙은 甲에게 전전대차(前轉貸借)와 동일한 조건으로 임대할 것을 청구할 수 없다.

해설 ② 소멸하지 않는다.
⑤ 면한다.

◆ 정답 ②, ⑤

PART

04

민사특별법

Chapter 01 주택임대차보호법

1 적용범위

1. 주거용 건물의 임대차에 적용

① 주거용 건물 여부는 실제용도에 따라 정한다.
② 또한 주거용 건물에 해당하는지 여부는 그 계약을 체결하는 때를 기준으로 판단한다. 따라서 근저당권이 설정된 사무실용 건물이 주거용 건물로 용도 변경된 후 이를 임차한 소액임차인은 특별한 사정이 없는 한 보증금 중 일정액을 근저당권자에 우선하여 변제받을 수 있다.
③ 주거용 주택의 일부가 주거 외의 목적으로 사용하는 경우에도 적용된다. 다만, 비주거용 건물의 일부를 주거용으로 사용하는 경우에는 적용되지 아니한다.
④ 미등기 또는 무허가 주택에도 적용되고, 미등기 전세에도 준용한다.
⑤ 그러나 일시사용을 위한 임대차에는 적용되지 아니한다.

2. 당사자

① 임대인은 주택의 소유자가 아니더라도 적법한 임대권한을 가진 사람과 임대차계약을 체결한 경우도 적용된다(적법한 임대권한을 가진 명의신탁자, 인도받은 미등기 매수인 등). 또한 임대인은 법인이어도 무방하다.
② 임차인은 자연인이라면 외국인이라도 동법이 적용되지만, 임차인이 법인인 경우에는 적용되지 아니한다. 따라서 법인의 직원이 주민등록을 마쳤다 하여 이를 법인의 주민등록으로 볼 수 없다.
③ 그러나 예외적으로 ㉠ 저소득층의 무주택자에게 전세 임대 주택을 지원하는 '한국토지주택공사'와 주택사업을 목적으로 설립된 '지방공사'와 ㉡ 「중소기업기본법」 제2조에 따른 중소기업에 해당하는 법인의 경우에는 적용된다.

2 대항력

1. 대항력의 요건

(1) **대항력의 요건과 대항력 발생시기**

① 임차인이 주택의 인도와 주민등록을 마친 때(전입신고를 한 때)에는 그 다음날부터 제3자에 대하여 효력이 생기고, 다음날은 '다음날 오전 0시'를 의미한다.

② 자기 명의의 주택을 매도하면서 동시에 그 주택을 임차하는 경우, 매도인이 임차인으로서 가지는 대항력은 매수인 명의의 소유권이전등기가 마쳐진 그 다음날부터 효력이 생긴다.

③ 그러나 전차인이 임차인으로부터 부동산을 적법하게 전차하여 전입신고를 마치고 거주하던 중, 임차인이 위 부동산을 자기명의로 소유권이전등기를 경료한 경우, 전차인은 임차인의 소유권이전등기가 경료되는 '즉시' 임차인으로서의 대항력을 취득한다.

(2) **주민등록**(공시방법)**에 관한 문제**

① 주민등록은 공동생활을 하고 있는 가족의 주민등록도 포함하며 외국인의 경우 외국인등록이나 체류지변경신고에 대하여 주민등록과 동일한 효력을 인정한다.

② 주민등록과 등기부상 주택의 표시가 일치하여야 한다.

③ 대항력은 임차인이 타인(전차인)의 점유를 매개로 하여 주택을 간접점유하는 경우(적법한 전대차)에도 인정될 수 있으나, 이 경우 그 전차인이 주택을 인도받아 자신의 주민등록을 마쳐야 임차인은 대항력을 취득한다.

④ 공동주택(아파트, 연립, 다세대)은 지번 뿐 아니라 동·호수까지 정확히 기재하여야 하나, 다가구용 단독주택은 지번만 기재하는 것으로 충분하다.

⑤ 다가구용 단독주택의 임차인으로서 대항요건을 갖춘 경우 나중에 다세대주택으로 변경되었더라도 대항력은 상실하지 않는다.

⑥ 주민등록은 행정청에 도달한 때가 아니라 행정청이 '수리'한 때에 효력이 발생한다.

(3) **대항요건**(인도와 주민등록)**의 존속기간**

① 인도와 주민등록은 효력존속요건으로 대항력 취득시에만 구비하면 족한 것이 아니고, 배당요구종기까지 계속되어야 한다.

② 주민등록이 직권으로 말소된 경우에도 원칙적으로 그 대항력은 상실된다고 할 것이지만, 직권말소 후 주민등록법 소정의 이의절차에 따라 그 말소된 주민등록이 회복되거나 재등록이 이루어진 경우에는 소급하여 그 대항력이 유지된다고 할 것이다.

2. 대항력의 내용

(1) 임대인의 지위승계

① 임차주택의 양수인은 임대인의 지위를 승계한 것으로 본다.
② 따라서 종전의 임대인은 임대차관계에서 벗어나 보증금을 반환할 의무가 없고, 임차주택의 양수인이 보증금을 반환할 의무를 부담한다.
③ 다만, 임차인이 임대인의 지위승계를 원하지 않는 경우에는 임차인이 임차주택의 양도사실을 안 때로부터 상당한 기간 내에 이의를 제기함으로써 승계되는 임대차관계의 구속으로부터 벗어날 수 있으며, 그러한 경우에는 양도인의 임차인에 대한 보증금반환채무는 소멸하지 않는다.
④ 임차인의 임대차보증금반환채권이 가압류된 상태에서 임대주택이 양도되면 양수인이 채권가압류의 제3채무자의 지위도 승계한다. 따라서 가압류채권자는 양수인에 대하여만 가압류의 효력을 주장할 수 있다.
⑤ 주택의 임차인이 대항력을 구비한 후 임차 주택의 양수인이 임차인에게 임대차보증금을 반환하였다 하더라도, 주택의 양수인은 양도인에 대하여 부당이득반환을 청구할 수 없다.
⑥ 대항력을 갖춘 임차인이 당해 주택을 양수한 때에는 임차인이 임대인의 자신에 대한 보증금반환채무를 인수하게 되어, 결국 임차인의 보증금반환채권은 혼동으로 인하여 소멸하게 된다.
⑦ 주택의 공동임차인 중 1인이라도 대항력 요건을 갖추게 되면 그 대항력은 임대차 전체에 미치므로, 임차 건물이 양도되는 경우 특별한 사정이 없는 한 공동임차인에 대한 보증금반환채무 전부가 임대인 지위를 승계한 양수인에게 이전된다.
⑧ 임차인이 대항력을 갖춘 후에 그 임차주택이 양도되어, 양수인이 임차보증금반환채무를 부담하게 된 후에 임차인이 주민등록을 다른 곳으로 옮겼다 하여 이미 발생한 양수인의 임차보증금반환채무가 소멸하는 것은 아니다.
⑨ 그러나 임차건물의 소유권이 이전되기 전에 이미 발생한 연체차임이나 관리비 등은 별도의 채권양도절차가 없는 한 원칙적으로 양수인에게 이전되지 않는다.

(2) 임대인의 지위를 승계 받는 양수인 해당여부

① 해당되는 경우(임대인이 보증금반환의무를 면하는 경우)
  ㉠ 미등기무허가 주택의 양수인
  ㉡ 매매로 소유권을 취득한 매수인으로부터 주택을 임차받아 대항요건을 갖춘 후 계약해제로 소유권을 회복한 매도인

② 해당되지 않는 경우
  ㉠ 경매절차에서 임차주택의 대지만을 매수한 자
  ㉡ 주택의 양도담보권자 등은 임대인의 지위를 승계 받지 않으므로 보증금을 반환할 의무가 없고, 따라서 임대인은 보증금반환의무를 면하지 못한다.

(3) 경매에서의 대항력
① 임차인이 대항요건을 갖추었다 하여도 경매에 있어서는 선순위 담보물권이 있는 경우에는 대항력이 인정되지 않는다.
② 따라서 선순위로 저당권이 설정된 주택을 임차하여 대항요건을 갖춘 임차인일지라도 후순위저당권이 실행되어 매수인이 된 자에게 대항할 수 없다. 즉, 임차권보다 선순위 저당권이 존재하는 주택이 경매로 매각된 경우, 경매의 매수인은 임대인의 지위를 승계하지 않는다.
③ 또한 대항력을 갖춘 임차인(1순위)이 저당권설정등기(2순위) 이후에 보증금을 증액한 경우, 임차인은 증액한 임차보증금으로써는 건물을 경락받은 소유자에게 대항할 수 없다.
④ 그러나 대항요건을 갖춘 임차권보다 선순위의 저당권이 있는 경우 선순위 저당권이 경매개시결정 전에 소멸하였다면 임차권의 대항력이 소멸하지 않는다.

3 보증금의 회수

1. 보증금의 우선변제권

(1) 우선변제적 효력 발생요건 및 발생시기
① 대항요건과 임대차계약증서상의 확정일자를 갖춘 임차인은 경매 또는 공매를 할 때(매매×)에 임차주택(대지를 포함한다)의 환가대금에서 후순위권리자나 그 밖의 채권자보다 우선하여 보증금을 변제받을 권리가 있다.
② 주택임대차보호법은 임차인에게 우선변제권이 인정되기 위하여 대항요건과 임대차계약증서상의 확정일자를 갖추는 것 외에 계약 당시 임차보증금이 전액 지급되어 있을 것을 요구하지는 않는다.
③ 임대차계약서에 임대차 목적물을 표시하면서 아파트의 명칭과 그 전유부분의 동·호수를 누락하였더라도 확정일자의 요건을 갖추었다고 볼 수 있다.
④ 우선변제적 효력이 발생되려면 대항력 발생이 전제되어야 한다. 따라서 주택임차인이 주택인도와 주민등록을 마친 당일 또는 그 이전에 임대차계약증서상에 확정일자를 갖춘 경우, 우선변제권은 주택의 인도와 주민등록을 마친 다음 날을 기준으로 발생한다.

(2) 임대차정보제공신청 및 임대인의 정보 제시 의무

① **임대차정보제공신청**
  ㉠ 주택의 임대차에 이해관계가 있는 자는 확정일자부여기관에 해당 주택의 확정일자 부여일, 차임 및 보증금 등 정보의 제공을 요청할 수 있다(임대인 동의×). 이 경우 요청을 받은 확정일자부여기관은 정당한 사유 없이 이를 거부할 수 없다.
  ㉡ 임대차계약을 체결하려는 자는 임대인의 동의를 받아 확정일자부여기관에 위 ①의 정보제공을 요청할 수 있다.

② **임대인의 정보 제시 의무**
  ㉠ 임대차계약을 체결할 때 임대인은 ⓐ 해당 주택의 확정일자 부여일, 차임 및 보증금 등 정보와 ⓑ 납세증명서를 임차인에게 제시하여야 한다.
  ㉡ 다만, 임대인이 정보제공신청이나 미납세액의 열람에 동의함으로써 이를 갈음할 수 있다.

(3) 우선변제권의 내용

① 대항요건 및 확정일자를 갖춘 주택임차권자는 임대차 성립당시 임대인 소유였던 대지가 타인에게 양도되어 임차주택과 대지 소유자가 달라지더라도, 또한 임차주택과 별도로 그 대지만이 경매될 경우에도 대지의 환가대금에 대해 우선변제권을 행사할 수 있다.
② 그러나 대지에 저당권이 설정된 후 신축된 건물의 소액임차인에게는 대지의 환가대금에서 보증금 중 일정액의 우선변제가 인정되지 않는다.
③ 우선변제권이 있는 임차인은 경매절차에서 배당요구를 하여야 한다.
④ 우선변제권을 가진 임차인으로부터 임차권과 분리하여 임차보증금반환채권만을 양수한 채권양수인이 주택임대차보호법상의 우선변제권을 행사할 수 있는 임차인에 해당한다고 볼 수 없다.
⑤ 그러나 금융기관 등이 우선변제권을 취득한 임차인의 보증금반환채권을 계약으로 양수한 경우에는 양수한 금액의 범위에서 우선변제권을 승계한다.
⑥ 임차권은 그 임차주택의 경락에 따라 소멸한다. 다만, 보증금이 모두 변제되지 아니하는 한, 대항력 있는 임차권은 그러하지 아니하다.
⑦ 임차주택의 경매 또는 공매시 환가대금으로부터 보증금을 수령하기 위해서는 임차주택을 양수인에게 인도하여야 한다.

✿ 임차인이 강제경매를 신청하는 경우 반대의무의 이행 또는 이행의 제공을 집행개시요건으로 하지 않는다(주택 반환할 필요 없이 경매신청 가능).

(4) 임차인이 전세권등기를 한 경우(별개의 권리)

① 주택임대차보호법상 임차인으로서의 지위와 전세권자로서의 지위를 함께 가지고 있는 자가 그 중 임차인으로서의 지위에 기하여 경매법원에 배당요구를 하였다면 배당요구를 하지 아니한 전세권에 관하여는 배당요구가 있는 것으로 볼 수 없다.
② 최선순위 전세권자로서의 지위와 대항력을 갖춘 주택임차인으로서의 지위를 함께 가진 자가 전세권자로서 배당요구를 하여 전세권이 매각으로 소멸되었다 하더라도 변제받지 못한 나머지 보증금에 기하여 대항력을 행사할 수 있다.

2. 임차보증금 중 일정액 보호(소액보증금의 최우선변제)

(1) 최우선변제의 의의와 요건

① 소액임차인을 보호하기 위하여 보증금 중 일정액에 대해서는 순위에 관계없이 선순위 담보권자보다도 우선하여 경매절차에서 배당을 받을 수 있는 것을 말한다.
② 대항요건을 갖추면 족하고, 확정일자까지는 필요 없다.

(2) 소액임차인의 범위와 보증금 중 일정액의 범위

① **서울특별시**: 보증금 1억원 6천 5백만원 이하에 5천 5백만원 배당
② 다만, 보증금 중 일정액의 범위와 기준은 주택가액(대지포함)의 2분의 1을 넘지 못한다.

(3) 관련문제

① 소액임차인의 소액보증금반환채권은 배당요구가 필요한 배당요구채권에 해당한다. 따라서 소액임차인이 배당요구를 하지 않아 배당에서 제외된 경우, 후순위채권자를 상대로 부당이득반환을 청구할 수 없다.
② 임대차보증금의 감액으로 소액임차인에 해당하게 된 경우, 특별한 사정이 없으면 소액임차인으로서 보호받을 수 있다.

4 임차권등기명령

① 임대차가 종료된 후 보증금을 반환 받지 못한 임차인은 임차주택의 소재지를 관할하는 법원에 임차권등기명령을 신청할 수 있다.
② 임차인은 임차권등기명령의 신청 및 그에 따른 임차권등기와 관련하여 소요된 비용을 임대인에게 청구할 수 있다.
③ 임차권등기명령에 따른 임차권등기가 경료되면 임차인은 대항력 및 우선변제권을 취득한다. 다만, 임차권등기 전에 이미 대항력 및 우선변제권을 취득한 경우에는 그 대항력 및 우선변제권이 그대로 유지되며, 임차권등기 이후에 대항요건을 상실하더라도 이미 취득한 대항력 및 우선변제권을 상실하지 아니한다.

④ 임차권등기명령의 집행에 의한 임차권등기가 경료된 주택을 그 이후에 임차한 임차인은 소액보증금의 최우선변제를 받을 권리가 없다.
⑤ 임차권등기명령에 의하여 임차권등기를 한 임차인은 별도로 배당요구를 하지 않아도 당연히 배당받을 채권자에 속하는 것으로 본다.
⑥ 임대인의 보증금반환의무와 임차인의 임차권등기말소의무는 보증금반환의무가 선이행의무이다(동시이행관계×).

5 존속기간의 보장

1. 임대차기간

기간을 정하지 아니하거나 2년 미만으로 정한 임대차는 그 기간을 2년으로 본다. 다만, 임차인은 2년 미만으로 정한 기간이 유효함을 주장할 수 있다.

2. 법정(묵시적)갱신

① 임대인이 임대차 종료 6개월 전부터 2개월 전까지의 기간에 갱신거절 등의 통지를 하지 아니하거나 임차인이 임대차기간 종료 2개월 전까지 통지하지 아니하고 임대차 기간이 끝난 경우
② 법정갱신의 경우 임대차의 존속기간은 2년으로 본다. 그러나 임차인은 언제든지 계약의 해지를 통고할 수 있고, 이때 임대인이 그 통지를 받은 날로부터 3월이 경과하면 그 효력이 발생한다.
③ 2기의 차임액에 달하도록 차임을 연체하거나 기타 임차인으로서의 의무를 현저히 위반한 임차인에 대하여는 법정갱신은 인정되지 않는다.

3. 임차인의 계약갱신 요구(제6조의3)

① **의의**: 임대인은 임차인이 임대차기간이 끝나기 6개월 전부터 2개월 전까지의 기간 이내에 계약갱신을 요구할 경우 정당한 사유 없이 거절하지 못한다.
② **임대인의 거절사유**: 다만, 다음 각 호의 어느 하나에 해당하는 경우에는 거절할 수 있다.
  ㉠ 임차인이 2기의 차임액에 해당하는 금액에 이르도록 차임을 연체한 사실이 있는 경우
  ㉡ 임차인이 거짓이나 그 밖의 부정한 방법으로 임차한 경우
  ㉢ 서로 합의하여 임대인이 임차인에게 상당한 보상을 제공한 경우
  ㉣ 임차인이 임대인의 동의 없이 목적 주택의 전부 또는 일부를 전대(轉貸)한 경우
  ㉤ 임차인이 임차한 주택의 전부 또는 일부를 고의나 중대한 과실로 파손한 경우

ⓑ 임차한 주택의 전부 또는 일부가 멸실되어 임대차의 목적을 달성하지 못할 경우
ⓢ 임대인이 목적 주택의 전부 또는 대부분을 철거하거나 재건축하기 위하여 목적 주택의 점유를 회복할 필요가 있는 경우
ⓞ 임대인(임대인의 직계존속·직계비속을 포함한다)이 목적 주택에 실제 거주하려는 경우(당해 주택에 실제 거주한다는 사실은 임대인이 증명책임)
ⓩ 그밖에 임차인이 임차인으로서의 의무를 현저히 위반하거나 임대차를 계속하기 어려운 중대한 사유가 있는 경우

③ **임대인의 실제거주위반으로 인한 손해배상책임**
  ㉠ 임대인이 해당 주택에 실제 거주의 사유(위 ⓞ)로 갱신을 거절로 인하여 임차인이 입은 손해를 배상하여야 한다.
  ㉡ 손해배상액의 산정
    ⓐ 거절 당시 당사자 간에 손해배상액의 예정에 관한 합의가 이루어 진 경우에는 그 합의된 금액에 의한다.
    ⓑ 손해배상액의 예정에 관한 합의가 이루어지지 않는 경우에는 법정손해배상액 중 큰 금액으로 한다.

④ **임차인의 갱신요구 후에 임대인의 지위를 승계한 양수인의 갱신요구 거절여부**
  ㉠ 임대인의 거절사유가 임차인의 갱신요구권 행사 후에 발생한 때에도 임대인은 임대차기간 만료 6개월 전부터 2개월 전까지의 기간 내라면 갱신거절권을 행사할 수 있다.
  ㉡ 또한 거절할 수 있는 '임대인'에는 임대인의 지위를 승계한 양수인도 이에 포함된다 할 것이다.
  ㉢ 따라서 임대인의 지위를 승계한 임차주택의 양수인도 그 주택에 실제 거주하려는 경우 위 갱신거절 기간 내에 실제 거주사유를 들어 임차인의 계약갱신 요구를 거절할 수 있다.

⑤ **계약갱신 요구행사의 효과 및 제한**
  ㉠ 갱신되는 임대차는 전 임대차와 동일한 조건으로 다시 계약된 것으로 본다. 다만, 차임과 보증금은 20분의 1의 범위에서 증감할 수 있다.
  ㉡ 이 경우 갱신되는 임대차의 존속기간은 2년으로 본다. 다만, 임차인은 언제든지 임대인에게 계약해지를 통지할 수 있고, 임대인이 그 통지를 받은 날부터 3개월이 지나면 해지의 효력이 발생한다.
  ㉢ 임차인의 임대차갱신요구가 임대인에게 도달하여 갱신의 효력이 발생한 후 갱신된 임대차계약 기간이 개시되기 전에 임차인이 계약의 해지통지를 한 경우라도 해지통지 후 3개월이 지나면 그 효력이 발생한다.
  ㉣ 임차인은 계약갱신요구권을 1회에 한하여 행사할 수 있다.

6 차임 등의 증감청구권 및 임차권의 승계

1. 차임 등의 증감청구권

① 차임이나 보증금의 증액을 청구하는 경우에는 약정한 차임 등의 20분의 1(5%)을 초과할 수 없다. 다만, 특별시·광역시·특별자치시·도 및 특별자치도는 관할 구역 내의 지역별 임대차 시장 여건 등을 고려하여 20분의 1(5%)의 범위에서 증액청구의 상한을 조례로 달리 정할 수 있다.
② 이 증액청구는 임대차계약 또는 약정한 차임의 증액이 있은 후 1년 이내에는 하지 못한다.
③ 이러한 증액청구시 제한규정은 임대차계약의 존속 중 일방적으로 증액을 청구한 때에 한하여 적용되고, 임대차계약이 종료된 후 재계약을 하거나 또는 종료 전이라도 당사자의 합의로 차임 등을 증액하는 경우에는 적용하지 않는다.

2. 임차권의 승계

(1) 상속권자가 없는 경우

그 주택에서 가정공동생활을 하던 사실상의 혼인관계에 있는 자는 임차인의 권리와 의무를 승계한다.

(2) 상속권자가 있는 경우

① 상속권자가 가정공동생활을 하고 있으면 상속권자만 승계한다.
② 상속권자가 그 주택에서 가정공동생활을 하지 아니한 때에는 그 주택에서 가정공동생활을 하던 사실상의 혼인관계에 있는 자와 2촌 이내의 친족이 공동으로 승계한다.

> **기출 OX**
> 1. 임차인이 타인의 점유를 매개로 임차주택을 간접점유하는 경우에도 대항요건인 점유가 인정될 수 있다. (   ) 제32회
> 2. 주민등록의 신고는 행정청이 수리한 때가 아니라, 행정청에 도달한 때 효력이 발생한다.
>   (   ) 제26회
> 3. 임차인이 가족과 함께 임차주택의 점유를 계속하면서 가족의 주민등록은 그대로 둔 채 임차인의 주민등록만 일시적으로 옮긴 경우 대항력을 상실하지 않는다. (   ) 제32회

4. 다가구용 단독주택 일부의 임차인이 대항력을 취득하였다면, 후에 건축물 대장상으로 다가구용 단독주택이 다세대 주택으로 변경되었다는 사정만으로는 이미 취득한 대항력을 상실하지 않는다. ( ) 제33회
5. 임차권보다 선순위의 저당권이 존재하는 주택이 경매로 매각된 경우, 경매의 매수인은 임대인의 지위를 승계한다. ( ) 제26회
6. 임차인의 임대차보증금반환채권이 가압류된 상태에서 임대주택이 양도되면 양수인이 채권가압류의 제3채무자의 지위도 승계한다. ( ) 제28회, 제31회
7. 임차인이 경매절차에서 해당 주택의 소유권을 취득한 경우, 임대인에 대하여 보증금반환을 청구할 수 있다. ( ) 제28회
8. 대항력을 갖춘 주택양수인이 임차인에게 보증금을 반환하더라도 특별한 사정이 없는 한 임대인에게 부당이득반환을 청구할 수 없다. ( ) 제31회
9. 임차인이 대항력을 가진 후 그 임차주택의 소유권이 양도되어 양수인이 임차보증금반환채무를 부담하게 되었더라도, 임차인이 주민등록을 이전하면 양수인이 부담하는 임차보증금반환채무는 소멸한다. ( ) 제33회
10. 대항력을 갖춘 임차주택 양도 전 발생한 연체차임채권은 특별한 사정이 없는 한 주택의 양수인에게 승계되지 않는다. ( ) 제31회
11. 대항력을 갖춘 임차주택을 임대인이 채권담보를 목적으로 제3자에게 양도한 경우, 임대인은 특별한 사정이 없는 한 보증금반환의무를 면한다. ( ) 제31회
12. 우선변제권이 있는 임차인은 임차주택과 별도로 그 대지만이 경매될 경우, 특별한 사정이 없는 한 그 대지의 환가대금에 대하여 우선변제권을 행사할 수 있다. ( ) 제33회
13. 우선변제권이 있는 주택이 경매가 개시되어 매각된 경우, 임차인은 경매절차에서 배당요구를 하지 않아도 보증금에 대해 우선변제를 받을 수 있다. ( ) 제34회
14. 주택의 경매로 인한 환가대금에서 임차인이 보증금을 우선변제받기 위해서 주택을 양수인에게 인도할 필요가 없다. ( ) 제30회
15. 소액임차인은 경매신청의 등기 전까지 임대차계약서에 확정일자를 받아야 최우선변제권을 행사할 수 있다. ( ) 제26회
16. 임차인은 임대차가 끝나기 전에 주택의 소재지를 관할하는 법원에 임차권등기명령을 신청할 수 있다. ( ) 제29회
17. 등기명령의 집행에 따라 주택 전부에 대해 타인 명의의 임차권등기가 끝난 뒤 소액보증금을 내고 그 주택을 임차한 자는 최우선변제권을 행사할 수 없다. ( ) 제26회
18. 임대차기간을 1년으로 약정한 경우, 임차인은 그 기간이 유효함을 주장할 수 없다.
( ) 제29회, 제36회

19. 묵시적 갱신으로 인한 임대차계약의 존속기간은 2년이다. ( ) 제28회, 제29회, 제34회
20. 임대차계약이 묵시적으로 갱신된 경우, 임대인은 언제든지 임차인에게 계약해지를 통지할 수 있다. ( ) 제29회, 제30회, 제36회
21. 임차인이 2기의 차임액에 달하도록 차임을 연체한 경우, 묵시적 갱신이 인정되지 아니한다. ( ) 제30회, 제34회
22. 임차인의 계약갱신요구권은 임대차기간이 끝나기 6개월 전부터 2개월 전까지의 기간에 행사해야 한다. ( ) 제32회
23. 임차인의 계약갱신요구권은 임대차의 조건이 동일한 경우 여러 번 행사할 수 있다. ( ) 제32회
24. 임차인의 계약갱신요구권은 임차인이 임대인의 동의 없이 목적 주택을 전대한 경우 임대인은 계약갱신요구를 거절하지 못한다. ( ) 제32회
25. 임차인의 임대차갱신요구가 임대인에게 도달하여 갱신의 효력이 발생한 후 갱신된 임대차계약 기간이 개시되기 전에 임차인이 계약의 해지통지를 한 경우라도 해지통지 후 3개월이 지나면 그 효력이 발생한다. ( ) 제35회

◆ 정답
1. ○ 2. × 3. ○ 4. ○ 5. × 6. ○ 7. × 8. ○ 9. × 10. ○ 11. × 12. ○ 13. × 14. ×
15. × 16. × 17. ○ 18. × 19. ○ 20. × 21. ○ 22. ○ 23. × 24. ○ 25. ○

상가건물 임대차보호법

1 주택임대차보호법과 상가건물임대차보호법의 비교

구 분	주택임대차보호법	상가건물 임대차보호법
대항력	주택의 인도와 주민등록	건물의 인도와 사업자등록신청
우선변제력	대항요건 + 확정일자	대항요건 + 확정일자
소액보증금 최우선변제	① 서울 보증금 1억 6천 5백만원 이하에 5천500만원 ② 주택가액의 1/2 범위 내	① 서울 보증금 6천500만원 이하에 2천200만원 ② 건물가액의 1/2 범위내
임차권등기 명령제도	인정	인정
최단기간	2년	1년
차임 등의 증액청구제한	① 약정차임의 1/20(5%)초과× ② 증액 후 1년 이내 증액×	① 약정차임의 5/100(5%)초과× ② 증액 후 1년 이내 증액×
차임연체와 해지	2기 차임액에 달한 경우	3기 차임액에 달한 경우
임대차분쟁조정위원회	○	○
사실혼배우자 임차권승계	○	×

2 적용범위

1. 사업자등록의 대상이 되는 상가건물

① 이 법은 사업자등록의 대상이 되는 상가건물의 임대차(임대차목적물의 주된 부분을 영업용으로 사용하는 경우를 포함한다)에 대하여 적용한다.
② 단순히 상품의 보관·제조·가공 등 사실행위만이 이루어지는 공장·창고 등은 영업용으로 사용하는 경우라고 할 수 없으나 그곳에서 그러한 사실행위와 더불어 영리를 목적으로 하는 활동이 함께 이루어진다면 적용대상인 상가건물에 해당한다.
③ 임차인이 법인인 경우에도 적용된다.
④ 다만, 일시사용을 위한 임대차임이 명백한 경우에는 적용하지 아니한다.

2. 보증금액의 제한

(1) 보증금액의 기준

다음의 보증금액을 초과하는 임대차에 대하여는 적용하지 아니하다.
① **서울특별시**: 9억원
② 「수도권정비계획법」에 따른 과밀억제권역 및 부산광역시: 6억 9천만원
③ 광역시(「수도권정비계획법」에 따른 과밀억제권역에 포함된 지역과 군 지역, 부산광역시는 제외한다), 세종특별자치시, 파주시, 화성시, 안산시, 용인시, 김포시 및 광주시: 5억 4천만원
④ **그 밖의 지역**: 3억 7천만원
⑤ 보증금 외에 월차임이 있는 경우 월 차임액에 100을 곱한 금액을 보증금으로 환산하여 적용범위를 정한다.
⑥ 예를 들어 보증금이 2억원이고 월세가 550만원인 경우 환산보증금은 2억원 + (550만원 × 100) = 7억 5천만원이 된다.

(2) 기준보증금액초과 상가건물임대차에도 적용되는 경우

① 대항력(법 제3조), 계약갱신요구 등(법 제10조 제1항, 제2항, 제3항), 계약갱신시 차임 및 보증금의 증감청구(법 제10조의2), 권리금(법 제10조의3 내지 제10조의7), 3기 차임연체와 해지(법 제10조의8), 표준계약서작성(법 제19조)(감염병 여파로 인한 폐업의 경우에 임차인의 해지권) 등은 보증금액을 초과하는 임대차에 대하여도 적용한다.
② 다만, 대통령령으로 정한 보증금액을 초과하는 임대차에서 기간을 정하지 않은 경우에는 상가건물 임대차보호법상 최단기간규정(1년)이 적용되지 않고 민법의 적용을 받으므로 임대차기간이 정해져 있음을 전제로 기간 만료 6개월 전부터 1개월 전까지 사이에 행사하도록 규정된 임차인의 계약갱신요구권은 발생할 여지가 없다.

③ 대항력

① 건물의 인도와 「부가가치세법」 등에 따른 사업자등록을 신청하면 그 다음 날부터 제3자에 대하여 효력이 생긴다.
② 사업자등록은 배당요구의 종기까지 존속하고 있어야 한다.
③ 상가건물을 임차하고 사업자등록을 마친 사업자가 임차건물의 전대차한 경우, 임차인이 상가건물임대차보호법상의 대항력 및 우선변제권을 유지하기 위해서는 전차인이 그 명의로 사업자등록을 하여야 한다.

④ 사업자가 폐업신고를 하였다가 다시 같은 상호 및 등록번호로 사업자등록을 하였다고 하더라도 상가건물 임대차보호법상의 대항력 및 우선변제권이 그대로 존속한다고 할 수 없고, 다시 사업자등록을 한 다음 날부터 대항력이 발생한다.

⑤ 사업자등록신청서에 첨부한 임대차계약서상의 임대차목적물 소재지가 당해 상가건물에 대한 등기부상의 표시와 불일치하는 경우에는 특별한 사정이 없는 한 그 사업자등록은 제3자에 대한 관계에서 유효한 임대차의 공시방법이 될 수 없다.

4 보증금의 회수

1. 우선변제권

대항요건 + 관할 세무서장의 임대차계약서상의 확정일자

2. 보증금 중 일정액의 최우선변제권

① 대항요건(건물의 인도와 사업자등록)을 갖춘 임차인은 보증금 중 일정액을 다른 담보물권자보다 우선하여 변제받을 권리가 있다(확정일자는 불필요).
② 최우선변제를 받을 수 있는 범위는 서울특별시의 경우 보증금 6천 5백만원 이하에 2천 200만원으로 한다.

3. 임대차 종료 후 보증금을 반환받지 못하고 임차물을 사용·수익한 경우

① 상가건물 임대차에서 기간만료나 당사자의 합의 등으로 임대차가 종료된 경우에도 임차인은 보증금을 반환받을 때까지 임대차관계가 존속하는 것으로 의제된다(법 제9조 제2항).
② 따라서 상가임대차법이 적용되는 임대차가 기간만료 등으로 종료된 경우 보증금을 반환받을 때까지 임차 목적물을 계속 점유하면서 사용·수익한 임차인은 종전 임대차계약에서 정한 차임을 지급할 의무를 부담할 뿐이고, 시가에 따른 차임에 상응하는 부당이득금을 지급할 의무를 부담하는 것은 아니다.

5 존속기간의 보장

1. 최단기간의 제한

① 기간을 정하지 아니하거나 기간을 1년 미만으로 정한 임대차는 그 기간을 1년으로 본다.
② 다만, 임차인은 1년 미만으로 정한 기간이 유효함을 주장할 수 있다.

2. 계약갱신요구권

(1) 의 의
① 임대인은 임차인이 임대차기간이 만료되기 6개월 전부터 1개월 전까지 사이에 행하는 계약갱신요구에 대하여 정당한 사유 없이 이를 거절하지 못한다.
② 임대인이 먼저 갱신거절의 통지를 하더라도 임대인에게 거절할 정당한 사유가 없는 한 임차인은 갱신요구권을 행사할 수 있다.

(2) 임대인의 거절사유
① 임차인이 3기의 차임액(주택은 2기)에 달하도록 차임을 연체한 사실이 있는 때
② 쌍방 합의하에 임대인이 임차인에게 상당한 보상을 제공한 경우
③ 임차인이 임차한 건물의 전부 또는 일부를 고의 또는 중대한 과실로 파손한 경우(경과실로 파손한 경우에는 거절×)
④ 임차한 건물의 전부 또는 일부가 멸실되어 임대차의 목적을 달성하지 못할 경우
⑤ 임대인이 목적 건물의 전부 또는 대부분을 철거하거나 재건축하기 위해 목적 건물의 점유회복이 필요한 경우
⑥ 임차인이 거짓 그 밖의 부정한 방법으로 임차한 경우
⑦ 임차인이 임대인의 동의 없이 목적 건물의 전부 또는 일부를 전대한 경우
⑧ 그밖에 임차인이 임차인으로서의 의무를 현저히 위반하거나 임대차를 존속하기 어려운 중대한 사유가 있는 경우

(3) 행사의 범위 및 효과
① 임차인의 계약갱신요구권은 최초의 임대차기간을 포함한 전체 임대차기간이 10년을 초과하지 않는 범위 내에서만 행사할 수 있다.
② 갱신되는 임대차는 전 임대차와 동일한 조건으로 다시 계약된 것으로 본다(주택은 2년으로 본다). 다만, 차임과 보증금은 100분의 5 범위 안에서 증감할 수 있다.
③ 임대인의 동의를 받고 전대차계약을 체결한 전차인은 임차인을 대위하여 임대인에게 계약갱신요구권을 행사할 수 있다.

3. 법정(묵시적)갱신
① 임대인이 기간 만료 전 6월 전부터 1월까지 사이에 임차인에 대하여 통지를 하지 아니한 경우에는 그 기간이 만료된 때에 전임대차와 동일한 조건으로 다시 임대차한 것으로 본다.
② 임차인에 대해서는 별도의 갱신거절 통지의 기간의 규정이 없으므로 임차인이 임대차기간 만료 1개월 전부터 만료일 사이에 갱신거절의 통지를 한 경우, 해당 임대차계약은 묵시적 갱신이 인정되지 않고 임대차기간의 만료일에 종료한다고 보아야 한다.

③ 임대차가 묵시적으로 갱신된 경우, 임대차의 존속기간은 1년으로 본다. 다만, 임차인은 언제든지 계약해지의 통고를 할 수 있고, 임대인이 그 통고를 받은 날부터 3개월이 경과하면 그 효력이 발생한다.
④ 갱신요구권을 행사하는 경우에 전체기간을 10년으로 제한하는 규정은 법정갱신에 대해서는 적용되지 않는다.

☑ **지상권, 전세권, 임대차, 주택임대차, 상가임대차 기간 비교**

구 분	지상권	전세권	임차권	주택임차권	상가임차권
기간제한	최단기 (30, 15, 5)	① 최장: 10년 (토지, 건물) ② 최단: 1년 (건물만)	제한 없음	최단기: 2년	최단기: 1년
기간 정함 없는 경우	최단기간으로 본다.	언제든지 소멸통고(6월 경과)	언제든지 해지통고(임대인 6월, 임차인 1월 경과)	2년	1년
법정갱신	없음	① 건물만 인정 ② 기간 정×	기간 정×	① 기간: 2년 ② 임차인만 언제든지 해지통고 (3월 경과)	① 기간: 1년 ② 임차인만 언제든지 해지통고 (3월 경과)

4. 감염병(코로나-19)여파로 인한 폐업의 경우에 임차인의 해지권

① 임차인은 「감염병의 예방 및 관리에 관한 법률」 제49조 제1항 제2호에 따른 집합 제한 또는 금지 조치를 총 3개월 이상 받음으로써 발생한 경제사정의 중대한 변동으로 폐업한 경우에는 임대차계약을 해지할 수 있다.
② 이 경우 해지는 임대인이 계약해지의 통고를 받은 날부터 3개월이 지나면 효력이 발생한다.

6 권리금의 보호

(1) **임차인의 권리금회수기회 보호**

임대인은 임대차기간이 끝나기 6개월 전부터 임대차 종료시까지 다음의 어느 하나에 해당하는 행위를 함으로써 권리금계약에 따라 임차인이 주선한 신규임차인이 되려는 자로부터 권리금을 지급받는 것을 방해하여서는 아니 된다.

① 임차인이 주선한 신규임차인이 되려는 자에게 권리금을 요구하거나 임차인이 주선한 신규임차인이 되려는 자로부터 권리금을 수수하는 행위
② 임차인이 주선한 신규임차인이 되려는 자로 하여금 임차인에게 권리금을 지급하지 못하게 하는 행위
③ 임차인이 주선한 신규임차인이 되려는 자에게 현저히 고액의 차임과 보증금을 요구하는 행위
④ 정당한 사유 없이 임대인이 임차인이 주선한 신규임차인이 되려는 자와 임대차계약의 체결을 거절하는 행위

(2) 권리금회수기회 보호의무가 없는 경우
① 갱신거절사유에 해당되는 경우, 임대임은 권리금회수의 기회를 보장할 필요가 없다.
② 다음 어느 하나에 해당하는 경우에는 임대차계약의 체결을 거절할 수 있다.
　㉠ 임차인이 주선한 신규임차인이 되려는 자가 보증금 또는 차임을 지급할 자력이 없는 경우
　㉡ 임차인이 주선한 신규임차인이 되려는 자가 임차인으로서의 의무를 위반할 우려가 있거나 그밖에 임대차를 유지하기 어려운 상당한 사유가 있는 경우
　㉢ 임대차목적물인 상가건물을 1년 6개월 이상 영리목적으로 사용하지 아니한 경우(임대인의 비영리 사용기간이 1년 6개월에 미치지 못하는 사이에 상가건물의 소유권이 변동된 경우, 임대인과 새로운 소유자의 비영리 사용기간이 1년 6개월 이상이면 인정)
　㉣ 임대인이 선택한 신규임차인이 임차인과 권리금계약을 체결하고 그 권리금을 지급한 경우

(3) 임대인의 손해배상책임
① 임대인이 권리금 회수방해 행위를 하여 임차인에게 손해를 발생하게 한 때에는 그 손해를 배상할 책임이 있다. 이 경우 그 손해배상액은 신규임차인이 임차인에게 지급하기로 한 권리금과 임대차 종료 당시의 권리금 중 낮은 금액을 넘지 못한다.
② 임차인의 임대인에게 손해배상을 청구할 권리는 임대차가 종료한 날부터 3년 이내에 행사하지 아니하면 시효의 완성으로 소멸한다.
③ 임대인이 권리금 회수방해 행위로 인한 손해배상채무는 임대차가 종료한 날에 이행기가 도래하여 그 다음 날부터 지체책임이 발생한다.

(4) 권리금 관련 문제
① 전통시장 내 영세상인도 권리금 적용대상에 포함한다.
② 전체 임대차기간이 10년을 초과하여 임차인이 계약갱신요구권을 행사할 수 없는 경우에도 임대인은 권리금 회수기회 보호의무를 부담한다.

③ 권리금 회수 방해로 인한 손해배상책임이 성립하기 위하여 반드시 임차인과 신규임차인이 되려는 자 사이에 권리금 계약이 미리 체결되어 있어야 하는 것은 아니다.
④ 임차인의 임차목적물 반환의무와 임대인의 권리금 회수 방해로 인한 손해배상의무는 그 사이에 이행상 견련관계를 인정하기 어렵다. 즉, 동시이행관계가 아니다.

> **기출 OX**
>
> 1. 보증금이 10억원인 상가임대차의 경우, 임차인이 점포를 인도받은 날에 사업자등록증을 신청한 경우, 그 다음 날부터 임차권의 대항력이 생긴다. ( ) 제33회, 제34회
> 2. 보증금이 10억원인 상가임대차의 경우, 임차인이 대항요건을 갖춘 후 임대차계약서에 확정일자를 받은 경우, 「민사집행법」상 경매시 乙은 임차건물의 환가대금에서 후순위 권리자보다 우선하여 보증금을 변제받을 권리가 있다. ( ) 제28회, 제32회, 제33회, 제36회
> 3. 보증금이 10억원인 상가임대차의 경우, 임차인의 계약갱신요구권은 최초의 임대차기간을 포함한 전체 임대차기간이 10년을 초과하지 아니하는 범위에서만 행사할 수 있다. ( ) 제28회
> 4. 보증금이 10억원인 상가임대차의 경우, 존속기간의 약정이 없는 때에도 임차인은 계약갱신요구권을 주장할 수 있다. ( ) 제34회
> 5. 보증금이 10억원인 상가임대차의 경우, 임대차기간을 6개월로 정한 경우, 임대인은 그 기간이 유효함을 주장할 수 있다. ( ) 제28회, 제34회
> 6. 보증금이 10억원인 상가임대차의 경우, 임대차종료 후 보증금이 반환되지 않은 경우 임차인은 건물의 소재지 관할법원에 임차권등기명령을 신청할 수 없다. ( ) 제28회, 제36회
> 7. 임차인은 임대인에게 계약갱신을 요구할 수 있으나 전체 임대차기간이 7년을 초과해서는 안된다. ( ) 제30회
> 8. 임대차계약이 묵시적으로 갱신된 경우, 임차인의 계약 해지의 통고가 있으면 즉시 해지의 효력이 발생한다. ( ) 제30회
> 9. 임대차목적물인 상가건물을 6개월 동안 영리 목적으로 사용하지 아니한 경우, 상가임대인이 그의 임차인이 주선한 신규임차인으로 되려는 자와 임대차계약의 거절할 수 있다. ( ) 제29회
> 10. 임차인이 임차한 건물을 중대한 과실로 전부 파손한 경우, 임대임은 권리금회수의 기회를 보장할 필요가 없다. ( ) 제30회
> 11. 권리금회수의 방해로 인한 임차인의 임대인에 대한 손해배상청구권은 그 방해가 있는 날로부터 3년 이내에 행사하지 않으면 시효의 완성으로 소멸한다. ( ) 제26회, 제27회
> 12. 임차인이 임대차기간 만료 1개월 전부터 만료일 사이에 갱신거절의 통지를 한 경우, 해당 임대차계약은 묵시적 갱신이 인정되지 않고 임대차기간의 만료일에 종료한다. ( ) 제35회
>
> ● 정답
> 1. ○ 2. × 3. ○ 4. × 5. ○ 6. ○ 7. × 8. × 9. × 10. ○ 11. × 12. ○

Chapter 03 가등기담보 등에 관한 법률

1 서 설

1. 가등기담보의 의의 및 가등기담보권의 성질

(1) 가등기담보의 의의
① 채권담보를 위해 저당권을 설정하지 않고 부동산에 대하여 채권자 앞으로 소유권이전의 가등기를 하거나(가등기담보) 아니면 아예 소유권이전등기를 하는(양도담보) 변칙적 담보형식이다.
② 가등기가 담보가등기인지, 청구권보전을 위한 가등기인지의 여부는 등기부상 표시나 등기 시에 주고받은 서류의 종류에 의하여 형식적으로 결정되는 것이 아니고 거래의 실질과 당사자의 의사해석에 따라 결정된다.

(2) 가등기담보권의 성질
① 담보물권성
  ㉠ 경매청구권·우선변제권·부종성·수반성·불가분성·물상대위성
  ㉡ 가등기의 피담보채권은 가등기의 원인증서인 매매예약서상의 매매대금의 한도로 제한되는 것은 아니며 당사자의 약정내용에 따라 결정된다.
② 용익관계
  ㉠ 가등기담보권이 실행될 때까지는 목적물의 소유권이 담보권설정자에게 있으므로, 담보권설정자는 목적물을 자유롭게 사용·수익할 수 있고 과실을 수취할 수 있다.
  ㉡ 따라서 양도담보의 경우 목적부동산을 임대할 권한은 양도담보설정자에게 있고, 양도담보권자는 담보설정자로부터 목적부동산을 임차한 임차인에 대하여 목적물의 인도나 임료 상당의 부당이득반환청구를 할 수 없다.
  ㉢ 그러나 양도담보권자는 담보권의 실행을 위하여 담보채무자가 아닌 제3자에 대하여도 담보물의 인도를 구할 수 있다.
③ 담보목적물에 대한 과실수취권 등을 포함한 사용·수익권은 청산절차의 종료와 함께 채권자에게 귀속된다.

2. 가등기담보법의 적용범위

(1) 소비대차에 의한 채권(차용금, 대여금) **담보일 것**

공사대금채권, 매매대금채권, 물품대금채권을 담보할 목적으로 가등기가 경료된 경우에는 적용되지 않는다.

(2) 등기·등록에 의하여 공시되는 물건이나 재산권일 것

① 단, 등기·등록할 수 없는 동산양도담보에는 적용되지 않는다.
② 부동산소유권 이외의 권리의 취득을 목적으로 하는 담보계약에도 준용된다. 그러나 질권, 저당권 및 전세권의 취득을 목적으로 하는 경우에는 적용되지 않는다.

(3) 예약 당시 담보목적물의 가액이 피담보채권액(차용액 및 이자)**을 초과할 것**

① 예약 당시 목적물에 선순위근저당권이 있는 경우에는 목적물의 가액에서 선순위근저당권의 피담보채권액을 공제한 나머지 가액이 차용액 및 이자의 합산액을 초과한 경우에 적용된다.
② 따라서 가등기담보 부동산에 대한 예약 당시의 시가가 그 피담보채무액에 미달하는 경우에는 청산금평가액의 통지 및 청산금지급 등의 절차를 이행할 여지가 없다.

2 가등기담보권의 실행

1. 실행방법

가등기담보권자(채권자)는 변제기 경과 후 권리취득에 의한 실행(귀속청산)이나 경매에 의한 실행(공적 처분청산)을 선택할 수 있다.

2. 권리취득에 의한 실행(귀속청산)

(1) 실행통지

① 통지할 내용
  ㉠ 통지사항은 청산금 평가액이다.
  ㉡ 청산금통지에는 통지 당시의 담보목적부동산의 평가액과 민법 제360조에 규정된 채권액(원본, 이자, 위약금, 채무불이행으로 인한 손해배상 등)을 밝혀야 한다.
  ㉢ 실행통지 당시의 부동산의 평가액이 피담보채권액에 미달하여 청산금이 없다고 인정되는 경우에는 그 뜻을 통지하여야 한다.
  ㉣ 담보목적 부동산이 둘 이상인 경우에는 각 부동산의 소유권이전에 의하여 소멸시키려는 채권과 그 비용을 밝혀야 한다.

ⓜ 채권자가 나름대로 평가한 청산금의 액수가 객관적인 청산금의 평가액에 미치지 못한다고 하더라도 담보권실행의 통지로서의 효력이 있다.

② **통지시기 및 통지방법**
ㄱ. 통지시기는 채권의 변제기 후에 언제라도 상관없다.
ㄴ. 통지방법은 제한이 없으므로 서면 또는 구두의 통지 모두 가능하다.

③ **통지의 상대방**
ㄱ. 실행통지의 상대방은 '채무자 등', 즉 채무자, 담보가등기목적부동산의 물상보증인, 담보가등기 후 소유권을 취득한 제3자이다.
ㄴ. 통지의 상대방이 수인인 경우 이들 모두에게 하여야 하며 일부에 대하여 통지를 하지 않으면 통지로서의 효력이 없다.

④ **통지의 구속력**
ㄱ. 채권자는 그가 통지한 청산금의 금액에 관하여 다툴 수 없다.
ㄴ. 그러나 통지의 상대방인 채무자 등은 채권자가 통지한 청산금액을 다투고 정당하게 평가된 청산금을 지급받을 때까지 목적부동산의 소유권이전등기 및 인도채무의 이행을 거절하거나 채권자에게 정당하게 평가된 청산금을 청구할 수도 있다.

(2) **청산기간의 경과**(실행통지가 상대방에게 도달한 날로부터 2개월)

(3) **청산**(청산금 지급 및 본등기에 의한 권리취득)
① **청산금**: 통지 당시의 담보목적부동산의 가액 - (피담보채권액 + 선순위 채권액)
  ☆ 후순위 채권액은 공제되는 피담보책권액에 포함×
② **청산금청구권자**: 설정자(채무자 또는 물상보증인) 또는 제3취득자 및 후순위권리자
  ☆ 선순위담보권자는 청산금채권자에서 제외
③ **권리취득**: 청산금의 지급과 부동산의 소유권이전등기는 동시이행관계에 있다.

(4) **채무자 등의 말소청구권**
① 채무자 등은 청산금을 지급받을 때까지 설사 청산기간이 지났다 하더라도 자신의 채무를 변제하고 소유권이전등기나 가등기의 말소를 청구할 수 있다.
② 다만, 채무의 변제기로부터 10년이 경과한 때와 선의의 제3자가 소유권을 취득한 때에는 그러하지 아니하다.

(5) **후순위권리자 보호**
① **실행통지 사실의 통지**
  ㄱ. 가등기담보권자가 실행통지를 한 후에는 지체 없이 후순위권리자에게 그 통지의 사실과 내용 및 도달일을 통지하여야 한다.

ⓒ 가등기담보권자가 채무자에게 청산통지를 하였다는 사실 등을 후순위권리자에게 통지하지 아니한 경우에 채무자는 이를 이유로 담보권의 실행을 거부할 수 없다.
② **경매신청**: 후순위권리자는 청산기간에 한정하여 그의 채권이 변제기 도래 전이라도 경매를 청구할 수 있다.
③ **청산금에 대한 권리행사**
후순위권리자는 채무자 등이 지급받을 청산금에 대하여 청산금 지급시까지 그 권리를 (행사할 수 있고, 채권자는 후순위권리자의 요구가 있는 때에는 이를 지급하여야 한다).
④ **청산금에 대한 처분제한**
㉠ 채무자가 청산기간이 지나기 전에 한 청산금에 관한 권리의 양도나 그 밖의 처분은 이로써 후순위권리자에게 대항하지 못한다.
㉡ 채권자가 청산기간이 지나기 전에 청산금을 지급한 경우 또는 실행통지의 통지를 하지 아니하고 청산금을 지급한 경우에도 후순위권리자에게 대항하지 못한다.

(6) **편면적 강행규정**
① 가등기담보법의 청산절차를 거치지 않고 가등기담보권자가 경료한 소유권이전등기는 무효이다.
② 다만, 그 후라도 청산절차를 마치면 그 소유권이전등기는 유효한 등기로 된다.
③ 청산절차를 위반한 본등기가 무효라고 하더라도 선의의 제3자가 경매 등으로 그 본등기에 터 잡아 소유권이전등기를 마치는 등으로 담보목적부동산의 소유권을 취득하면, 채무자 등은 채권자를 상대로 그 본등기의 말소를 청구할 수 없게 되고, 무효인 채권자 명의의 본등기는 그 등기를 마친 시점으로 소급하여 확정적으로 유효하게 되어 담보목적부동산에 관한 채권자의 가등기담보권은 소멸한다. 다만 이 경우에도 채무자 등과 채권자 사이의 청산금 지급을 둘러싼 채권·채무 관계까지 모두 소멸하는 것은 아니고, 채무자 등은 채권자에게 청산금의 지급을 청구할 수 있다.

3. 경매에 의한 실행

① 담보가등기권리자는 담보목적부동산의 경매를 청구할 수 있다. 이 경우 경매에 관하여는 담보가등기권리를 저당권으로 본다.
② 담보가등기를 마친 부동산에 대하여 강제경매 등의 개시결정이 있는 경우에 그 경매의 신청이 청산금을 지급하기 전에 행하여진 경우에는 담보가등기권리자는 그 가등기에 따른 본등기를 청구할 수 없다.
③ 담보가등기를 마친 부동산에 대하여 강제경매 등이 행하여진 경우에는 담보가등기권리는 그 부동산의 매각에 의하여 소멸한다.

기출 OX

1. 가등기가 담보가등기인지, 청구권보전을 위한 가등기인지의 여부는 등기부상 표시를 보고 결정한다. ( ) 제30회, 제32회
2. 매매대금채무, 공사대금채무를 담보하기 위한 가등기에도 「가등기담보 등에 관한 법률」이 적용된다. ( ) 제26회, 제33회, 제34회
3. 차용금채무 3억원의 담보로 이미 2억원의 다른 채무에 대한 저당권이 설정된 4억원 상당의 부동산에 대해 대물변제예약을 하고 가등기한 경우, 가등기담보 등에 관한 법률이 원칙적으로 적용된다. ( ) 제34회
4. 가등기담보부동산의 예약 당시 시가가 그 피담보채무액에 미달하는 경우에는 청산금평가액의 통지를 할 필요가 없다. ( ) 제32회
5. 청산금을 지급할 필요 없이 청산절차가 종료한 경우, 그때부터 담보목적물의 과실수취권은 채권자에게 귀속한다. ( ) 제26회, 제35회
6. 채권자가 담보권실행을 통지함에 있어서, 청산금이 없다고 인정되면 통지의 상대방에게 그 뜻을 통지하지 않아도 된다. ( ) 제30회
7. 통지한 청산금액이 객관적으로 정확하게 계산된 액수와 맞지 않으면, 채권자는 정확하게 계산된 금액을 다시 통지해야 한다. ( ) 제30회
8. 귀속청산에서 변제기 후 청산금의 평가액을 채무자에게 통지한 경우, 채권자는 그가 통지한 청산금의 금액에 관하여 다툴 수 있다. ( ) 제33회
9. 청산금은 담보권실행의 통지 당시 담보목적부동산의 가액에서 피담보채권액을 뺀 금액이며, 그 부동산에 선순위담보권이 있으면 위 피담보채권액에 선순위담보로 담보한 채권액을 포함시킨다. ( ) 제30회
10. 가등기담보의 채무자의 채무변제와 가등기 말소는 동시이행관계에 있다.
    ( ) 제26회, 제28회
11. 가등기담보권자의 청산금지급채무와 채무자의 가등기에 기한 본등기 및 담보목적물 인도채무는 동시이행관계에 있다. ( ) 제35회
12. 담보가등기 후의 저당권자는 청산기간 내라도 저당권의 피담보채권의 도래 전에는 담보목적 부동산의 경매를 청구할 수 없다. ( ) 제26회, 제28회
13. 채무자가 청산기간이 지나기 전에 한 청산금에 관한 권리의 양도는 이로써 후순위권리자에게 대항하지 못한다. ( ) 제28회, 제32회
14. 담보가등기를 마친 부동산에 대하여 강제경매가 된 경우 담보가등기권리는 그 부동산의 매각에 의해 소멸한다. ( ) 제28회, 제32회, 제35회

◆ 정답
1. × 2. × 3. × 4. ○ 5. ○ 6. × 7. × 8. × 9. ○ 10. × 11. ○ 12. × 13. ○ 14. ○

부동산 실권리자명의 등기에 관한 법률

1 서 설

1. 명의신탁의 의의 및 명의신탁의 금지

(1) 명의신탁의 의의
① 부동산에 관한 소유권이나 그 밖의 물권을 보유한 자 또는 사실상 취득하거나 취득하려고 하는 자(실권리자)가 타인과의 사이에서 대내적으로는 실권리자가 부동산에 관한 물권을 보유하거나 보유하기로 하고 그에 관한 등기(가등기를 포함)는 그 타인의 명의로 하기로 하는 약정을 말한다.
② 명의신탁의 유형은 2자간 명의신탁, 3자간 등기명의신탁(중간생략등기형 명의신탁), 계약명의신탁 등이 있다.

(2) 명의신탁의 원칙적 무효
① 명의신탁약정과 이러한 약정에 의한 등기도 무효로 한다(다만, 명의신탁이 반사회질서행위는 아니다).
② 명의신탁약정과 그에 따른 등기의 무효는 제3자에게 대항하지 못한다. 여기서 '제3자'는 명의신탁약정의 당사자 및 포괄승계인 이외의 자로서 명의수탁자가 물권자임을 기초로 그와 사이에 직접 새로운 이해관계를 맺은 사람으로서 소유권 등 물권을 취득한 자뿐만 아니라 압류 또는 가압류채권자도 포함하고 그의 선의·악의를 묻지 않는다.
③ 또한 특별한 사정이 없는 한 명의신탁약정에 따라 형성된 외관을 토대로 다시 명의신탁이 이루어지는 등 연속된 명의신탁관계에서 최후의 명의수탁자가 물권자임을 기초로 그와 사이에 직접 새로운 이해관계를 맺은 사람도 '제3자'에 해당한다.

2. 예외적으로 유효인 명의신탁(종중·종교단체 및 배우자의 특례)

(1) 유효인 명의신탁
① 다음의 어느 하나에 해당하는 경우로서 조세 포탈, 강제집행의 면탈(免脫) 또는 법령상 제한의 회피를 목적으로 하지 아니하는 경우에는 예외적으로 유효로 한다.
㉠ 종중(宗中)이 보유한 부동산에 관한 물권을 종중 외의 자의 명의로 등기한 경우
㉡ 배우자명의로 부동산에 관한 물권을 등기한 경우
㉢ 종교단체의 명의로 그 산하 조직이 보유한 부동산에 관한 물권을 등기한 경우

② 배우자 사이의 명의신탁에서 '배우자'란 법률상의 배우자만을 의미하고, 사실혼 관계에 있는 배우자는 포함되지 않는다.
③ 다만, 명의신탁등기가 사실혼 사이에 이루어져 무효인 경우라도 이후 신탁자와 수탁자가 혼인하면 탈세 등의 목적이 없는 한 혼인한 때로부터 유효하게 된다.
④ 부부간 명의신탁이 일단 유효한 것으로 인정되었다면 그 후 배우자 일방의 사망으로 부부관계가 해소되었다 하더라도 그 명의신탁약정은 상속인과의 관계에서도 여전히 유효하게 존속한다.

(2) 허용되는 명의신탁의 법률관계

① 대내적으로는 신탁자가 소유자이다. 따라서 명의수탁자의 부동산에 대한 점유는 타주점유이고, 신탁자는 언제든지 신탁계약을 해지하고 수탁자에 대하여 소유권이전등기를 청구할 수 있다. 이러한 소유권이전등기청구권은 물권적 청구권으로서 소멸시효에 걸리지 않는다.
② 대외적으로는 수탁자가 소유자이다. 따라서 제3자가 신탁재산을 침해하는 경우 물권적 청구권자는 수탁자이므로 신탁자는 소유권에 기하여 직접 반환청구나 방해배제청구를 할 수 없고, 수탁자를 대위하여 행사할 수 있을 뿐이다.
③ 제3자는 선의·악의를 불문하고 소유권을 취득한다. 다만, 제3자가 수탁자의 배임행위에 적극 가담한 경우에는 사회질서 위반으로 무효이다.

3. 명의신탁약정에 해당하지 않는 경우(실명법 적용 ×)

(1) 채무의 변제를 담보하기 위하여 채권자가 부동산에 관한 물권을 이전받거나 가등기를 하는 경우(양도담보, 가등기담보)

(2) '신탁법' 또는 '자본시장과 금융투자업에 관한 법률'에 따른 신탁재산 등기한 경우

(3) **상호명의신탁**(구분소유적 공유관계)

① 의 의
㉠ 부동산의 위치와 면적을 특정하여 2인 이상이 구분소유하기로 약정하고 등기는 구분소유자의 공유로 하는 경우를 말한다.
㉡ 예를 들어 1필지 토지의 일부에 관한 특정 매매와 그에 대한 등기로써 공유지분이전등기를 마친 경우, 수인이 1필의 토지를 각 위치를 특정하여 그 일부씩 매수하고 편의상 그 소유권이전등기만은 공유지분이전등기를 한 경우 등의 경우이다.
② **특정부분의 처분**: 공유자 각자는 자신의 특정 구분부분을 단독으로 처분하고 이에 해당하는 공유지분등기를 자유로이 이전할 수 있다.

③ **상호명의신탁**(구분소유적 공유)**의 법률관계**
  ⊙ 내부적으로는 각자 특정부분에 한하여 소유권을 취득하고 이를 배타적으로 사용수익하며, 따라서 다른 구분소유자의 방해행위에 대하여는 소유권에 터잡아 그 배제를 구할 수 있다.
  ⓒ 외부적으로는 1필지 전체에 관하여 공유관계가 성립하고 공유자로서의 권리만을 주장할 수 있다. 따라서 제3자의 방해행위가 있는 경우에는 자기의 구분소유 부분뿐만 아니라 전체 토지에 대하여 공유물의 보존행위로서 그 배제를 구할 수 있다.
④ **상호명의신탁**(구분소유적 공유)**의 해소**: 각 구분소유자는 공유물분할청구를 할 수 없고, 신탁약정해지를 원인으로 지분이전등기절차의 이행을 구할 수 있을 뿐이다.

2 무효인 명의신탁의 유형과 법률관계

1. 이전형 명의신탁(양자간 명의신탁)

(1) **의의**: 명의신탁자 甲이 자신 소유 부동산을 명의수탁자 乙명의로 등기한 경우

(2) **당사자간 법률관계**
  ① 명의신탁약정과 명의수탁자 명의의 소유권이전등기는 무효이므로 대내, 대외적으로 명의신탁자가 소유자이다.
  ② 명의신탁이 무효이므로 신탁자는 명의신탁해지를 원인으로 소유권이전등기를 청구할 수 없다.
  ③ 그러나 명의신탁자는 명의수탁자명의 등기말소를 청구하거나 진정명의회복을 원인으로 소유권이전등기를 구할 수 있다.
  ④ 명의수탁자가 수탁받은 물건을 처분한 경우, 제3자는 선의, 악의를 불문하고 유효하게 권리를 취득하고, 명의신탁자는 명의수탁자에게 손해배상 등을 청구할 수 있다.
  ⑤ 양자간 등기명의신탁에서 명의수탁자가 신탁부동산을 처분하여 제3취득자가 유효하게 소유권을 취득하여 명의신탁자가 신탁부동산에 대한 소유권을 상실하였다면, 그 후 명의수탁자가 우연히 신탁부동산의 소유권을 다시 취득하였다고 하더라도 여전히 물권적 청구권(말소등기청구권)은 그 존재 자체가 인정되지 않는다.

2. 3자간 등기명의신탁(중간생략형 명의신탁)

(1) **의의**: 甲은 乙과 명의신탁약정을 하고 丙소유의 X부동산을 매수하면서 丙에게 부탁하여 직접 乙명의로 소유권이전등기를 하는 경우

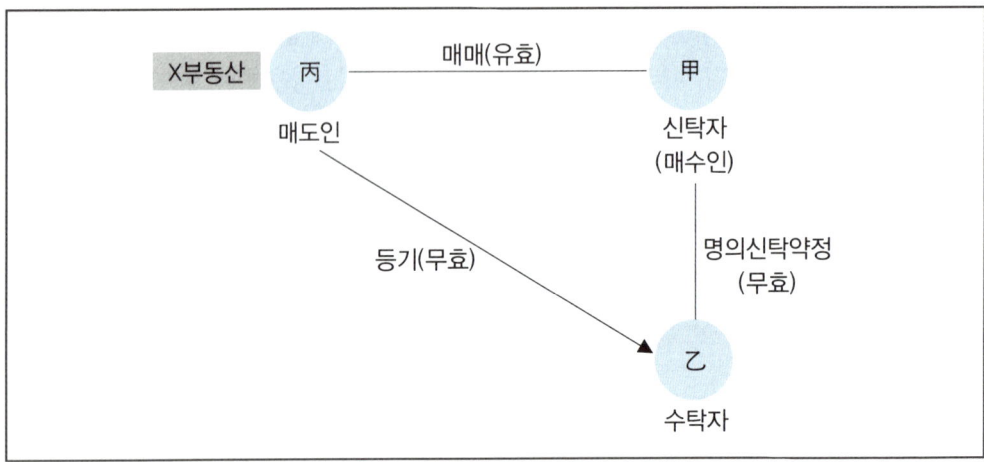

(2) **당사자간의 법률관계**

① 명의신탁약정과 수탁자(乙)명의 이전등기(물권변동)는 무효이다. 따라서 매도인 丙이 소유자이다.

② **매도인(丙)과 명의신탁자간(甲)의 관계**: 매도인(丙)과 명의신탁자(甲) 사이의 매매계약은 유효하므로 명의신탁자는(甲) 매도인(丙)에 대하여 매매계약에 기한 소유권이전등기를 청구할 수 있고 매도인(丙)은 여전히 명의신탁자(甲)에 대하여 소유권이전의무가 있다.

③ **매도인(丙)과 명의수탁자(乙)간의 관계**: 매도인(丙)은 수탁자(乙)명의의 등기를 말소청구할 수 있고, 진정한 등기명의의 회복을 위한 소유권이전등기를 청구할 수도 있다.

④ **명의신탁자와(甲) 명의수탁자(乙)간의 법률관계**
  ㉠ 명의신탁자(甲)는 명의수탁자(乙)를 상대로 명의신탁해지 또는 부당이득반환을 원인으로 한 소유권이전등기나 명의수탁자(乙) 명의등기의 말소를 구할 수도 없다.
  ㉡ 다만, 명의신탁자(甲)는 매도인을 대위하여 명의수탁자(乙) 명의의 등기의 말소를 구할 수 있다.
  ㉢ 만일 수탁자(乙)가 신탁자(甲) 앞으로 바로 소유권이전등기를 경료한 경우 이는 실체관계에 부합하는 등기로서 유효하다.

⑤ **제3자와의 관계**
  ㉠ 명의수탁자가 신탁부동산을 임의로 제3자(丁)에게 매각처분한 경우에 특별한 사정이 없는 한 그 제3자(丁)는 선의·악의를 불문하고 유효하게 소유권을 취득한다.

ⓒ 명의수탁자(乙)가 신탁부동산을 제3자(丁)에게 처분한 경우, 명의수탁자(乙)는 명의신탁자(甲)에게 매각대금 등의 이익을 부당이득으로 반환할 의무가 있다.
 ⓒ 그러나 신탁부동산을 제3자(丁)에게 처분하였다 하여도 매도인(丙)으로서는 명의수탁자의 처분행위로 인하여 손해를 입은 바가 없어 수탁자(乙)에 대한 매도인(丙)의 손해배상청구도 허용되지 아니한다.

3. 계약명의신탁

(1) **의의**: 명의신탁자 甲과 명의수탁자 乙이 명의신탁 약정을 하고 甲은 乙에게 매수자금을 제공하여 명의수탁자 乙이 매수인이 되어 매도인 丙과 매매계약을 체결한 후 명의수탁자 乙명의로 이전등기를 하는 경우

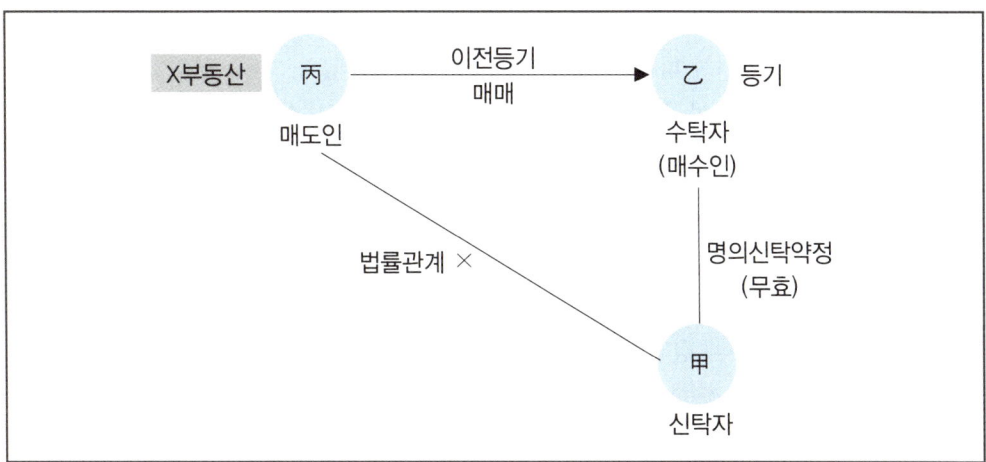

(2) **매도인이 선의인 경우**(경매도 동일)
 ① 명의신탁약정은 무효지만 선의의 매도인(丙)과 명의수탁자(乙) 사이의 매매계약은 유효이다. 따라서 소유권이전등기도 유효이므로 수탁자(乙)는 유효하게 당해 부동산의 소유권을 취득한다.
 ② 매도인(丙)과 명의신탁자(甲)간의 법률관계: 아무런 법률관계가 존재하지 않는다.
 ③ **명의신탁자(甲)와 명의수탁자(乙)간의 법률관계**
  ⓐ 명의신탁자는 명의수탁자에 대하여 등기말소나 불법행위를 원인으로 한 손해배상청구를 할 수는 없으나, 부당이득반환을 청구할 수 있을 뿐이다.
  ⓑ 부당이득반환 대상으로 명의신탁이 부동산실명법 시행 이전에 이루어진 경우에는 '당해 부동산'이었으나 명의신탁이 부동산실명법 시행 이후에 이루어진 경우에는 명의수탁자에게 제공한 매수자금이다(유치권 불성립).

④ 매수대금의 실질적 부담자(명의신탁자)의 지시에 따라 부동산의 소유명의를 이전하거나 그 처분대금을 반환하기로 약정하여도 이는 무효인 명의신탁약정을 전제로 하는 것이어서 역시 무효이다.

⑤ 매수대금을 부담한 명의신탁자와 매수인 명의를 빌려준 명의수탁자 및 제3자 사이의 새로운 명의신탁약정에 의하여 명의수탁자가 다시 명의신탁자가 지정하는 제3자 앞으로 소유권이전등기를 마쳐 주었다면, 제3자 명의의 소유권이전등기는 무효이다.

⑥ 다만, 명의수탁자와 명의신탁자와의 사이에 위에서 본 매수자금반환의무의 이행에 갈음하여 명의신탁된 부동산 자체를 양도하기로 합의하고 그에 기하여 명의신탁자 앞으로 소유권이전등기를 마쳐준 경우에는 특별한 사정이 없는 한 유효이다.

(3) 매도인이 악의인 경우

① 명의신탁약정과 매도인과 수탁자 사이의 매매계약은 무효이므로 그에 따른 소유권이전등기도 무효이다. 따라서 소유권은 매도인에게 있다.
② 따라서 매도인은 명의수탁자에게 등기말소를 청구할 수 있다.
③ 다만, 경매절차에서 계약명의신탁의 경우 소유자가 위와 같은 명의신탁약정 사실을 알고 있었더라도 그 명의인(乙)이 소유권을 취득한다.
④ 명의수탁자인 乙이 부동산을 제3자 丁에게 매도하여 소유권이전등기를 해준 경우, 丁은 선의, 악의를 불문하고 X토지의 소유권을 취득한다.
⑤ 만약 명의수탁자와 명의신탁 사실을 아는 매도인이 매매계약에 따른 법률효과를 직접 명의신탁자에게 귀속시킬 의도로 계약을 체결한 사정이 인정된다면, 명의신탁자와 명의수탁자의 명의신탁은 3자간 등기명의신탁으로 보아야 한다.

예제

01 甲은 자신의 X토지 중 일부를 특정(Y부분)하여 乙에게 매도하면서 토지를 분할하는 등의 절차를 피하기 위하여 편의상 乙에게 Y부분의 면적 비율에 상응하는 공유지분등기를 마쳤다. 다음 설명 중 옳은 것은? (다툼이 있으면 판례에 따름) 제29회

① 乙은 甲에 대하여 공유물분할을 청구할 수 없다.
② 乙은 甲의 동의 없이 Y부분을 제3자에게 처분할 수 없다.
③ 乙이 Y부분을 점유하는 것은 권원의 성질상 타주점유 이다.
④ 乙이 Y부분이 아닌 甲소유의 부분에 건물을 신축한 경우에 법정지상권이 성립한다.
⑤ 乙은 Y부분을 불법점유하는 丙에 대하여 공유물의 보존행위로 그 배제를 구할 수 없다.

해설 ② 구분소유적 공유관계에 있어서 공유자 각자는 자신의 특정 구분부분을 단독으로 처분할 수 있다.
③ 乙이 Y부분을 점유하는 것은 소유자로서 점유하는 것이므로 권원의 성질상 자주점유이다.
④ Y부분이 아닌 甲소유의 부분은 乙의 소유가 아니므로 그 부분에 乙이 건물을 신축한 경우에 토지와 건물의 소유자가 다르므로 법정지상권이 성립할 수 없다(대판 93다49871).
⑤ 외부관계에 있어서는 공유로 취급하므로, 제3자의 방해행위가 있는 경우에는 각 지분권자는 전체 토지에 대해 공유물의 보존행위로서의 방해배제청구를 할 수 있다. ◆ 정답 ①

02 2013. 10. 26. 甲은 친구 乙과 명의신탁약정을 하였다. 그 후 甲은 丙소유의 X토지를 매수하면서 丙에게 부탁하여 乙명의로 소유권이전등기를 하였고, X토지는 현재 甲이 점유하고 있다. 다음 설명 중 옳은 것은? (다툼이 있으면 판례에 의함) 제25회
① 乙은 甲에게 X토지의 반환을 청구할 수 없다.
② 甲은 丙에게 X토지의 소유권이전을 청구할 수 없다.
③ 丙은 乙에게 X토지의 소유권이전등기말소를 청구할 수 없다.
④ 甲은 乙에게 부당이득반환을 원인으로 소유권이전등기를 청구할 수 있다.
⑤ 甲은 乙에게 부당이득반환청구권을 피담보채권으로 하여 유치권을 주장할 수 있다.

해설 ① 3자간등기명의신탁에서 명의수탁자인 乙은 소유권을 취득하지 못하므로 甲에게 X토지의 반환을 청구할 수 없다.
② 매도인과 명의신탁자 사이의 매매계약은 여전히 유효하므로 명의신탁자(甲)는 매도인(丙)에 대하여 매매계약에 기한 소유권이전등기를 청구할 수 있다.
③ 소유권은 원래의 소유자(丙)에게 있으므로 원소유권자(丙)는 소유권에 기한 방해배제청구로 수탁자(乙)에게 등기말소를 청구할 수 있다.
④ 명의신탁자(甲)는 명의수탁자(乙)를 상대로 부당이득반환을 원인으로 한 소유권이전등기를 구할 수 없다.
⑤ 명의신탁자인 甲은 명의수탁자인 乙에 대하여 부당이득반환청구권을 행사할 수 없으므로, 이를 피담보채권으로 하여 유치권을 주장할 수도 없다.
◆ 정답 ①

03 甲은 법령상의 제한을 피하여 乙 소유의 X부동산을 매수하고자 자신의 친구 丙과 X부동산의 매수에 관한 명의신탁약정을 체결하였다. 그에 따라 2021년 5월 丙은 乙과 X부동산 매매계약을 체결하고, 甲의 자금으로 그 대금을 지급하여 丙 명의로 등기 이전을 마쳤다. 이에 관한 설명으로 틀린 것은? (다툼이 있으면 판례에 따름) 제32회
① 甲과 丙 사이의 명의신탁약정은 무효이다.
② 乙이 매매계약 체결 당시 그 명의신탁약정이 있다는 사실을 알았다면 丙은 X부동산의 소유권을 취득할 수 없다.
③ 乙이 매매계약 체결 당시 그 명의신탁약정이 있다는 사실을 몰랐다면, 그 후 명의신탁약정 사실을 알게 되었어도 丙은 X부동산의 소유권을 취득한다.
④ 丙이 X부동산의 소유권을 취득한 경우 甲은 丙에게 제공한 X부동산의 매수자금 상당액을 부당이득으로 반환 청구할 수 있다.
⑤ X부동산의 소유권을 유효하게 취득한 丙이 명의신탁약정 외의 적법한 원인에 의하여 甲 앞으로 X부동산에 대한 소유권이전등기를 마친다고 해도 그 소유권이전등기는 무효이다.

해설 ⑤ 명의수탁자(丙)의 완전한 소유권 취득을 전제로 하여 사후적으로 명의신탁자(甲)와의 사이에 위에서 본 매수자금반환의무의 이행에 갈음하여 명의신탁된 부동산 자체를 양도하기로 합의하고 그에 기하여 명의신탁자 앞으로 소유권이전등기를 마쳐준 경우에는 그 소유권이전등기는 새로운 소유권 이전의 원인인 대물급부의 약정에 기한 것이므로 특별한 사정이 없는 한 유효하다(대판 2014다30483).
◆ 정답 ⑤

Chapter 05 집합건물의 소유 및 관리에 관한 법률

1 집합건물의 구성

1. 구분소유의 요건

(1) 의 의

① 1동의 건물 중 구조상 구분된 여러 개의 부분이 독립한 건물로서 사용될 수 있을 때에는 그 각 부분은 각각 소유권의 목적으로 할 수 있으며, 이러한 전유부분인 건물부분을 목적으로 하는 소유권을 '구분소유권'이라 한다.

② 구분소유가 성립하기 위하여는 건물부분이 '구조상·이용상 독립성'을 갖추고 소유자의 '구분행위'가 있어야 한다.

③ 구분행위는 건물의 특정부분을 구분하여 별개의 소유권의 객체로 하려는 일종의 법률행위로서, 처분권자의 구분의사가 객관적으로 외부에 표시되면 인정된다.

(2) 구분소유의 성립여부

① 구조상 및 이용상의 독립성을 갖추지 못한 건물의 일부에 구분소유권의 목적으로 등기되어 있었다 하더라도 그 자체로 무효이다.

② 구조상 및 이용상의 독립성을 갖추고 객관적으로 구분행위의 존재를 인정할 수 있다면 그 건물이 집합건축물대장에 등록되거나 구분건물로서 등기부에 등기되지 않았더라도 구분소유가 성립한다.

2. 집합건물의 구성요소

(1) 전유부분: 구분소유권의 목적인 건물부분을 말한다.

(2) 공용부분

① **의의**: '공용부분'이란 전유부분 외의 건물부분(계단, 복도 등), 전유부분에 속하지 아니하는 건물의 부속물(승강기, 전기·소방설비 등) 및 제3조 제2항 및 제3항에 따라 공용부분으로 된 부속의 건물을 말하고, 이는 구분소유권의 목적으로 할 수 없다.

② **법정(구조상)공용부분**: 여러 개의 전유부분으로 통하는 복도, 계단, 그밖에 구조상 구분소유자 전원 또는 일부의 공용(共用)에 제공되는 건물부분을 말한다.

③ **규약상 공용부분**: 규약 또는 공정증서로써 공용부분으로 정할 수 있으며(관리사무소, 노인정 등), 규약상 공용부분은 공용부분이라는 취지를 등기하여야 한다.

(3) 대 지

① "건물의 대지"란 전유부분이 속하는 1동의 건물이 있는 토지(법정대지) 및 통로, 주차장, 정원, 부속건물의 대지, 그밖에 전유부분이 속하는 1동의 건물 및 그 건물이 있는 토지와 하나로 관리되거나 사용되는 토지(규약대지)를 말한다.

② 대지 위에 구분소유권의 목적인 건물이 속하는 1동의 건물이 있을 때에는 그 대지의 공유자는 대지에 대하여는 분할을 청구하지 못한다.

(4) 대지사용권

① 대지사용권이란 구분소유자가 전유부분을 소유하기 위하여 건물의 대지에 관하여 갖는 권리를 말한다(소유권, 지상권, 전세권, 임차권 등의 지분).

② 전유부분에 대하여만 소유권이전등기를 받고 아직 대지지분에 대해서는 등기를 받지 않은 자가 대지에 대해서 가지는 점유·사용권도 대지사용권에 해당한다.

③ 대지사용권은 전유부분의 처분에 따르고, 전유부분과 분리하여 처분하지 못한다. 다만, 규약으로 분리처분이 가능하도록 정하는 경우에는 분리하여 처분할 수 있다.

④ 대지사용권을 전유부분과 분리하여 처분하는 것을 금지하는 취지는 그 취지를 등기하지 아니하면 선의(善意)로 물권을 취득한 제3자에게 대항하지 못한다.

⑤ 전유부분만에 관하여 설정된 저당권의 효력은 대지사용권(대지권)에도 미친다. 따라서 저당권의 실행으로 전유부분을 낙찰받은 자는 대지사용권도 함께 취득한다.

⑥ 구분소유자가 그 지분을 포기하거나 상속인 없이 사망한 경우에도 그 지분은 다른 구분소유자에게 각 지분의 비율로 귀속하지 않는다(민법 제267조 규정은 적용×).

2 공용부분

1. 공용부분의 결정기준 및 공용부분의 귀속

① 집합건물의 어느 부분이 전유부분인지 공용부분인지 여부는 원칙적으로 건축물대장에 구분건물로 등록된 시점을 기준으로 판단하여야 하고, 그 후의 건물 개조나 이용상황의 변화 등은 전유부분인지 공용부분인지 여부에 영향을 미칠 수 없다.

② 공용부분은 구분소유자 전원의 공유에 속한다. 다만, 일부의 구분소유자만이 공용하도록 제공되는 것임이 명백한 공용부분(일부공용부분)은 그들 구분소유자의 공유에 속한다.

2. 공용부분의 지분(持分)

① 각 공유자의 지분은 그가 가지는 전유부분의 면적 비율에 따른다.

② 공용부분에 대한 지분은 그 전유부분의 처분에 따르고, 전유부분과 분리하여 처분하지 못한다.
③ 공용부분에 관한 물권의 득실변경은 등기를 요하지 않는다.

3. 공용부분에 대한 법률관계

(1) 공용부분의 보존행위
① 보존행위는 각 공유자가 할 수 있다.
② 입주자대표회의는 구분소유권에 기초한 방해배제청구 등의 권리를 행사할 수 없다(구분소유자를 대리하여도 행사×).

(2) 공용부분의 관리행위
① 통상의 집회결의(구분소유자의 과반수 및 의결권의 과반수)로써 결정한다.
② 구분소유자가 공용부분에 대해 그 지분권에 기하여 권리를 행사하는 것이 다른 구분소유자들의 이익에 어긋날 수 있는 경우, 그 권리 행사는 관리행위로 보아 관리단집회의 결의를 거쳐야 한다.
③ 집합건물의 관리인이 공용부분의 '관리에 관한 사항'에 대해서 관리단규약에 정함이 없는데도 관리단집회를 거치지 않은 법률행위를 한 경우, 그 법률행위는 무효이다.

(3) 공용부분의 변경
① 공용부분의 변경에 관한 사항은 관리단집회에서 구분소유자의 3분의 2 이상 및 의결권의 3분의 2 이상의 결의로서 결정한다.
② 다만, ⊙ 공용부분의 개량을 위한 것으로서 과다한 비용이 드는 것이 아닐 경우와 ⓒ 휴양콘도미니엄의 공용부분의 변경에 관한 사항인 경우에는 통상의 집회 결의로 결정할 수 있다.
③ 건물의 노후화 억제 또는 기능 향상 등을 위한 것으로 구분소유권 및 대지사용권의 범위나 내용에 변동을 일으키는 공용부분의 변경에 관한 사항은 관리단집회에서 구분소유자의 5분의 4 이상 및 의결권의 5분의 4 이상의 결의로써 결정한다.

(4) 공용부분의 부담·수익
① 각 공유자는 원칙적으로 그 지분 비율(전유부분의 면적 비율)에 따라 공용부분의 관리비용 기타 의무를 부담하고 이익을 취득한다.
② 따라서 특별한 사정이 없는 한 각 구분소유자는 공용부분에서 생긴 수익금을 보관하고 있는 관리단을 상대로 그 수익금 중 자신의 지분 비율에 상당하는 부분을 지급해 달라고 청구할 수 있다.

③ 관리비 징수에 관한 유효한 관리단 규약 등이 존재하지 않더라도, 공용부분에 대한 관리비는 관리단이 각 구분소유자에게 청구할 수 있다.
④ 공유자가 공용부분에 대하여 다른 공유자에 대하여 가지는 채권은 그 특별승계인에게도 행사할 수 있다.
⑤ 따라서 전 입주자가 체납한 관리비는 '공용부분'에 관한 관리비에 한해서는 그 특별승계인에게 승계된다. 다만, 공용부분 관리비에 대한 연체료는 특별승계인에게 승계되는 공용부분 관리비에 포함되지 않는다.
⑥ 각 매수인들은 이전 구분소유자들의 채무를 '중첩적'으로 인수한다. 따라서 현재 구분소유자 뿐만 아니라 그 이전의 구분소유자들도 체납관리비채무를 부담한다.

(5) **공용부분의 사용 등**
① 각 공유자는 공용부분을 그 용도에 따라 사용할 수 있다.
② 공용부분을 무단점유·사용한 구분소유자는 특별한 사정이 없는 한 해당 공용부분을 점유·사용함으로써 얻은 이익을 다른 구분소유자에게 부당이득으로 반환할 의무가 있다. 그러나 다른 구분소유자는 공용부분을 독점적으로 무단점유·사용하는 구분소유자에게 공용부분의 보존행위로서 그 인도를 청구할 수 없다.
③ 전유부분이 속하는 1동의 건물의 설치 또는 보존의 흠으로 인하여 다른 자에게 손해를 입힌 경우에는 그 흠은 공용부분에 존재하는 것으로 추정한다.

3 담보책임

1. 의 의

① **담보책임 부담자**: 분양자와 시공자는 건물의 구분소유자에 대하여 담보책임을 진다.
② **적용대상**: 담보책임은 건물의 건축상의 하자에 관한 것으로, 대지부분의 권리상의 하자에까지 적용되는 것이라 하기 어렵다.

2. 담보책임의 내용

① 담보책임의 내용은 하자보수청구, 손해배상청구, 계약의 해제 등이 있다.
② 집합건물법 제9조에 의한 하자담보추급권은 집합건물의 수분양자가 집합건물을 양도한 경우 특별한 사정이 없는 한 최초 수분양자가 아니라 '현재의 집합건물의 구분소유자'에게 귀속한다.
③ 집합건물의 수분양자는 집합건물의 완공 후에도 분양목적물의 하자로 인하여 계약의 목적을 달성할 수 없는 때에는 분양계약을 해제할 수 있다.

3. 담보책임의 존속기간

(1) **제척기간**(재판상 또는 재판 외의 권리행사기간)
   ① 건축법 제2조 제1항 제7호에 따른 건물의 주요구조부 및 지반공사의 하자: 10년
   ② 하자로 인하여 건물이 멸실되거나 훼손된 경우에는 그 멸실되거나 훼손된 날부터 1년

(2) **기산점**
   ① 전유부분은 구분소유자에게 인도한 날, 공용부분은 「주택법」에 따른 사용검사일 또는 건축법에 따른 사용승인일로부터 기산한다.
   ② 임대 후 분양전환된 집합건물의 경우에도 분양전환 시점이 아닌 임대에 의하여 집합건물을 인도받은 시점부터 하자담보책임의 제척기간이 진행한다.
   ③ 손해배상청구권에 대하여는 10년의 소멸시효기간이 적용되는데, 집합건물의 하자보수에 갈음한 손해배상청구권의 소멸시효기간은 각 하자가 발생한 시점부터 별도로 진행한다.

4 관리단 및 관리단의 기관

1. 관리단

① 구분소유관계가 성립하는 건물이 있는 경우에는 구분소유자 전원을 구성원으로 하여 특별한 조직행위가 없어도 당연히 설립된다.
② 분양대금을 완납했음에도 분양자 측의 사정으로 소유권이전등기를 경료받지 못한 수분양자도 관리단의 구성원이 되어 의결권 행사할 수 있다.

2. 관리인

(1) **관리인의 선임·해임**
   ① 구분소유자가 10인 이상일 때에는 관리인을 선임하여야 한다.
   ② 관리인은 구분소유자일 필요가 없으며(임차인, 법인도 가능), 그 임기는 2년의 범위에서 규약으로 정한다.
   ③ 관리인은 관리단집회의 결의로 선임되거나 해임된다. 다만, 규약으로 관리위원회의 결의로 선임되거나 해임되도록 정한 경우에는 그에 따른다.
   ④ 관리인에게 부정한 행위 또는 직무수행에 적합하지 않은 사정이 있는 경우 각 구분소유자는 그 해임을 법원에 청구할 수 있다.
   ⑤ 전유부분이 50개 이상인 건물의 관리인으로 선임된 자는 대통령령으로 정하는 바에 따라 선임된 사실을 소관청에게 신고하여야 한다.

(2) 관리인의 권한과 의무

① 관리위원회를 둔 경우 규약에서 달리 정한 사항을 제외하고 관리인이 법에 정한 행위를 하려면 관리위원회의 결의를 거쳐야 한다.
② 관리인의 대표권은 제한할 수 있으나, 선의의 제3자에게 대항하지 못한다.
③ 관리인은 매년 1회 이상 구분소유자 및 그의 승낙을 받아 전유부분을 점유하는 자에게 그 사무에 관한 보고를 하여야 한다.

(3) 관리인의 회계감사(제26조의2)

① 전유부분이 150개 이상으로서 대통령령으로 정하는 건물의 관리인은 감사인의 회계감사를 매년 1회 이상 받아야 한다. 다만, 관리단집회에서 3분의 2 이상이 회계감사를 받지 아니하기로 결의한 연도에는 그러하지 아니하다.
② 관리인은 회계감사를 받은 경우에는 감사보고서 등 회계감사의 결과를 구분소유자 및 그의 승낙을 받아 전유부분을 점유하는 자에게 보고하여야 한다.

(4) 임시관리인

① 구분소유자, 그의 승낙을 받아 전유부분을 점유하는 자, 분양자 등 이해관계인은 선임된 관리인이 없는 경우에는 법원에 임시관리인의 선임을 청구할 수 있다.
② 임시관리인의 선임청구는 선임된 관리인이 없는 경우이기만 하면 되고 특별한 사정이 없는 한, 임시관리인을 선임하지 아니하면 손해가 생길 염려가 있다는 사정이 요구되는 것은 아니다.
③ 임시관리인은 선임된 날부터 6개월 이내에 관리인 선임을 위하여 관리단집회 또는 관리위원회를 소집하여야 한다.

3. 관리위원회(管理委員會)

(1) 관리위원회의 설치 및 기능

① 관리단에는 규약으로 정하는 바에 따라 관리위원회를 둘 수 있다.
② 관리위원회는 이 법 또는 규약으로 정한 관리인의 사무 집행을 감독한다.

(2) 관리위원회의 구성 및 운영

① 관리위원회의 위원은 구분소유자 중에서 관리단집회의 결의에 의하여 선출한다.
② 관리인은 규약에 달리 정한 바가 없으면 관리위원회의 위원이 될 수 없다.
③ 관리위원회 위원의 임기는 2년의 범위에서 규약으로 정한다.
④ 관리위원회의 의사는 규약에 달리 정한 바가 없으면 관리위원회 재적위원 과반수로 의결한다. 관리위원회 위원은 부득이한 사유가 있는 경우 외에는 서면이나 대리인을 통하여 의결권을 행사할 수 없다.

5 규약 및 관리단집회

1. 규 약

① 규약의 설정·변경 및 폐지는 관리단집회에서 구분소유자의 4분의 3 이상 및 의결권의 4분의 3 이상의 찬성을 얻어서 한다.
② 이해관계인은 규약을 보관하는 자에게 규약의 열람을 청구하거나 자기 비용으로 등본의 발급을 청구할 수 있다.

2. 관리단집회

(1) 집회의 의의 및 권한

① 관리단집회는 관리단의 최고의사결정기관으로 상설적 필수기관이다.
② 관리단의 사무는 관리인에게 위임한 사항 외에는 관리단집회의 결의에 따라 수행한다.

(2) 집회의 종류

① **정기관리단집회**: 관리인은 매년 회계연도 종료 후 3개월 이내에 정기관리단집회를 소집하여야 한다.
② **임시관리단집회**
  ㉠ 관리인이 필요하다고 인정할 때에는 관리단집회를 소집할 수 있다.
  ㉡ 구분소유자의 1/5 이상으로서 의결권의 1/5 이상을 가진 자가 관리단집회의 소집을 청구하면 관리인은 관리단집회를 소집하여야 한다.

(3) 집회의 소집절차

① 관리단집회를 소집하려면 관리단집회일 1주일 전에 회의의 목적사항을 구체적으로 밝혀 각 구분소유자에게 통지하여야 한다. 다만, 규약으로 달리 정할 수 있다.
② 관리단집회는 구분소유자 전원의 동의가 있는 때에는 소집절차를 거치지 않고 소집할 수 있다.

(4) 결의사항

① 관리단집회는 소집절차에 따라 통지한 사항에 관하여만 결의할 수 있다.
② 구분소유자 전원의 동의로 소집된 관리단집회는 소집절차에서 통지되지 않은 사항에 대해서도 결의할 수 있다.

(5) 의결권 및 의결권행사방법

① 각 구분소유자의 의결권은 규약에 특별한 규정이 없으면 공용부분의 지분비율(전유면적의 비율)에 따른다.

② 전유부분을 수인이 공유하는 경우에는 의결권을 행사할 1인을 정해야 한다(협의 → 지분의 과반수). 만약 지분이 동등하여 의결권 행사자를 정하지 못할 경우에는 의결권을 행사할 수 없으며, 지분비율로 개별적으로 의결권을 행사할 수 없다.
③ 의결권은 서면이나 전자적 방법으로 또는 대리인을 통하여 행사할 수 있다.

3. 집회의 결의 및 규약의 효력

① 관리단집회의 결의 및 규약은 구분소유자의 특별승계인에 대해서도 효력이 있다.
② 관리단집회에서 적법하게 결의된 사항은 그 결의에 반대한 구분소유자에 대해서도 효력이 미친다.

6 재건축 및 복구

1. 재건축

(1) 재건축 결의

① 재건축결의나 재건축결의의 내용을 변경함에 있어서는 관리단집회에서 구분소유자 및 의결권의 4/5 이상의 결의에 따른다.
② 재건축 결의는 서면결의가 가능하고, 서면결의를 함에 있어서는 관리단집회가 소집·개최될 필요가 없다 할 것이다
③ 하나의 단지 내에 있는 여러 동의 건물 전부를 일괄하여 재건축하는 경우, 재건축결의는 개개의 각 건물마다 있어야 한다.
④ 재건축 비용의 분담액 또는 산출기준을 정하지 않은 재건축 결의는 특별한 사정이 없는 한 무효이다.
⑤ 주거용 집합건물을 철거하고 상가용 집합건물을 신축하는 것과 같이 건물의 용도를 변경하는 형태의 재건축결의도 허용된다.

(2) 재건축 반대자에 대한 절차

① 반대자에 대한 참가여부 최고
  ㉠ 재건축 결의가 있으면 집회를 소집한 자는 지체 없이 그 결의에 찬성하지 아니한 구분소유자에 대하여 재건축 참가여부의 회답을 '서면'으로 촉구하여야 한다.
  ㉡ 촉구를 받은 구분소유자는 촉구를 받은 날부터 2개월 이내에 회답하여야 하며, 그 기간 내에 회답하지 않으면 참가하지 아니하겠다는 뜻을 회답한 것으로 본다.
② 구분소유권의 매도청구 및 재매도 청구
  ㉠ 위 2개월의 기간이 지나면 매수지정자로 된 자는 재건축 참가거부 구분소유자에 대하여 구분소유권 및 대지사용권을 시가에 따라 매도할 것을 청구할 수 있다.

ⓒ 재건축의결의가 5분의 4 이상의 다수에 의한 결의의 정족수를 충족하지 못하였다면 유효한 재건축결의가 있다고 할 수 없어 매도청구권을 행사할 수 없다.

2. 공용부분의 복구(復舊)

① 건물가액의 1/2 이하에 상당하는 건물부분이 멸실된 경우: 각 구분소유자가 복구
② 건물가액의 1/2을 초과하는 건물부분이 멸실된 경우: 4/5 이상의 결의

☑ 의결정족수

통상 의결정족수 (과반수)	① 공용부분의 관리에 관한 사항 ② 공용부분의 개량을 위한 것으로 과다한 비용이 들지 않는 경우 ③ 관리인의 선임 및 해임
1/5 이상	임시관리단집회 소집청구
2/3 이상	공용부분의 변경에 관한 사항
3/4 이상	① 규약의 설정·변경·폐지 ② 구분소유자의 전유부분의 사용금지청구 ③ 구분소유권의 경매청구
4/5 이상	① 권리변동을 내용으로 하는 공용부분의 변경 ② 재건축 결의, 재건축 결의사항 변경 ③ 건물가액의 1/2 초과 멸실의 경우 공용부분의 복구
전 원	관리단집회 소집절차의 생략

기출 OX

1. 집합건축물대장에 등록되지 않더라도 구분소유가 성립할 수 있다. (   ) 제26회, 제32회
2. 전유부분은 구분소유권의 목적인 건물부분을 말한다. (   ) 제27회, 제32회
3. 구분소유자는 규약 또는 공정증서로써 달리 정하지 않는 한 그가 가지는 전유부분과 분리하여 대지사용권을 처분할 수 없다. (   ) 제26회, 제34회, 제36회
4. 집합건물의 공용부분은 시효취득의 대상이 될 수 없다. (   ) 제26회, 제34회, 제36회
5. 구분소유건물의 공용부분에 관한 물권의 득실변경은 등기가 필요하지 않다.
(   ) 제29회, 제30회, 제31회, 제34회
6. 각 공유자는 공용부분을 그 용도에 따라 사용할 수 있다. (   ) 제31회, 제34회
7. 공용부분의 사용과 비용부담은 전유부분의 지분비율에 따른다. (   ) 제26회

8. 관리단집회 결의나 다른 구분소유자의 동의 없이 구분소유자 1인이 공용부분을 독점적으로 점유·사용하는 경우, 다른 구분소유자는 공용부분의 보존행위로서 그 인도를 청구할 수 있다. ( ) 제33회

9. 구분소유자 중 일부가 정당한 권원 없이 구조상 공용부분인 복도를 배타적으로 점유·사용하여 다른 구분소유자가 사용하지 못하였다면, 특별한 사정이 없는 한 이로 인하여 얻은 이익을 다른 구분소유자에게 부당이득으로 반환하여야 한다. ( ) 제33회

10. 관리단은 관리비 징수에 관한 유효한 규약이 없더라도 공용부분에 대한 관리비를 그 부담의무자인 구분소유자에게 청구할 수 있다. ( ) 제33회, 제36회

11. 공유자가 공용부분에 관하여 다른 공유자에 대하여 가지는 채권은 그 특별승계인에 대하여도 행사할 수 있다. ( ) 제29회

12. 분양자는 원칙적으로 전유부분을 양수한 구분소유자에 대하여 담보책임을 지지 않는다.
( ) 제31회

13. 전유부분에 관한 담보책임의 존속기간은 사용검사일부터 기산한다.
( ) 제27회, 제31회, 제36회

14. 관리인은 구분소유자가 아니더라도 무방하다. ( ) 제30회, 제33회, 제35회

15. 구분소유자가 10인 이상일 때에는 관리단을 대표하고 관리단의 사무를 집행할 관리인을 선임하여야 한다. ( ) 제33회, 제36회

16. 관리인의 대표권 제한은 선의의 제3자에게 대항할 수 없다. ( ) 제29회, 제35회

17. 규약에서 달리 정한 바가 없으면, 관리인은 관리위원회의 위원이 될 수 있다.
( ) 제33회, 제35회

18. 관리위원회를 둔 경우에도 규약에서 달리 정한 바가 없으면, 관리인은 공용부분의 보존행위를 함에 있어 관리위원회의 결의를 요하지 않는다. ( ) 제33회

19. 관리인은 매년 회계연도 종료 후 3개월 이내에 정기 관리단집회를 소집하여야 한다.
( ) 제29회

20. 재건축 결의는 구분소유자 및 의결권의 각 5분의 4 이상의 결의에 의한다.
( ) 제28회, 제30회

21. 재건축 결의 후 재건축 참가 여부를 서면으로 촉구 받은 재건축반대자가 법정기간 내에 회답하지 않으면 재건축에 참가하겠다는 회답을 한 것으로 본다. ( ) 제30회

◆ 정답
1. ○ 2. ○ 3. ○ 4. ○ 5. ○ 6. ○ 7. × 8. × 9. ○ 10. ○ 11. ○ 12. × 13. × 14. ○
15. ○ 16. ○ 17. × 18. × 19. ○ 20. ○ 21. ×

제37회 공인중개사 시험대비 **전면개정**

2026 박문각 공인중개사
유재헌 필수서 1차 민법·민사특별법

초판인쇄 | 2025. 12. 1. **초판발행** | 2025. 12. 5. **편저** | 유재헌 편저
발행인 | 박 용 **발행처** | (주)박문각출판 **등록** | 2015년 4월 29일 제2019-000137호
주소 | 06654 서울시 서초구 효령로 283 서경빌딩 4층 **팩스** | (02)584-2927
전화 | 교재 주문 (02)6466-7202, 동영상문의 (02)6466-7201

저자와의
협의하에
인지생략

이 책의 무단 전재 또는 복제 행위는 저작권법 제136조에 의거, 5년 이하의 징역 또는 5,000만원 이하의 벌금에 처하거나 이를 병과할 수 있습니다.

정가 23,000원

ISBN 979-11-7519-495-3